真実の満洲史

［1894–1956］

宮脇淳子
【監修】岡田英弘

ビジネス社

真実の満洲史 ✝ 目次

はじめに〈少し長い前書き〉……私たちは、なぜ歴史を学ぶのか

序章

満洲とは何か

第1章 日清戦争から中華民国建国前まで

第2章　中華民国建国以後、満洲国建国まで

第3章 満洲国建国、崩壊、そしてその後

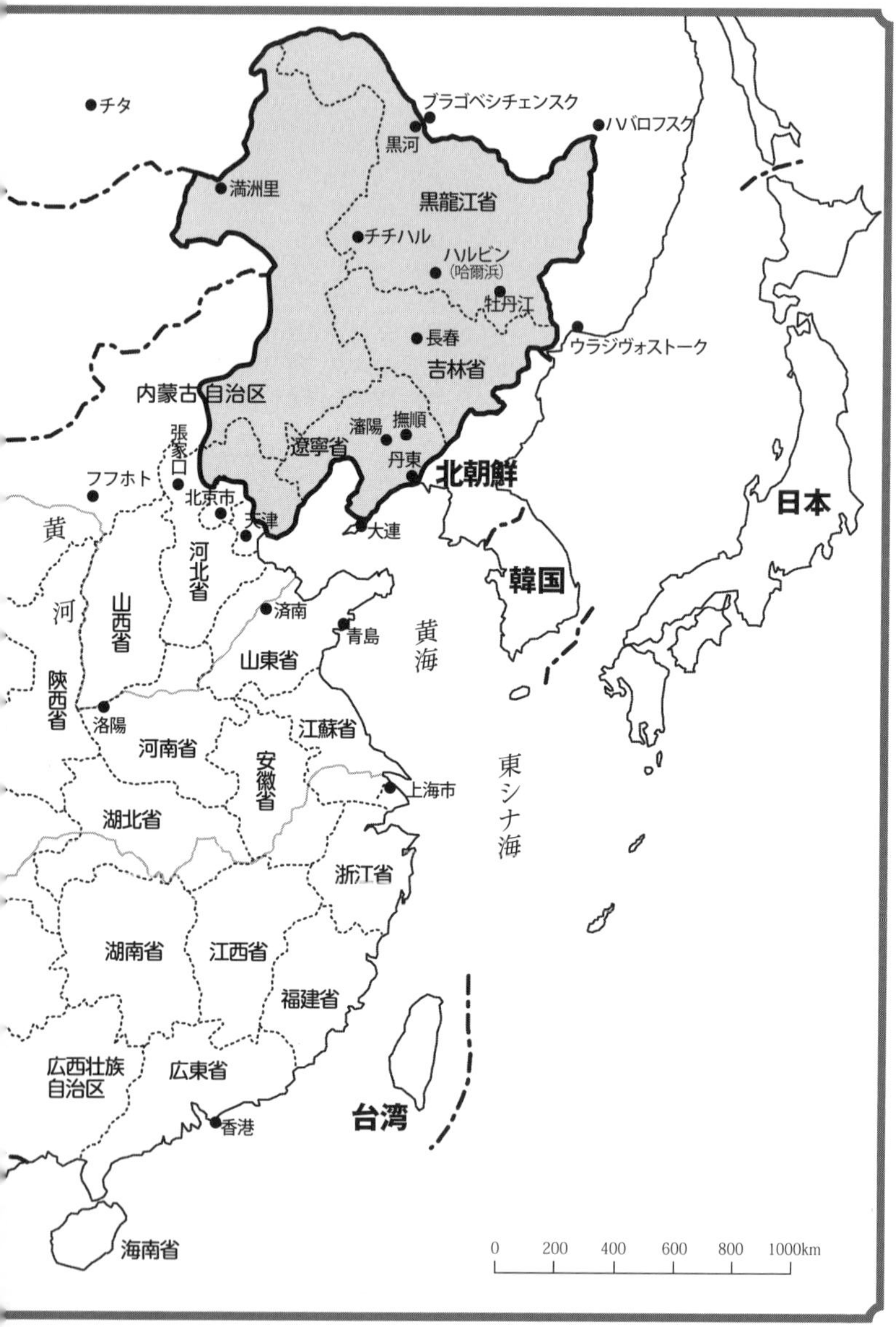
チタ
ブラゴベシチェンスク
ハバロフスク
黒河
満洲里
黒龍江省
チチハル
ハルビン
(哈爾浜)
牡丹江
ウラジヴォストーク
長春
吉林省
内蒙古自治区
瀋陽
撫順
張家口
遼寧省
丹東
北朝鮮
フフホト
北京市
天津
大連
日本
黄
河
河北省
山西省
韓国
済南
青島
黄海
山東省
陝西省
洛陽
江蘇省
河南省
安徽省
東シナ海
上海市
湖北省
浙江省
湖南省
江西省
福建省
広西壮族自治区
広東省
台湾
香港
海南省
0
200
400
600
800
1000km

ロシア
キャフタ
ウラーンバートル
モンゴル
ウルムチ
新疆ウイグル自治区
寧夏回族
自治区
青海省
甘粛省
チベット自治区
ラサ（拉薩）
成都
四川省
重慶
長
江
ネパール
ブータン
貴州省
インド
バングラ
デシュ
昆明
雲南省
ミャンマー
ベトナム
ラオス
タイ

はじめに〈少し長い前書き〉……私たちは、なぜ歴史を学ぶのか

『真実の中国史』の続編となる今回の『真実の満洲史』では、大陸と日本との関わりが一番の焦点になります。それこそ、われわれ戦後の日本人が真正面から向き合うことを避けてきた、もっとも不得手な分野です。つまり、満洲の歴史をどう見るのかということは、日本人の歴史観を問う鏡のようなものなのです。それで本書の最初に、なぜわれわれ現在の日本人が、過去の出来事にそんなに後ろめたい気持ちを持たされているのか、戦後の日本における歴史観の現状について、私の考えをお話しします。

†マルクス主義の進歩史観は空想

世界史における二十世紀最大の出来事は、ソ連などの国家建設のみならず、思想上もマルクス主義が一世を風靡したことです。マルクス主義の歴史観は、原始共産制、古代奴隷制、中世

封建制、近代資本主義を経て、未来は共産主義になるという、いわゆる発展段階説を取ります。マルクスの進歩史観は、十九世紀のダーウィニズムとも一致していました。ダーウィンが適者生存の法則を発見し（それを進歩と呼ぶかどうかはまた別の問題ですが）、生物学的な変化の法則を明らかにしたことに影響されて、人間社会も適者生存で進歩していくと説明しました。

この、いかにもわかりやすいマルクス主義の歴史観が、その目新しさもあって、一時、本当に世界を席巻したのです。右の陣営も左の陣営も、大なり小なり、つまり批判的に見るか見ないかという差があるだけで、マルクス主義の世界観自体は取り入れて、今日に至っています。

マルクス主義の歴史観は空想にすぎません。「皇帝がいるから、これは専制主義の古代」というように枠組みを決めて当てはめれば、どんな人間でも何か歴史のようなものが書けるという、すごく簡単なフォーマットだったわけです。「民衆に商売が広まっていたから、宋代に中国の近代が始まった」というのもその類です。そもそも、マルクス主義はアジアには当てはまりません。しかし、マルクス主義者は自分たちの法則通りの説明しかできないので、「アジアは専制主義で封建的」と言い切ることしかしません。それでも、近現代史しか勉強していない人は、いかにもそれで世界がわかったように思ったのです。

日本の戦後の歴史教育でも、教科書の年表は「古代」「中世」「近世」と区切っています。そのこと自体がマルクス主義を取り入れているということです。

†人間はお金だけでは行動しない

マルクス主義のさらなる問題は、下部構造が上部構造を決定するといって、人間社会を説明するすべての基礎に経済があるとすることです。マルクス主義を否定する「アンチ・マルクス」も、「すべてが経済で決まる」というマルクス主義の枠組みからは外れることなく、例えるならば、鍵と鍵穴の関係のように、マルクス主義の枠組みのなかでの否定でしかありません。

帝国主義をコストだけで割り切るなどということは、その当時に生きていた人間の気持ちをまったく考慮していないということです。日本人が大陸に出て行くなんて「なぜそれほど損になることをしたのか」とか、経済力であんなに差があるアメリカと戦争をするなど「愚の骨頂で、回避する方法はなかったのか」と考えること自体が、マルクス主義の罠に陥っています。資本主義も社会主義も、経済至上主義という枠組みの中にいることに変わりはないのです。その次の枠組みはまだ見つかっていないのが現状です。

われわれは、好きなものはお金が高くても選びますし、いくらお金があっても嫌いなものは選びません。人間は、必ずしもお金が儲かるから行動するという生物ではないのです。ところがマルクス主義は、すべて経済を基礎にして考えて、あらゆる歴史をその枠組みで説明してきました。人間の行為を、コストパフォーマンスとか、「搾取《さくしゅ》・非搾取《ひさくしゅ》」といった一面だけで説明すると、こぼれ落ちるものが多く、真実からは遠ざかります。

マルクス主義の、経済だけで人間の行動を理論づける方法は、すでに世界的に行き詰まっていますが、それを打開する策はまだありません。ただ、評論家の日下公人さんのような人だけが「人の好みを大事にすべきだ。好き嫌いを統計化したり、個人個人の気持ちをすくい上げるような経済学が必要だ」と言っています。

†結果がすべての中国の歴史観

日本がかつて国を挙げて投資し、開拓した満洲は、今は中国になっています。現代中国は共産党が政権を握っていますが、中国人はもともとマルクス主義を便宜上取り入れただけで、しかも今は社会主義市場経済などと言い、実際には共産主義を放棄しています。中国人の言う歴史には、マルクス主義に中国独自の結果中心史観がプラスされているのです。

中国の歴史観は独特です。すべて結果ありき、結果から過去を判断するのです。「成功したから正しい」「失敗した奴には天命がなかったのだから悪い」というわけです。

中国文明における最初の歴史書は、紀元前一世紀に書かれた司馬遷《しばせん》の『史記《しき》』ですが、そのあと『漢書《かんじょ》』、『後漢書《ごかんじょ》』、『三国志《さんごくし》』と、二十四の正史が『明史《みんし》』まで書きつがれてきました。

正史というのは、王朝が代わるたびに、なぜ前の王朝が天命を失って、次の王朝が天命を得たかを書くものなのです。ですから、王朝を建てた創業の君主たち、だいたい最初が太祖《たいそ》、次が太宗《たいそう》という廟号《びょうごう》（亡くなったあとお祀りするための称号で、生前にはこのように呼びません）を贈られた皇帝たちは、徳があって優れた皇帝だと書かれます。徳がなければ、天命が降りないわけですからね。ところが、王朝が滅びるときの皇帝たちは、だいたい、愚鈍か病弱か淫乱か、あるいは残酷な性格で罪もない人を殺したと書かれるのです。なぜなら、天命を失ったのだから、その理由が必要になるからです。

だから、今、中国大陸を統治している中華人民共和国の言うことはすべて正義で、戦争に負けて（中国にではなくてアメリカに負けたのですが）、大陸から追い出された日本のしたことは、すべて悪かったとされるのです。それが、中国人にとっての「正しい歴史認識」で、中国人は、日本人のように、史実を追求したい、本当のことが知りたい、というような気持ちは持ったことがありません。

中国人が「歴史認識」とすぐに言うのは、つまりは、「日本人は戦争に負けたのだから、奴隷になって謝り続けろ」と本心で思っているためです。そんな人たちが書くことに、真実があるわけがありません。

結果から過去にさかのぼって、その意図を探るので、「日本の満洲進出は明治時代から謀略があった」という陰謀史観になります。実際には、日本は満洲に野望があったというより、その場その場で対処しているうちにズルズルと引きずり込まれていった、とする方が正しいのですが、マルクス主義的歴史観プラス、結果ありきの中国人の歴史観で、結果から筋道を追って原因を突き詰めると、日本の陰謀ということになってしまいます。

戦後の日本では、「今の中国人が書いているのだから、日本人もこの歴史を受け入れよう」と現地に迎合する日本人が、中国人が整理した近現代史を日本にどんどん持ち込みました。現在の中華人民共和国が勝手に筋道を立ててつくった歴史を日本人は受け入れて、近隣諸国条項（近隣のアジア諸国との間の近現代の歴史的事象の扱いに国際理解と国際協調の見地から必要な配慮がされていること）などというバカな規定を作り、従来の日本史と整合性を持たせようと努力したあげく、教科書などを嘘で書き換えてしまいました。

満洲は中国なので、まず中国史として理解して、その中国になぜ日本が出ていったのか考えましょう、という筋書きの歴史では、真実は到底わかりません。

†「春秋の筆法」の本当の意味

「春秋《しゅんじゅう》の筆法」という言葉を、最近の日本では「風が吹けば桶屋が儲《もう》かる」のような、些事《さじ》をとりあげてこれを原因として特定する、あるいは、間接的原因なのに、結果に直接結びつけて批判する、といった、論理に飛躍がある意味だと間違って使っている人が多いです。

本来の「春秋の筆法」の意味は、だれが極悪人か、それとも尊皇かを、後世の人間がきびしく査定する、というものです。つまり、善悪はおのずから歴史が証明するという考えなのです。孔子が紀元前四八〇年頃に編纂したことになっている『春秋』（本当は孔子が書いたものではありません）は、何年に戦争があって、何年に誰が皇帝になり、何年に飢餓が起こったというような出来事を、二百四十年間にわたって記した、ただの年表です。

後世になって、別の人間が、『春秋三傳《さんでん》』（『左氏傳《さしでん》』、『公羊傳《くようでん》』、『穀梁傳《こくりようでん》』）と呼ばれる三種類の注釈書を書いて、ただの年表である『春秋』が伝えるさまざまな出来事を、一つ一つ「この人間のこの行ないは正しい」、「この人は結果がうまくいかず、悪い」といったふうに、厳しく批判して善悪を決めたのです。

それで孟子が、「孔子が『春秋』をつくったので、乱臣や賊がこれを恐れた」と言ったので、「春秋の筆法」という言葉は、「誰が極悪人か、それとも尊皇かを、後の世の人間が厳しく査定する」という意味に使われるようになったのです。

中国人にとっての歴史というのは、この「春秋の筆法」そのものです。現代の中国の指導者が、「歴史に汚点を残したくない」と言うのは、こういった理由があるのです。

「日本には一切謝罪しない、尖閣諸島は我が国の領土だ」と言うときに、必ず「歴史、歴史」と叫ぶのは、「死んだ後も永遠に極悪人と言われないために、今、敵をはっきりさせて、日本に文句を言っているのだ」という心理からです。なにしろ極悪人は墓を暴いて、バラバラにしても構わない国です。名誉の回復の見込みもありません。中国人にとっては、歴史とは結果がすべてで、その途中経過は問わないのです。

日本人も江戸時代には、支配階級を中心として儒教を取り入れましたが、中国人のようには歴史を見ません。日本人は、たとえば義経の判官贔屓《ほうがんびいき》にしても、経過を愛すると言いますか、結果よりも動機の方をとても大事に考えるところがあります。立派に亡びることをよしとする考え方です。今でもそうですが、日本人はもともと中国人とは考え方が違っていました。死んだらみんな仏になるのですから、死んだ人が悪いと誰も思いません。ところが中国人は死んでも許されないのです。

†日本人の歴史感覚

日本では、江戸時代末期に流行した陽明学では、結果よりも動機を優先するという考え方があり、一時かなり広まりました。成果が上がらなくても、一所懸命、善意でやったことだから許してあげようという考えです。ところが、このような考え方は、中国の儒教にはまったくありません。儒教は、どんなに気持ちが本気でも、どんなに善意があっても、結果で失敗したら駄目なのです。

今の日本人が、結果がすべてと思うようになったこと自体、中国式の考え方に毒されているともいえます。したがって、戦前の日本人が行なったことを、「なんでそんなことをしたのだろう」「将来の日本のことを考えなかったのか」と私たちが感じるということは、もう過去の日本人と人間が変ってしまったということを示している、と私は思います。

マルクス主義は空想的な歴史観で、しかもアジアには当てはまらない、と先ほど言いましたが、もう少し詳しく説明しましょう。

私の主人であり、学問の師である岡田英弘が『歴史とはなにか』（文春新書）で書いているように、歴史には本当は古代と現代しかないのです。『真実の中国史』でも最初に触れましたが、歴史とは、自分たちが今生きているところが「現代」、それ以前は「古代」なのです。「中世」などというと、いかにも社会が発展途中のように感じるでしょうが、「古代」と「現代」をつなぐために中途半端な時代として設定しただけなのです。

日本が面白いのは、「モダーン」という英語に、「近世」「近代」「現代」と三つの訳をつけたことです。日本人は自分が生まれる前を「現代」と言うのは、何かしっくりこなくて嫌だったのです。「今」を「現代」と言いたい。百年も前を「現代」というのは変だと思ったので、明治時代からを「近代」としました。ところが、その前の江戸時代は「古代」でもなければ「中世」でもない。マルクス主義の論理で言えば「モダーン」つまり「近代」の要素は十分にあるのですが、世界に組み込まれていないので、「近代」とは言えない。そこで、江戸時代とその前の安土・桃山時代を「近世」にしたのです。

日本史をそのように構築しているので、やはりヨーロッパで創られた世界観から逃れることができず、マルクス主義が嫌いだと言っている人も、この枠組みを利用しています。

†日本人の劣化は明治以降の教育のせい

私は、戦後の日教組教育のせいで、歴史観が歪んだだけでなく、さまざまな点で日本人が劣化したとずっと思っていましたが、伊原吉之助（帝塚山大学名誉教授）さんが「幕末は人材が豊富だったのに現代の日本がなぜ指導者に恵まれないか、その理由は明治以降の教育のせいだ」と『産経新聞』「正論」（二〇一二年四月十二日）に書かれたのを読んで、なるほどと思いました。紹介します。

「江戸時代の日本は発展を続けていたけれども、各藩は参勤交代を強いられ、財政破綻せざるを得ないように江戸幕府から仕組まれていました。農民たちには多大な税の負担がかかったのですが、借金をかかえた各藩は、それでも農民たちに藩に反発しないで一所懸命働いてもらわなければなりません、それで、人を大事にする王道政治を行なっていました。王道政治を教育理念とした指導者を育成するために藩校を創設し、人材育成をしました。そうして上の者は下の者を慈しみ、下の者は立派な政策を行う藩主のために一所懸命に働くという社会ができました。

そんなところに、ペリーがやって来ました。日本は原料供給・市場開放を求められて、開国しました。幕府や各藩には指導者型の人材はいましたが、西洋事情に通じた専門家はいませんでしたから、日本の知識階級は一所懸命に外国のことを勉強し始めました。

明治維新以後は、帝国大学も陸海軍の大学校も、外国語教育と専門教育に集中して、指導者教育をしませんでした。新しい明治の教育で育ったのは、官僚と幕僚と専門家です。要するに、偉い人に仕えて一所懸命に仕事をする人は育てましたが、彼らには指導者に求められるような胆力や決断力はありません。

それでも日露戦争までは、江戸期に育てた指導的人材がいたため大局は誤りませんでした。しかし日露戦争以後は、明治期に教育を受けた官僚と幕僚、専門家ばかりで、指導者は総合力を失い矮小化していったのです。帝国大学卒業生が指導者層に入ると、示された仕事、目標に対しては熱心でも、それが国にとってどんな役割を果たすかまで考えられる人材がいなくなり、日本の国策にも蹉跌が生じていきました。

昭和になると、中堅官僚が国家を運営するようになります。世にいう下克上《げこくじょう》の時代です。政治では明治維新を指導した元老が老いて影響力を落とし、明治以来の名望政治家から、大衆民主主義の時代に移り、経済も軽工業から重化学工業へ転換しました。

時期を画したのは第一次世界大戦です。世の中が様変わりし、新知識をもつ中堅が、古臭い長老を軽蔑し始めます。軽工業時代に応じた自由放任政策・金本位制が、さらに重化学工業時代を迎えて適合しなくなりました。

昭和は、出発点で金融恐慌に躓《つまず》き、名望家政治を続けた政党政治が見放されました。ソ連五カ年計画が、新知識を持つ中堅以下に歓迎されます。満洲国に派遣され重化学工業化の建設経験を積んだ官僚が、新官僚ともてはやされ、昭和十年代の「国家総動員体制」に突入することになりました。

支那事変以来、中堅官僚たちは、議会に予算を制約されることなく国家を運営する快適さに酔いしれ、戦争継続に突っ走りました。だから、支那事変は解決しなかったのです。

官僚は指導者と違い、国家を運営しても責任は取りません。それでもわが国には天皇陛下がおられたので、辛うじて終戦に持ち込めたのです。

中堅官僚が国家を牛耳る体制は戦後も続きました。復興から高度成長までは、見事、功を奏しました。けれども、大局を見て判断する指導者を欠いた日本は、上り坂では首尾良く成功しますが、下り坂や先行き不透明期に差しかかると、官僚が烏合の衆と化し、もたつくばかりで障害を突破できない、ということです」

以上、文章の語尾などは私が適宜変えましたが、伊原さんの言うとおりではないかと、私は思っています。

†日本の自虐史観はロシア革命が起点

戦前の日本は大陸で悪いことばかりした、と教える左翼の日教組教育の起点は、一九一七年に起こったロシア革命です。ロシア革命は、それ以前と以後の時代を大きくわけました。ロシア革命とそれ以降の共産主義イデオロギーは、今の日本にも本当に大きな影響を与え続けています。

日本天皇は制度ではないのに「天皇制」と言うのは、これを廃止したいと考える共産主義の考えですし、「日の丸」の国旗や「君が代」の国歌に対する反感も、君主制を滅ぼし、敵である資本主義の国家は解体しなくてはいけないという、もともと世界同時革命を目指して一九一九年に成立したコミンテルンが主導した反日思想にもとづいたものです。

マルクス主義は「宗教はアヘンだ」と言いますが、マルクス主義もマルクスを信奉しない者を排除し、「マルクス主義以外の思想は、どうせみんな悪巧みで謀略だろう」と切り捨てるのだから、宗教の一種です。マルクス主義は、人間が理想を持って行動したことを、一切認めません。

コミンテルンこそが謀略だらけだったのですが、だからこそ他人も謀略したと思うのでしょう。したがって、日本が理想を持って満洲で行なったことも、すべて陰謀ということになります。ロシア革命が起きた一九一七年までは、満洲が中国の一部であるなどとは誰も思っていませんでした。ところが、コミンテルンが満洲は中国なのだと中国人を煽《あお》って、国家意識や国民意識が生まれた中国人に対して、日本人を追い出せという運動をやらせたのです。

そして満洲事変から満洲国が設立されると、「それ見たことか、日本に謀略があったではないか」と、それまでのイギリスやアメリカやロシアに対する中国人の反感は、すべて消えてなくなり、「日本人だけが悪い」となったのです。そうなると、それ以前のことも、日清戦争からすべてが謀略だったのだということになりました。本当に、ロシア革命こそが世界を変えたのです。

しかも悪いことに、日本が戦争に負けた後、日本統治にやってきたＧＨＱ（General Headquarters）すなわち連合国軍最高司令官のもとで働いたアメリカ人も、共産主義思想を持つ人が多かったのです。六年にもおよぶアメリカ軍の占領下で、戦前抑圧されていた日本の左翼系の人たちが要職に就き、教育界もその影響下に入りました。彼らは、どっぷりと左翼思想に染まっていたので、コミンテルンを悪く言わない歴史、軍部だけが悪者になる歴史が、このときに書かれました。

日本の戦前を振り返ってその時代に立ってみれば、ソ連の恐ろしさはとても大きいものだったでしょう。軍事力だけでなく、思想的にイデオロギーで侵略しようと迫ってきているのです。

それが満洲事変の原因です。支那事変も同じで、実はすべて相手側に原因があったのですが、それを逆転させて日本が悪かったと説明するので、わけがわからない歴史になるのです。

現在の中華人民共和国は、ソ連とは喧嘩をしましたが、共産主義のイデオロギーで誕生した国ですから、その立場から過去を振り返れば、日本が満洲に違う国をつくろうとしたことは、自分たちの邪魔をされたと思い、当然悪く書くことになります。

†なぜ歴史を学ぶのか

ここで、なぜ私たちは歴史を学ぶのかという本題に入ります。

歴史の本を読むとき、「行為の善悪をはっきりとさせて欲しい」「どこで間違ったのかということを知りたい」という気持ちが、読者にはあると思います。「なぜそのような行ないをしたかの動機など必要ない」「言い訳が書かれた本など読みたくない」という思いを持つことが、少なからずあるのではないでしょうか。

しかし、それは歴史ではありません。歴史というのは因果関係を明らかにすることなのです。岡田英弘が『歴史とはなにか』で書いているように、歴史は、個人や国家の行動が道徳的に正義だったか、罪悪だったかを判断する場ではありません。現代の国家にとって、よかったか悪かったかを判断する場でもありません。歴史に道徳的価値判断を介入させてはいけないのです。

現在から見てよかったか、悪かったかというのは、歴史ではなく、政治です。つまり、現在ある国家や今いる人間にとってよいか悪いかを決めることは、歴史とは言いません。歴史は法廷ではないのです。それが私や岡田英弘が考える歴史学です。

私たちは現在進行形の世界にいるので、途中で結論をつけることはできません。私たち歴史家の義務は、起こった出来事の実際の姿をできる限りそのまま、後世の人間にもありありとわかるように、説明を残していくことです。

歴史を学ぶのは、例えて言うならばＳＦと同じで、そのとき何があったのか、なぜそういうことになったのか、そこにいた人たちがどう考えていたかを、実感を持って理解するためです。だからよい歴史家は、出来事をできるだけ正確に、臨場感を持って表現するのが、本来の役目だと、私は思っています。

もちろん、完全な「よい歴史」はありません。書く人間も不十分な人間であり、史料もつねに片寄りがあるし、まったく公平、中立な立場などありえないからです。

それでも歴史を書くのは、起こった出来事すべての説明につじつまが合うような、よりよい歴史を残したいからです。何年後の人間が読んでも、外国人から見ても、「なるほど、それはそういった説明しかないだろう」というような、整合性の取れた説明ができるかどうかが問題なのです。良い悪いや善悪の判断は、生身の人間がすることではなく、そう思いたければ、閻《えん》魔様《まさま》の役割だとでも思って下さい。

この点こそが、中国文明の至らないところです。「過去に日本がしたことのすべてが悪い」という善悪の言論は、歴史の名に値しません。しかし、中国人や韓国人が「歴史」と言った場合、この善悪の言論なのです。同じ漢字が並んでいても、文明によってその意味がまったく違っています。

†日本人と中国人の歴史観のギャップ

満洲を語るときに本当に必要なことは、史実は何だったのかということです。

中国人は歴史の始まり、つまり五千年前から満洲は中国だと言っています。途中の因果関係は、彼らには必要ありません。しかし、本当の意味のヒストリーは、因果関係を明らかにすることです。何かが起こったときに、出来事と出来事の間のつながりを説明することが歴史です。

これはヨーロッパ文明の「歴史の父」である、ヘーロドトスの『ヒストリアイ』の手法です。わが日本国では、帝国大学（現在の東京大学の前身）が明治十九年（一八八六年）に創立された、その翌年、ユダヤ系ドイツ人のルートヴィヒ・リースが招聘《しょうへい》されたときから、彼の師匠のドイツの偉大な歴史学者、レオポルト・フォン・ランケの提唱した、実証を重んじるヨーロッパ型の歴史学研究法を取り入れてきました。

このときから百年以上、真面目な日本人は、ヨーロッパ文明に始まる近代的学問を熱心に勉強し、因果関係こそが歴史だと考えてきました。それで、真実を明らかにすれば、中国人でも朝鮮半島の人々でも理解するだろうと思い、一所懸命に史実を相手に伝えているのです。ところが、中国にとっては歴史の基準は現在であり、これについて一切妥協がありません。

それどころか今では、日本人の方が、相手とうまくやっていくためにと思って、中国人の言う嘘の歴史を受け入れてしまっている状態で、その嘘がどんどん増えて、中国人と日本人が言っていることのギャップがあまりにも大きくなっています。日本人は、小さな嘘をつくことはありますが、大きな嘘は下手ですね。あまりに大きな嘘をつくと、つじつまが合わなくて手に負えなくなります。それくらいなら、本当のことを言った方がまし、というのが、普通の日本人の考えです。

でも中国文明は、もともとが見た目勝負なのです。中国人は相手が本心から言っているのかどうかなどということを誰も問いません。本心を明らかにすることは無理だと思っているからです。そのため、自分でも本心などというものを突き詰めないのです。「言わない」「考えない」ということは、「そんなことにこだわらない」「もうどうでもよい」ということでしょう。

日本の大陸進出について、戦後の中国人は、とにかく日本人が自分の発展と金儲けのためにやって来て搾取していった、としか言いません。日本人にしてみれば、莫大に投資したにもかかわらず、損をしたということになります。これは両者とも、経済の観点からしか見ていないので、取ったか取られたか、儲かったか損をしたかという、金銭面だけの水掛け論です。

中国からすれば、日本はすでに日清戦争のときから満洲を視野に入れて、大陸の資源を取ることをもくろんでいたという歴史になります。しかし、本当のところはまったく違います。実際は、日本が日清戦争を戦ったのは、自国の安全保障のためには、朝鮮半島南端の釜山《プサン》までロシアや清朝になるのはマズイと思ったから、戦争になったのです。最初は朝鮮半島が安定してくれればそれでよかったのですが、思いもよらず朝鮮半島より先、陸続きの満洲にも朝鮮人がいて、ズルズルと進んでいったというのが真相です。

結局、中国人の結果主義の歴史観を受け入れて満洲史を書くこと自体が、無理なのです。私が親しくしている台湾出身の黄文雄《こうぶんゆう》さんは、戦前に日本がしたことはすべてよかったと誉めてくれていますが、その根拠に、例えば台湾と海南島を比べて「日本人が来た台湾はこれほど発展して、中国人が来た海南島はひどい」と言います。黄さんも中国人だから、因果関係よりも結果ありきだなあ、と私は思います。

日韓併合後の韓国について、韓国からの批判にもめげずに日本のしたことを正当に評価してくれる呉善花《オソンファ》さんも、韓国式に見方をそっくり裏返して表現します。日本人は、なぜそうなったのかという背景や、動機が詳しく知りたいと思うのですが、黄さん、呉さんはそのあたりには、あまり興味がないようです。

†真実の朝鮮史

日本でも最近は韓国ドラマがはやっていますが、つじつまが合わないことがあまりにも多いです。もう完全にファンタジーの世界です。日本人は本当のことを知りたいと思っているのですが、中国や韓国はそうではないという話を私がすると、日本の若い子は「えーっ、中国人って真実、知りたくないんですかね」などと言います。しかし、「真実」とは何かということすら、文化によって違ってくるのです。

日本は朝鮮半島を安定化するために、日本に取り込んだのです。植民地として搾取しようと思っていたわけではありません。朝鮮人を日本人化しようとして、やり方が下手で摩擦も起こしましたが、朝鮮を日本のように近代化したいと善意で行動したのです。

『歴史通』(二〇一二年五月号、ワック)に、「日帝支配資料館『加虐日本人』の正体」という小名木善行さんの記事が掲載されました。中国に南京虐殺事件の資料館があるように、韓国にも日帝支配資料館があるのですが、ここに、日本が行なったという残虐行為の写真がたくさん残っています。しかし、それはじつは朝鮮人の仕業《しわざ》だったというのです。

日本は朝鮮半島の統治にあたり、言葉や地理に詳しい現地の朝鮮人を補助員として大量に採用しましたが、この人たちが、同じ朝鮮人に残酷な仕打ちをしたり拷問をしたりしました。日韓併合後に残虐だった日本人は全員、日本軍の服を着た朝鮮人の憲兵や、日本の制服を着た警察官だった、という記事です。

韓流歴史ドラマでもひんぱんに描かれていますが、李氏朝鮮時代には拷問はあたりまえでした。日本は日韓併合後、法律を作って拷問を禁止しました。ところが法律で禁止したにもかかわらず、これまで一部の特権階級にいじめられてきた朝鮮人は、日本の権力を借りて恨みをはらそうと、同胞であるはずの朝鮮人たちに、苛酷な暴行を始めたのです。

支那事変でも、日本人になった朝鮮人がシナ人に恨みを晴らしたことも多く、朝鮮の創氏改《そうしかい》名《めい》も、満洲で中国人に対して威張りたい朝鮮人が日本名が欲しかったということがあります。実のところ、朝鮮人たちが創氏改名したかったのです。日本人は決して強制していません。現に、東京帝国大学を朝鮮名のままで卒業した人や、朝鮮名のまま日本帝国陸軍の中将になった人、オリンピックの選手になった人など、能力があって自信のある朝鮮人は、朝鮮名のままで通しました。

日清戦争後、日本をあなどってロシアと組んだ朝鮮の王妃、閔妃《びんひ》を暗殺した事件でも、公使の三浦梧楼《みうらごろう》が実行犯だと言われていますが、暴徒はほとんど朝鮮人でした。閔妃と言われている写真が偽物であるという記事も、『歴史通』二〇一二年一月号に出ました。そうすると、閔妃の顔を知っているのは舅の大院君だけだから、宮廷の権力争いに日本が巻き込まれたことになります。現場での悪行の責任を、何も言わずに三浦が取ったのは、日本の武士の偉いところです。

これとよく似た話だと思うのが、関東大震災で大杉栄らを殺害したとされる甘粕正彦《あまかすまさひこ》です。甘粕正彦は、絶対に手を下していないと私は思います。それでも甘粕は憲兵隊の責任者として罪をかぶったのです。軍人として誰にも文句を言わず、裁かれて獄に入ったので、出てから満洲の国策映画会社、満映の理事長になりました。本当の罪人だったら、陸軍は甘粕をそんなに大事にしないはずです。罪をかぶってくれたことを知っているため、そのお詫びとして日本を離れたところでポストを与えたのでしょう。

本人が何も言わずに亡くなっていますから、これは因果関係からの傍証でしかないのですが、親類もやはりやっていないだろうと書いています。もし本当に殺害していたら、日本人なら坊さんになっているでしょう。

日本人は真面目すぎて、問題が発生したときに一所懸命に考えて、その都度、最善と思われる対処を行なったのが、よくなかったのではないかと、私は思うのです。何千年も前から現地に横たわっていた問題など、放っておけばよかったのです。日本人の、すぐに白黒はっきりつけたがる性格がいけなかったかと、最近は思っています。

†台湾と朝鮮と満洲は日本史として考えるべき

続いて、戦後の日本人の満洲に対する歴史観について考えてみます。

日本人は戦後、満洲についてどのような教育をしたでしょうか。私自身の考えでは、満洲と台湾、朝鮮を含めて日本史として扱うべきだと思います。台湾と朝鮮は一度、日本領であったわけですし、満洲は日本ではありませんでしたが、影響のある傀儡《かいらい》国家にして、多くの日本人が国づくりを手伝ったのですから。

一八九五年からの一九四五年までの五十年の台湾、一九一〇年から一九四五年までの朝鮮は日本史でしょう。満洲についても、一九〇五年に日露戦争に勝ってから一九四五年までを日本史として扱うべきで、それをまったくしていないことが問題です。

日本人はそれが問題だということを理解しません。いまだに「満洲の歴史など知りたくない。韓国も台湾も放っておけ」という態度で、何か問題が起こると、「もう日本人だけにして、外国人は全部出てって欲しい」となるのが、多くの日本人の考えです。従軍慰安婦が問題になると、「在日（朝鮮人）は出て行け」となるのです。これは、まったくの筋違いではないでしょうか。

なぜなら、一度日本になった地域出身の人間を、日本人として扱わないことに問題があるからです。世界史を見ればわかります。ヨーロッパであろうとどこであろうと、自分たちが征服したり、宗主になった土地に関しては、よくも悪くも責任があるのです。たとえ台湾や韓国の出身であっても、日本語を話し日本文化が好きな人たち、日本で教育を受けて、精神はほとんど日本人と変わらない人たちを、血筋だけで差別するのは、日本人の悪いところだと私は思います。

ただし、相手側がそれをネタに揺すってくる場合は、相手側が悪いです。そのことと、血筋が原因で排除することとは、分けて考えなければいけません。日本人には「日本列島以外は日本ではない」という固定観念があるので、かつて日本人が大陸で行なった悪いことを挙げられると、「海外へ行った日本人が悪い」とすんなりと納得してしまうのです。この固定観念は、日本列島のなかだけが日本だという、『日本書紀』から始まる縦割りの歴史を持っている日本人の頑迷なる世界観といえるでしょう。

そもそも欧米人が考える植民地というものと、日本人が外地で行なった政策は根本的に考え方が違います。欧米人の植民地は、自分たちの国民国家だけがよければ、あとはすべて搾取の対象でした。しかし、日本人は歴史上初めて日本を拡大して、どの土地も日本のようないい国家にしようと試みたのです。それを戦後、アメリカを初めとする戦勝国が一致して「日本人が悪い」ということにしてしまいました。

そういった歴史の書き換えが行なわれ、それを日本人がすんなりと受け入れたのです。原爆まで落とされたのに、「これでよかったんだ、目が覚めた」となるのは、間違っているとしか言いようがありません。戦後の日教組の歴史教育が、自虐史観と言われるのはそのためです。「外国に行ったやつが悪かったから負けたんだ。お前らがあんなことをしなかったら俺たちはこんなひどい目にあわず、原爆も落とされなかったんだ」などという因果関係は、本当に誤りです。

こうして、大陸から引き揚げてきた人たちは、何も言えなくなりました。彼らの子供たちすら、事情を知らない人間から「お前らは加害者の子供じゃないか」といった扱いを受け、つらい暮らしを送ることになりました。

ヨーロッパ人は植民地に学校も作らず、教育も受けさせず、現地の人をただ牛馬のように働かせ、自分たちは現地の生産物を持って帰って潤《うるお》ったのですが、日本人は現地の人を対等に扱おうとしました。

確かに、日本人でも現地のことをよく知らなかったために、まずかったこともあります。それを戦後、批難しますが、批難の仕方は、最初から刷り込まれパターン化されたものばかりです。批難する人たちは、自分たちは開明的だ、と昔の人間を悪かったことにして、自分たちだけ生き延びようといったアリバイづくりをしているのが見え見えです。過去の日本人の遺産の上に、今の日本がいい生活を送っているにもかかわらず、過去の日本人を悪者にしようというのは、被害者根性と言うか、下層の人間のすることです。プライドのある立派な人間であれば、真実に正面から向き合うことで責任を背負い、それを次の糧《かて》にして生きていこうと考えるはずです。そしてそれは、今の現地政権にこびを売って生き延びることとはまったく違う生き方です。

†日本側からだけ見た満洲

日本のこれまでの満洲研究で一番問題なのは、今の日本から見た視点しかないことです。東京と現地の関係、軍人と政治家の関係なども、興味が日本人にしか向いていないので、「満洲」という土地に対する関心はほとんどありません。満洲で活躍した人が戦後、日本に帰ってきてどれほど影響を与えたかなど、ひたすら日本中心で満洲国を見ているのです。

日清・日露戦争、関東軍に満洲事変というトピックも、すべて日本側からの見方で、満洲という土地は〝背景〟としてしか考えていないのです。しかし、実際の満洲は、朝鮮やモンゴルはもちろんのこと、三国干渉のロシア、フランス、ドイツ、またアヘン戦争を仕掛けたイギリスや門戸開放を迫ったアメリカも関係しています。中国は清朝から中華民国へと移っていますし、国際関係のなかで捉えないと理解できません。世界史のなかで満洲を見るべきなのです。

日本の教科書が教える日本史では、満洲は日本の帝国主義政策の一つとして出てくるだけです。朝鮮や台湾、あるいは委任統治領だった南洋諸島なども含めて、本当はそこで普通の日本人が生活していたことも扱わなければ、十分ではありません。私には、外地へ行った日本人は特殊な人たちだったと捉える日本史の枠組が、たいへん問題だと思えます。逆にいえば、世界中のどの国にもいろいろな民族がおり、同じ民族が国家を越えて生活しているということを、日本人は知らなさすぎるとも言えます。日本に住んでいる日系のブラジル人を、普通の日本人は日本人として扱わないし、日系のアメリカ人については、ほとんど気にも留めていないのではないでしょうか。

土地と民族ということで言うと、アメリカ人が満洲事変と日本人のことについて書いた本に、「満洲に漢人が三千万人いたのに対して日本人はごく少数だったのだから満洲は中国だ、という意見があるが、それならば、アメリカ人より多くの日本人が住んでいたハワイは日本になるのか」とありました。まさにその通りで、多数決と民主主義だけが正しい、という価値観で過去の歴史を切り取る、あるいは統治の仕方を考えると、やはり真実は見えてきません。

†陰謀はあったのか？

満洲に関しては、関東軍の陰謀が当然のように語られています。しかし陰謀などまったくなく、むしろもう少し陰謀をしなさいと言いたいぐらいです。

歴史家の作業はミステリー小説やSFに似ていますが、小説家のように勝手にストーリーをつくり上げるわけにはいきません。学者の責任において、説得力のある推測を重ねていくのです。たとえば、張作霖《ちょうさくりん》爆殺事件について、最近の資料などから、コミンテルンの謀略の可能性が高いということがわかってきましたが、これは推測であって、陰謀史観ではありません。

現代の日本では、歴史を扱った本でも、歴史と言えないものもたくさんあります。最近よく売れた本でも、與那覇潤『中国化する日本』も、内田樹『日本辺境論』も、加藤陽子『それでも、日本人は「戦争」を選んだ』も、初めに結論を決めて、それに合うように都合のいい事だけを並べ立てるという、私から見ればひどい本です。

「結果が悪かったのだから、最初から悪いことを考えていたに違いない」という前提でストーリーを組み立てると、勧善懲悪《かんぜんちょうあく》の漫画と同じで、わかりやすいので人口に膾炙《かいしゃ》します。しかし、実際の世界で起こる出来事はずっと複雑にできています。「ちょっと待てよ。わかりやすいけれども、果たして本当のことなのか」と思わなければいけないのです。

戦前の歴史に関しても、起こった事件のすべてを取り入れると、前もって決めたストーリーに沿った説明ができなくなるので、日本がしたことだけを並べます。そうすると、相手が先にひどいことをして、対抗上日本人がそうせざるを得なかった、という説明が抜きになり、日本の行為だけが並べられることになります。それでは、日本人がわけもわからず、ただただ残虐な性格だったことになってしまうのです。それは結局、政治的主張の本であって、読んでも何も証明はしていません。

前置きが長くなりましたが、本書は、このような政治的主張を極力排除し、史実は何であったかを明らかにすることを目的としました。ではまず満洲について説明しましょう。

序　章

満洲とは何か

大連市の中心部、大連広場。
正面は横浜正金銀行大連支店

満洲の玄関口、大連埠頭

溥儀と婉容夫人

ちまたに満洲関係の本は溢れていますが、引揚者の話、満鉄の話、開拓民の話など、みな個別の出来事に焦点を当てたものばかりで、個人的体験は蓄積されていますが、全体像が総括されていません。

†満洲関連の本

満洲国は日本の敗戦とともに消えてしまったため、現地の資料の整理もされませんでしたし、今の歴史は、再征服した北京から見た、南方からやってきて満洲という土地を支配した異民族が創った、一方的な見方の歴史です。日本人も異民族でしたが、現在の中華人民共和国の指導者にしても、満洲という土地から見れば異民族です。そういう人たちの言い分だけしか残されていないので、細部の研究はともかく、ストーリーとしては史実とはとても言えません。

実は、満洲独自の通史は、拙著『世界史のなかの満洲帝国』（ＰＨＰ新書、二〇〇六年、二〇一〇年ワックブンコ版の題名は『世界史のなかの満洲帝国と日本』）以外は、戦後は書かれていないというのが正しいところです。拙著は満洲という土地から見た通史で、満洲国の前史に頁をたくさん割いたので、日本と満洲国についてもっと書いてほしい、という要望が、刊行直後から強かったのですが、あのときは、あれで精一杯でした。少し時間がかかりましたが、本書がその続編であり、読者の要望に対するお返事です。

この本を書いている最中の二〇一二年十一月に、吉川弘文館から『二〇世紀満洲歴史事典』が刊行されました。とても楽しみに読んでみたのですが、戦後たくさん出版された満洲関係の本を網羅《もうら》的に参照し、項目ごとに分類して整理したものですので、結局、歴史観としては、本書「はじめに」で言った左翼的な自虐史観を越えることはできていません。それでも、こういう本を作ろうという風潮が日本社会に生まれてきたことは、喜ばしいことです。

†満洲とは？

では、まず「満洲」とは何かという大前提からお話しします。

もともと満洲というのは種族と言いますか、一定の集団の名前でした。「民族」という言葉は十九世紀までありませんから、ここでは種族と呼びます。

この人たちは東北アジアの森林地帯に住んでいた狩猟民で、古くは「ジュシェン（女直、女真）」と呼ばれて、「金」という王朝を建てたこともあります。十三世紀にチンギス・ハーンがモンゴル帝国を建てたときは、その家来になりました。

モンゴル人の元朝が植民地だった漢地を失って、故郷の草原に撤退したあと、狩猟民であるジュシェン人は、明代には黒龍江の森林地帯で捕れる毛皮や朝鮮人参や淡水産真珠の交易で富をたくわえ、主君筋だったモンゴル人とまず同盟を結び、次いで遼東に入植していた漢人農民を支配下に入れて、万里の長城の北の瀋陽で清朝を建国しました。

ジュシェンという言葉は、「属民」という意味で、王朝の支配者としてふさわしくなかったので、清を建国するときに、種族名を「マンジュ」と改めました。これが，漢字で「満洲」と書かれたのです。つまり、満洲は、はじめは集団の名前だったのです。

満洲人が出た故郷の土地だからと、そこを「満洲」と呼んだのは、じつは日本人です。一八〇九年に高橋景保《たかはしかげやす》が作成した「日本辺界略図」では、アムール河（黒龍江）をはさんだ清朝領を「満洲」、「ヲホツカ海（オホーツク海）」の対岸を「西百里亞（シベリア）」と記しています。

†王朝の領土は変化する

満洲人が皇帝となった清朝は、最初は万里の長城の北だけを支配していましたが、明が内乱で滅びたあと、万里の長城を南に越えて、明を継承して漢地の支配を始めました。したがって、清朝の領土は、国の始まりから大きく変わっています。明を継いだあとも、清朝の支配地域は広がっていきました。

日本辺界略図

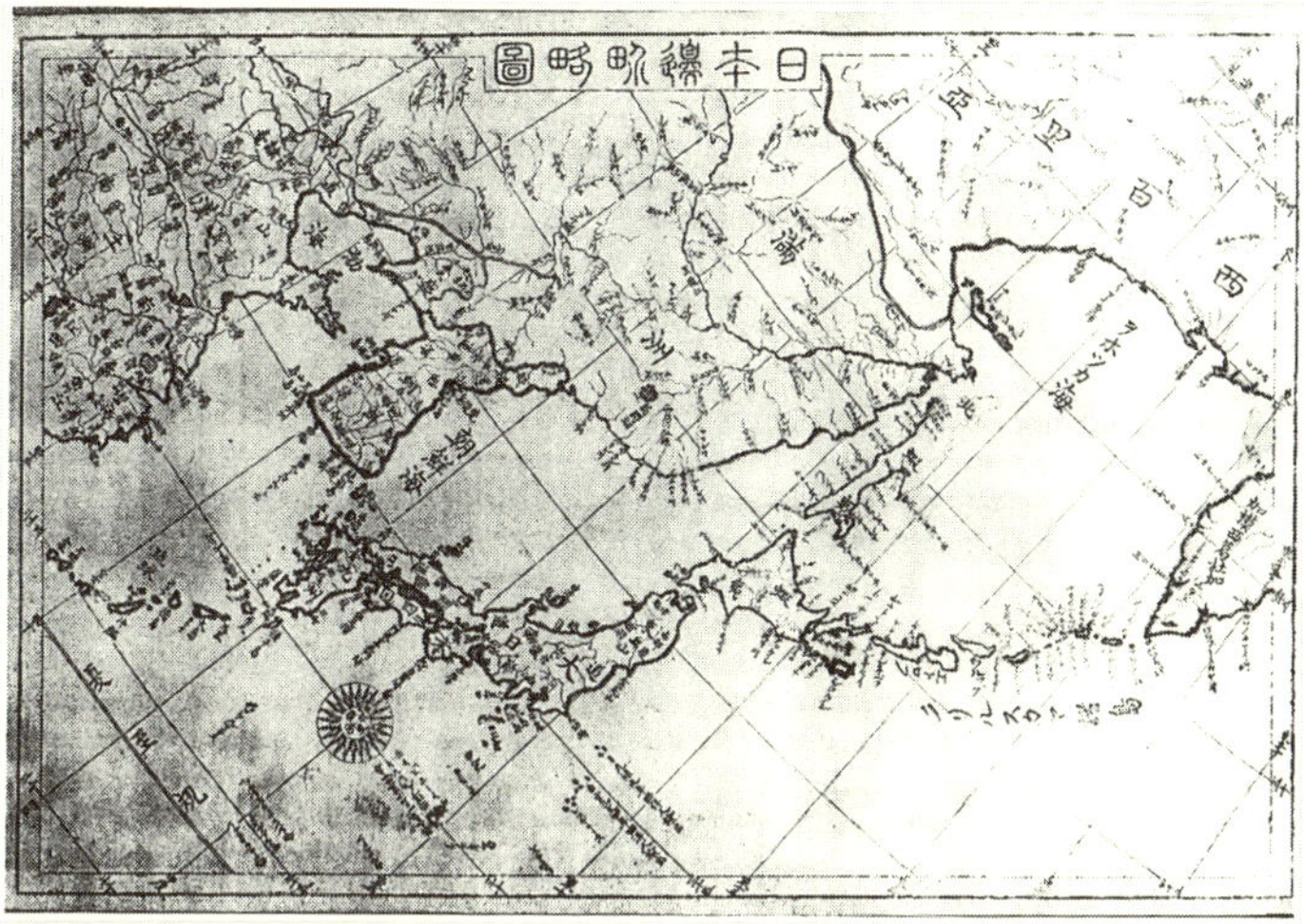

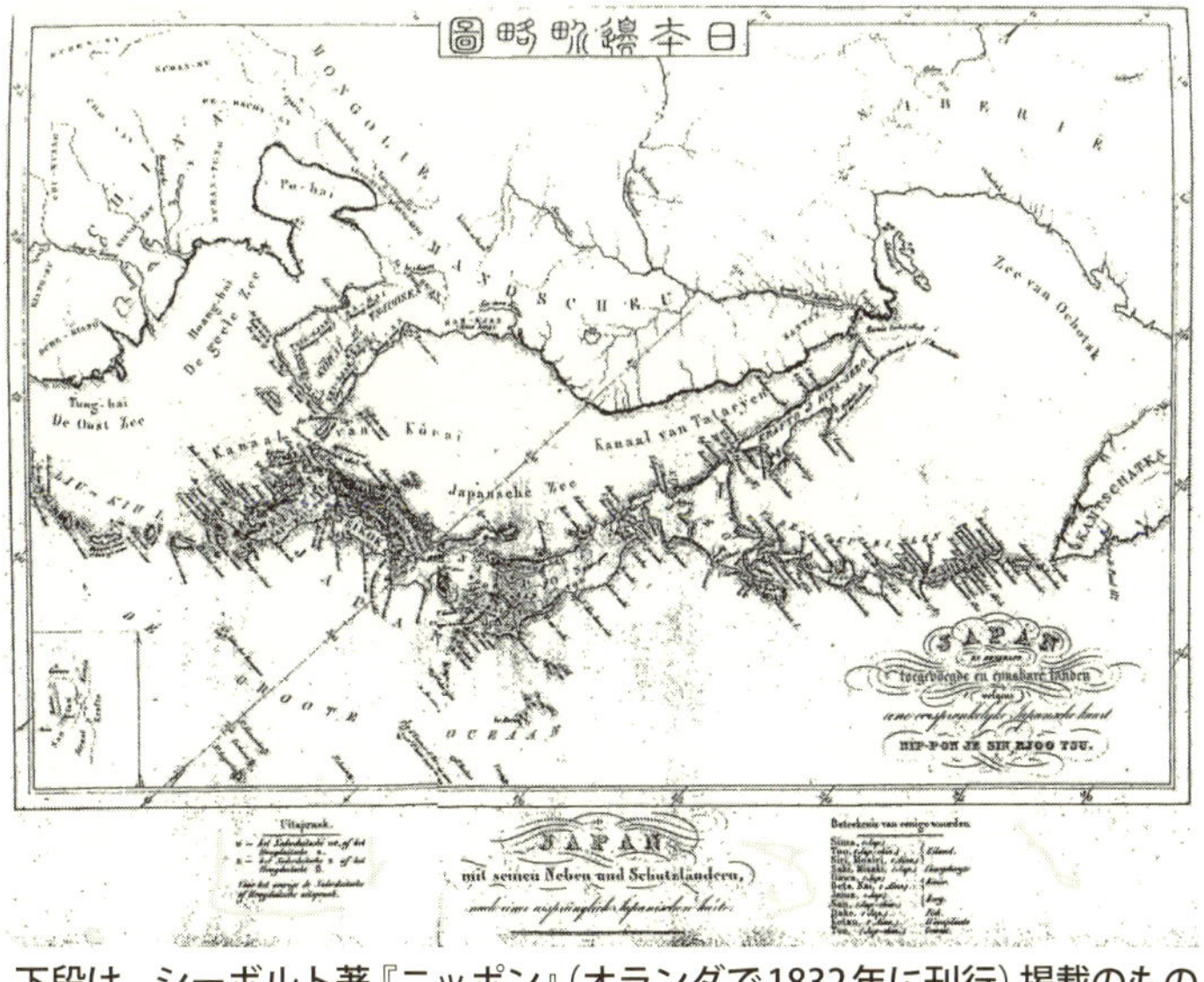

下段は、シーボルト著『ニッポン』(オランダで1832年に刊行) 掲載のもの

そもそも中国の王朝は、いつの時代も国境を確定してきませんでした。中国王朝の支配層にとって、支配する土地はどこまでも緩やかに広がっていて、境を区切って土地を決めるということはしていません。王朝は人間を支配していたのであって、土地を支配しているのではないと考えるのです。これを属人主義と言います。

人は家来にできても土地は家来にできないという考えなので、家来がいるところが当然、支配版図となります。したがって、世界史の教科書の地図ではっきりと国が色分けされているのは正確な表現ではありません。満洲人もモンゴル人も土地を所有して名前をつけるという意識がなかったため、近代化では遅れを取りました。清朝やモンゴル帝国が境界線を持っているのは、現代の教育のためにつくった地図であって、あくまで便宜上のものです。

清朝にしてもその他の王朝にしても、何百年かの間に、その支配範囲が揺らいでいるのが普通で、時期によって違います。たとえば、「唐の時代には中央アジアまでが領土だった」と地図で表すのは正しくなく、極端に言えば、唐の人間が行ったことがあるところを、唐として塗っているだけなのです。一度その地方から使者が来て友好関係を結んだ、あるいは親族の振る舞いをしたというところが、すべて同じ色に塗り分けられているのです。もっと言うなら、何百年かの間に一度だけ軍隊を送ったというところでも、どのように支配したかに関係なく、同じ色に塗られます。

もし日本が中国と同じように、かつて日本だったところをすべて日本として載せるとどうなるかというのが四八頁の地図です。これは大東亜共栄圏の範囲を示したものですが、日本もこれくらいのものを教科書に載せないでどうするのかと言いたいです。大日本帝国はこれほど広かったのです。

†満洲にロシアが南下

支配する土地が曖昧に続くというのは、海に囲まれた島国である日本に住んでいる私たちからすれば、非常にわかりづらい感覚ではあります。中国は遠方と商売をしながら勢力を広げたので、争いがなければ境界線を引く必要はなく、満洲人にとっても国境の概念は大変薄かったのです。

しかし、建国後まもなく北方からロシアが迫ってきたために、境界を決める必要性が出てきました。露清六年戦争が戦われ、一六八九年にネルチンスク条約が結ばれました。言ってみれば、これが中国の最初の国境確定です。そして南方から英仏が迫ってきた十九世紀半ば、英仏との停戦交渉の際、ロシアに間に入ってもらったことにつけ込まれて、一八五八年のアイグン条約では、ロシアとの国境が、ネルチンスク条約のときよりずっと南のアムール河（黒龍江）

大東亜共栄圏　日本の最大勢力の及んだ範囲

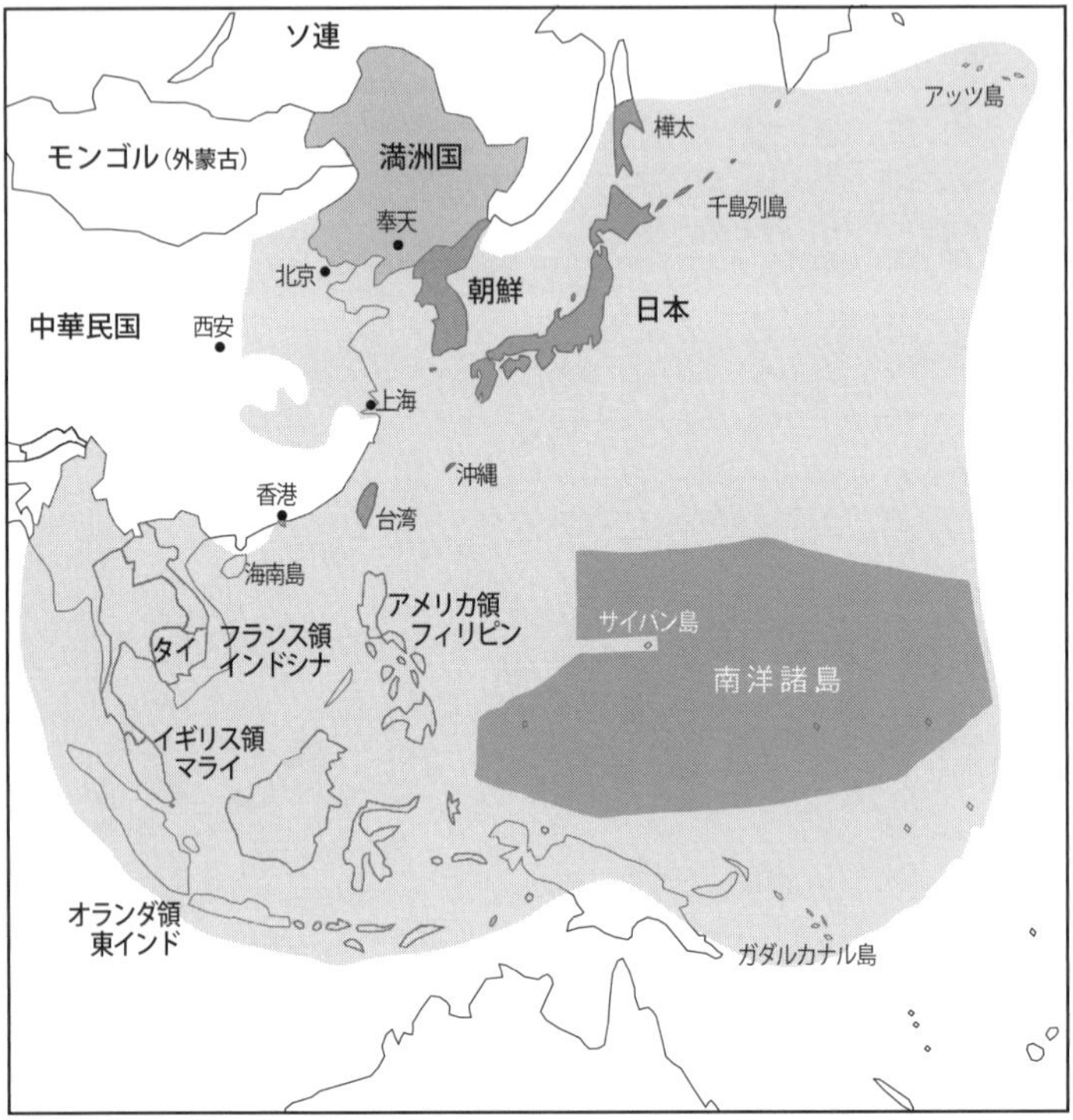

にまで下げられてしまいました。

このとき、清朝は北京を都としてから長い間過ぎていたため、故郷の満洲には人が少なくなっており、放ったらかしのような状態だったため、ロシアが入ってきても対応のしようがありませんでした。満洲は父祖の地ではありますが、ほとんどの人間は南下してから何代も経ってしまっているので、北京にいる大臣には現地のことがわからなかったのです。

ネルチンスク条約が結ばれてから乾隆帝《けんりゅうてい》（在位一七三五〜一七九五年）の時代くらいまでは、清朝は非常に正確な地図をつくり、熱心に国境をチェックし、中央アジアまで目配りをしていたのですが、最後の遊牧帝国ジューンガルが滅びた一七五五年から百年も経った十九世紀半ばになると、北京から派遣された役人たちは、現地の河の名前すらよく知らないという有り様でした。

清朝時代の満洲には、奉天《ほうてん》将軍、吉林《きつりん》将軍、黒龍江《こくりゅうこう》将軍という、三人の大将軍が置かれていました。将軍の駐屯地は便利な街のなかにあり、その周りには八旗《はっき》兵もいましたが、僻地《へきち》の河になど誰も駐屯していません。便利でお金のある地へみんな南下してしまったところへ、ロシア人（といっても、もともと中央アジアの遊牧民だったコサックたち）が入植して来て、武器も知識も豊富なロシア人に土地を取られてしまったのです。

こうして、ロシアはアムール河から北、ウスリー江から東の沿海州を清朝から奪ってロシアの領土としました。これはのちに満洲国とソ連の国境線になります。一九〇〇年に義和団の乱から北清事変が起こったあと、ロシアは国境線を越えて満洲を実効支配しました。

†満洲の民族

また、もう一つ日本人にわかりづらいのが満洲の民族です。先にも言ったように、民族という言葉は十九世紀末〜二十世紀初めにできたものなので、それより前には使わないようにします。つまり、狩猟民、遊牧民、農耕民、という風に言います。

そもそも満洲人は狩猟民であり、農耕民のように境界を決めてその範囲内で生活するものではありません。農業をしないので、まとまって住む必然性がないですし、狩猟民は行動範囲が広い方が有利です。また、自分たちの活動範囲の内側に、言葉の通じない異民族が多く住み、雑居しているのが普通の状態です。

清朝を建てた女直《じょちょく》／女真《じょしん》人とはどのような人たちでしょうか。遼《りょう》・金《きん》・元《げん》・明《みん》の歴史書では、現地語のジュシェンを「女直」と写し、南宋と朝鮮の歴史書では「女真」と書きましたので、私は女直を使いますが、この名前は漢人から付けられた呼称にすぎません。当人たち、つまり清の太祖と呼ばれるヌルハチや、太宗と呼ばれるホンタイジは、自分たちが王朝を興《おこ》すとき、自分たちに一番近い血縁と、少し離れた部族では違う名前を持っていました。でも清を建てたとき、同じ狩猟民出身である支配下の者は、すべてマンジュという名前にすることに決めました。どこまでをマンジュとするか、おおよそ決めたのです。

そこからはずれる種族については、やがて、自分たちとよく似ているものに新マンジュ、モンゴル系にはダグール、ツングース系にはオロチョンなどの名前をつけていきました。だんだんと外側に遠くなるにつれて色が薄くなっていく同心円のようなイメージです。

「満洲」という文字は、漢人が「マンジュ」という種族名に音を当てたものですが、なぜサンズイがつくかというと、もともと彼らが水に関係があると意識していたので、清という国号もそうですが、こういう漢字を選んだのです。したがって、サンズイを抜いた「州」にすると、たんなる「満族の土地」という意味になって、もとの固有名詞ではなくなります。だから、戦後、過去を否定するような気分で「満州」と書き換えてきたような風潮は、ここで止めましょう。日本だって、東京駅の南口に、八重洲《やえす》という漢字を残しているではありませんか。

ヌルハチの支配下の人たちを「マンジュ・グルン」と言いました。「グルン」は漢字で「国」と訳しますが、これはモンゴル語の「オルス」と同じで、「オルス」はもともと集団・領民という意味です。「モンゴル・オルス」というと「モンゴル人の集団」です。「マンジュ・グルン」は「満洲人の集団」という意味です。

そこで注意すべきなのは、「マンジュ」という種族は人間を支配しているのであって、土地は支配しないということです。先程も言いましたように、土地を支配するという精神がないので、「マンジュ・グルン」は「満洲人」「満洲族」のことです（現在の中国では満族は少数民族の一つであるとしています）。

先に述べたように、高橋景保の地図に「満洲」と書いてあったため、日本人がまず「満洲」を土地のことだと考えるようになりました。英語で、満洲人の住んでいるところを「マンチュリア」、モンゴル人の住んでいるところを「モンゴリア」と言いますが、これはあとになって、ロシア人やイギリス人などの外国人が決めた言い方です。

†満洲の気候

満洲は、地図を見ればわかりますが、たいへん広いので、気候は場所によってずいぶん異なります。それでも全体として日本よりはずいぶん寒いところです。ハルビンの緯度は北海道の稚内《わっかない》よりも北にあるし、新京（長春）は、札幌よりも北にあります。気温は平均して冬はマイナス一五度以下で、北の方の黒龍江と松花江《しょうかこう》は、河全体が冬の間、半年近く凍ります。おしっこもすぐ凍りますし、まつ毛まで凍りついてしまいます。

南の方の鴨緑江《おうりょくこう》や遼河《りょうが》でも、冬の三カ月間は凍ります。でも、夏の平均気温は二〇度で過ごしやすく、年間降水量は五〇〇～六〇〇ミリです。六、七、八月の三カ月間に年間降水量の六〇パーセントが降ります。

満洲の北の方が森林地帯、南は少し平原となっていて、河のそばでは、昔から簡単な農業ができました。黒龍江はさすがに寒いのであまり農業はしませんが、鴨緑江、遼河、松花江あたりでは、コーリャンやトウモロコシが収穫できます。

満洲国の西三分の一は、清朝末期まではモンゴル草原だったところです。満洲を縦に長く連なっている大興安嶺《だいこうあんれい》山脈の東の裾野《すその》が、満洲平野とモンゴル草原の境目でした。モンゴル遊牧民は、山を越えた東の裾野まで広がって遊牧していたのです。満鉄の駅である瀋陽《しんよう》や遼陽《りょうよう》は、昔から、遊牧民が、狩猟民や農耕民と生産物を交換するための拠点として栄えた町です。

†満洲人とは？

「満蒙」という言葉があります。満洲とモンゴルのことですが、満洲とモンゴルは国境がはっきり分かれているわけではないので、そもそも清朝の最初から満蒙政権だったと言った方が正確です。清朝を引き継いだ満洲国も満蒙政権で、満洲は最初からモンゴルと密接につながっていたのです。

モンゴル帝国の場合、兵士を徴兵するために人口の基礎調査をしていたので、百人隊、千人隊、万人隊と、支配部族の人口がおおよそわかり、血縁集団や親族集団もはっきりしています。このへんは満洲人とは違うところです。

満洲人は、男はシベリアのタイガ（密林）でテン・キツネ・リス・ミンクなどを捕り、長白《ちょうはく》山《ざん》の原始林の中で朝鮮人参・キクラゲ・キノコ・松の実・淡水産の真珠を集めて、それを遠隔地に交易に出かけます。だいたい農業をする家内奴隷がおり、家に残った女と一緒に畑を耕し、豚の世話をしました。家内奴隷が朝鮮半島から連れてきた高麗《こうらい》人という場合も多く、奴隷と言っても、同じ屋敷に住み、主人と一つ釜の飯を食べました。だから、満洲人だけの人口など、とてもわかりません。

死んだあとで清の太祖と呼ばれたヌルハチは、自分の支配下に入れた部族をまず四つの旗に分類し、ヌルハチの子のホンタイジの時、支配下の人口が増えたので八つに分類して「八旗」ができました。これは種族や部族には無関係な軍隊組織です。八つに組織を分けて、そのなかにいろいろな名前を持つ人間を入れて分類したのです。そしてある時点から、その八旗に所属する人を満洲人と言いはじめました。つまり、満洲人というのは、民族でもなければ、種族でもない。言葉がすべて一緒かというと、違う人たちも入っています。

ホンタイジを清朝皇帝に推戴《すいたい》したのは、満洲人とモンゴル人と漢人の三種類の人たちだったので、清朝は公用語も満・蒙・漢の三種類でした。八旗も「満洲八旗」「蒙古《もうこ》八旗」「漢軍八旗」と呼ばれますが、二十四旗あったわけではなくて、満洲人とモンゴル人と漢人が各八旗のどれかに属していたのです。その他、ロシア人や朝鮮人で八旗に所属する人もいました。それが「満洲人」です。

そんな満洲を無理矢理に近代国家にしようとすれば、あちこち無理が生じて当然です。その原因を日本だけのせいにして、文句を言っているのが、今の歴史だと私は思います。

戦後、「満洲国は理想と違っていたじゃないか」「全然、五族協和ではなかったじゃないか」などと言う人がいますが、もともと近代的なところがどこにもないのに、いきなり近代的国民国家をつくることが理想通りにいくわけがないのです。それでも日本人だけが悪かったとされているのが現在の歴史で、この本を読んで、本当のことはどうだったかをわかってもらえれば幸いです。

『満洲実録』巻一

『満洲実録』は絵入りの清朝皇室の公式伝記で、本文は上段からマンジュ（満洲）文・漢文・モンゴル文、行は左から右に進む。図は巻頭の始祖説話で，三人の天女がブルフリ湖に下って水浴びをし（左）、鵲（カササギ）が置いた紅い実を食べたために身籠った末娘が地上に残される（右）。こうして生まれた男子がアイシン=ギョロ氏の祖となったという。

†満洲人の人口

現在の中華人民共和国では、満洲人という言葉を禁止し、少数民族の一つとして満族と呼んでいます。一九三二年に満洲国ができたあと、日本人は一時、満洲国の住民を漢人も含めて満洲人と呼んだことがありますが、今ではそういう混同はほとんどされません。満族は、もと清朝の支配種族だった満洲人のことを指します。満族の人口はどんどん増えていて、一千万人を越えています。一九八二年には、人口は四三〇万人だったのに、どうしてこんなに増えたのでしょう。

文化大革命が終わり、中国が人口調査をした一九八〇年代には、満洲人はまったく漢化していました。中国政府にとって、広い自治区にまとまって住んでいる、チベット人やモンゴル人やウイグル人のような脅威ではなくなりました。それで、中国としても安全だし観光にもなるということで、たくさんの満族村が作られるようになりました。つまり、かつて満洲人がたくさん住んでいた土地、清朝皇帝一族の封建領地、荘園だった土地に満族村を作ったのです。そうすると、「満族村ができたのだから、全員満洲人ということにしよう」となり、漢人も含めて村ごと全員が満洲人になったと聞きました。

また、満洲人とモンゴル人が結婚するなど、両親が別の民族だと、子供はどちらの民族か自由に選べます。お父さんとお母さんの出身の好きな方を選べるのです。満洲人になる人が、私の知っている人でも結構多いです。漢人がきびしい一人っ子政策を取っていた時代でも、少数民族である満洲人になると子供を二人以上生めるので、満洲人がどんどん増えたというわけです。

しかしながら満洲人は増えていても、満洲語、満洲文字を読める人はほとんどいなくなっています。もう漢字しかわからない満洲人ばかりです。それでも最近は「満洲人になると決めたのだから、勉強しましょう」と、勉強会を行なうことが増えています。「満族村になったのだから」と、役所の看板も満洲語で書かれていますが、私たちが訪れて看板を見てみると、綴りが間違っているという有り様です。また、文化を守るために、昔着ていた服や風習についてなどを載せる機関紙も出しはじめ、文化を研究することが盛んになっています。

私の友人で、日本で活躍しているアーティストの金大偉《きんたいい》さんも、愛新覚羅《あいしんかくら》（清朝皇族の姓で、アイシンは満洲語で金という意味です）の金ですが、「私は満洲人ですが何も知らないので、満洲のことをなんでも聞かせてください」と私に言います。金大偉さんは満洲に行って、最後のシャーマンと言われる人に会い、録音も聞かせてくれましたが、一度ほとんど絶滅したものを復活させようという試みなので、本当の伝統かどうか、まったくわかりません。まさに、ポルポトに伝統文化をすべて滅ぼされたカンボジアが、音楽やダンスを復活させようとしているのと同じです。

満洲に比べてチベットは土地が僻地で高度も高く、生活のしにくい場所だったために、つい最近まで漢人は行かれませんでした。そのため、チベット文字やチベット語、チベット仏教は残りました。現在でも訪れるのが困難で、住むのも苦しいため、漢人は金儲けのためだけに我慢しながら行っているような状態です。

†満洲人が漢化する

満洲人はそもそもが統治者であり、国家の命令で地方に赴任している満洲人も多くいました。北京の内城はすべて満洲人の居住区でした。一九一二年、清朝が崩壊した直後、また後で詳しく話しますが、紫禁城《しきんじょう》に暮らしていた溥儀《ふぎ》たちは、一九二四年に馮玉祥《ふうぎょくしょう》に追い出される時まで、大臣たちも含めて皆、清朝が続いているフリをして暮らしていたのです。

北京の紫禁城のなかに限っては袁世凱《えんせいがい》が死ぬまではよかったのですが、辛亥革命後、地方では満洲人であることを隠さなければ漢人に殺されることもありました。そのため、満洲人はみな満洲人であることを隠して、満洲語を捨てたのです。

一九二四年に馮玉祥が溥儀たちを紫禁城から追い出したときは、もう満洲人と言っていては本当に生き延びていけないので、彼らはそこでもう一度、満洲人としてのアイデンティティを捨てました。三度目は文化大革命のときで、先ほどの金さんの両親は、殺されないように大事な肖像画など満洲由来の品をすべて焼いてしまったといいます。だから金さんは、満洲について何も知らないのです。

私が教えている国士舘大学の学生に満洲人がいました。彼は中国にいたとき、「満洲人のせいで中国がこんな状態になった」といじめられたと言います。「清朝がしっかりしていなかったから、今の中国がこんなになったのだ」と責められたと言っていたので、「それは違う。清朝時代の満洲人は立派な統治をしていたのに、漢人のせいでこんな中国になったのだから」と私が話すと、「そうなんですか」と驚いていました。歴史や文化が断絶しているうえに、嘘の話でいじめられて本当にかわいそうです。

満洲人はすでにアイデンティティすら保てない状態で、金さんも、自分は中国人である上で、満洲系だと思っているのです。そういう意味では、民族のアイデンティティを保っているチベットの方がはるかにマシだという人もいます。

岡田の弟子でハーバード大学教授のマーク・エリオット Mark Elliott が書いた *The Manchu Way* という英語の本があります。乾隆帝あたりから、太平の世に慣れてだんだん満洲らしさが薄れてきたので、皇帝が危機感を持って、「もっと武芸を学べ。弓矢の訓練をしろ。馬に乗れ。満洲語も忘れるな」とハッパをかけなくてはいけなくなったと書いています。

満洲人が南下して北京で暮らすようになると、満漢混じりの言葉を覚えてしゃべるようになります。漢人の方が人間の数が圧倒的に多いので、商売人などは漢字に馴染《なじ》んでいきました。漢字ができるようになると、やはり漢字を使う者が増えていきます。満洲語だけでは読むものはそれほどないので、自発的に勉強しないと満洲語が保てなくなり、だんだんに漢字文化になっていきました。

やがて、満洲人は都会生活に慣れた坊ちゃんばかりになり、満洲という土地は寒いですし、故郷であっても帰りたがらなくなります。危機感を覚えた皇帝が、満洲へ戻って故郷を大事にしろと言って、補助金を出して満洲へ行かせても、すぐイヤになって帰ってきてしまうのです。そんななかで、下僕としてついて行った貧乏な漢人だけが、満洲に居残って一所懸命に荘園を耕すので、漢人に任せるようになってしまいました。

最近わかってきたことですが、清朝は一七五五年にモンゴル系の最後の遊牧帝国ジューンガルを滅ぼすまでは、大きな敵が中央アジアにいたために強かったのですが、この戦いに勝つと気が抜けて外国の研究をしなくなり、弱体化して行ったようです。

乾隆帝末期になると、自ら「地大物博《ちだいぶつはく》」（中国を形容する常套句《じょうとうく》で、土地は広大、物資は豊かという意味）を誇るようになるのです。すると、ほんの百年もしないうちに、満洲大臣が満洲の地形も河の名前も知らないという状態になってしまいました。ロシアがやってきて「アムール河の北はロシアだ、アムール河の源流はウスリー江だ（本当は違うのです）」などと言っても、現地を知らない満洲人は勉強不足で、言われるがままに、アムール河（黒龍江）の北側だけでなく、沿海州までもがロシアのものになってしまったのです。

†清朝は「中華帝国」？

清の皇帝一族は、北から下りてきたもと狩猟民の満洲人です。自分たちは八旗という組織に全員が所属し、大臣や将軍もその中から選びましたし、残る満洲人は国から俸給をもらう軍人になって、家族を養いました。清の正規軍には、八旗兵の他に、漢人からなる緑旗（緑営とも言います）と、やはり清朝の家来になったモンゴルから徴兵する騎馬兵がいました。元朝のフビライ・ハーンの子孫だったモンゴルの領主たちは、清朝皇族と同じ爵位、親王《しんのう》・郡王《ぐんおう》・ベイレ（貝勒）・ベイセ（貝子）・公《こう》という階級のいずれかを与えられて、配下の遊牧民を統治していました。

南の漢人地帯を統治することになった清朝では、科挙《かきょ》で漢字の使い方に巧《たく》みな人たちを選んで、中央官僚にしました。清朝のシステムの巧みだったところは、彼らを自分の出身地でないところに赴任させたことです。漢人地帯は、それぞれの地方によって話し言葉がひじょうに違うので、故郷でない地方に赴任した高級官僚は、「郷紳《きょうしん》」と呼ばれる、漢字が書ける土地の知識人に頼って税金を取るしかなく、自分の一族と結託《けったく》することができません。地方に赴任した役人を皇帝と直結させて、皇帝がすべてをコントロールしました。科挙の試験で一番になった漢人だけが、満洲語を習って中央統治の一部に参加し、あるいは歴史官として中央官庁で働きました。

満洲人の官僚が国全体を統括していたのですが、モンゴル、チベット、ウイグルなどそれぞれの土地で、それぞれの言葉、法律をそのままにして支配していました。共通語は満洲語で、満洲人だけが各地へ行けました。支配階級の八旗に属する旗人が満洲人だけでないのが、少しややこしいのですが（前述のように、モンゴル人と漢人で八旗に属している人もいます）、支配階級だけが満洲語を共通語として各地を移動できました。

日本も欧米も、さらには今の中国人も、この支配体制の国を「中華帝国＝チャイナ」と呼びます。「チャイナ」は「シナ（支那）」です。日本人は「中華」「中国」というと、漢字を使う人たちだと信じています。しかし、今では世界中、中国も含めて、「中華」を広域の多民族国家と定義しています。日本人だけが「中華」の定義がズレているのです。「中国」は一九一二年に

清朝の最大版図と藩部

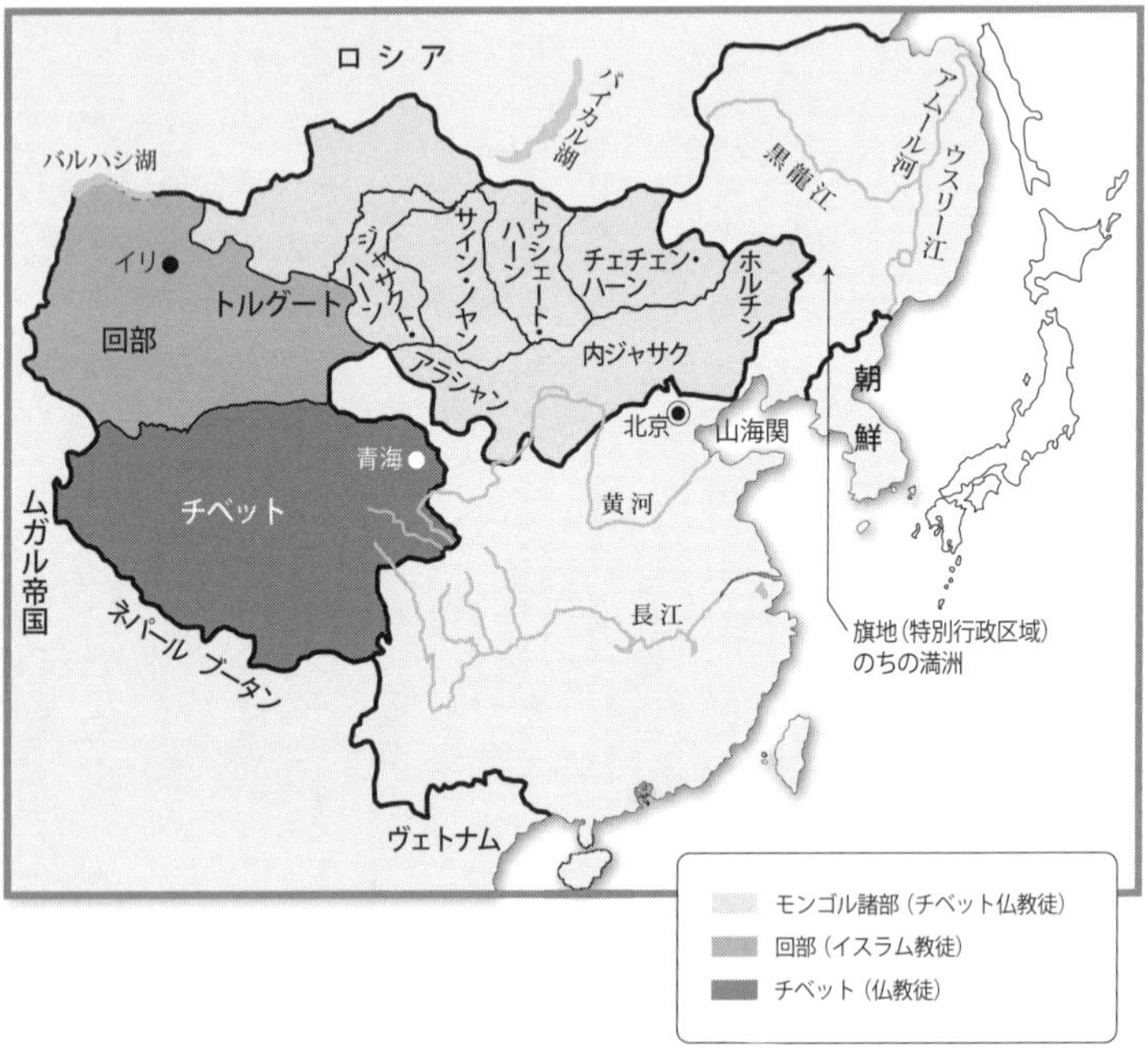
ロシア
バイカル湖
バルハシ湖
イリ
回部
トルグート
ジャサクト・ハーン
サイン・ノヤン
トゥシェート・ハーン
チェチェン・ハーン
ホルチン
内ジャサク
アラシャン
黒龍江
アムール河
ウスリー江
朝鮮
北京
山海関
青海
チベット
黄河
長江
ムガル帝国
ネパール
ブータン
ヴェトナム
旗地（特別行政区域）
のちの満洲
モンゴル諸部（チベット仏教徒）
回部（イスラム教徒）
チベット（仏教徒）

誕生した中華民国から始まった国号なのですから、古い歴史の話をするときには、中国というのをやめて「シナ」と呼んだ方がいいと、最近、私は強く思っています。

中国は、日本人が思うような、漢民族の国では絶対ありません。そもそも「漢民族」というものは存在しません。何度も言っているように「民族」も新しい言葉で、「漢」というのは三世紀に滅んだ国です。ところが日本人が、漢の言葉を非常に長く伝え、それを漢字、漢文と言ったので、漢字と漢文を使う「漢民族」ということになりました。これは、日本だけの呼び方なのです。「漢字を使うから漢民族」といっても、漢字を使うことだけが共通点で、他には文化や血の共通性はまったくありません。

日本人は、日露戦争の頃から「漢民族」と言い出して、それからずっと使い続けていました。しかし、今の中国が「民族」と言うときには、少数民族のことを意味するので、日本人が中国に遠慮したのか、漢民族とは言わなくなりました。中国人は自分たちは少数ではないので、「漢民族」という言い方を嫌うのです。その代わりに使うのが、漢人、漢族です。民族とは言いません。

†清朝の権力構造の変化

清の時代に軍閥が生まれたのは、太平天国《たいへいてんごく》の乱（一八五一～一八六四年）で満洲の八旗兵とモンゴルの騎兵が役に立たなかったことが大きな原因です。清朝の正規軍は中央アジアや北方では強かったのですが、南方の河が多いところでは力を発揮できませんでした。アヘン戦争以後、兵器も発達し軍艦が現れた時代に、古い戦争のやり方はもう通用しません。そこで、正規兵が役に立たないのであれば自前の軍を作り、自分たちで防衛を図ろうと、外国との取引で金持ちになってきた沿海地方の漢人の郷紳階級、地主階級が金を出して、自分たちの軍隊を作りました。これが軍閥の起源です。

反乱を鎮圧するとき、これらの義勇軍「郷勇《きょうゆう》」や「郷団《きょうだん》」に対して、清朝は「就地自籌《しゅうちじちゅう》」（駐屯や進軍に必要な経費を現地調達してよい）を認めました。とりあえず戦争中は、地方から上がる税金を地方軍が使えることにしたのです。そのあと清朝は許可を取り消そうとしましたが、一度ゆずった権益を取り返すことは難しく、だんだん地方の権力と軍隊が強くなっていったわけです。

そのトップが李鴻章《りこうしょう》でした。軍閥のなかでも一番の親玉となった李鴻章は、外国人と直接交渉をして外国から最先端の武器を買ったり、武器の使い方を教えてもらうために外国人を雇ったりしました。清朝は、自分たちの子飼いの部下を大臣にして、軍隊を作らせたのではなく、軍閥として李鴻章がもっとも権力を持っていたので、あと追いで、国で一番偉い欽差《きんさ》大臣に彼を据えたのです。

李鴻章は実力でその地位まで上がって来ましたが、清朝を転覆《てんぷく》して皇帝になってやろうというような考えはありません。李鴻章の北洋《ほくよう》軍は、外国軍と戦うための最先端の武器は持っていますが、さすがに、清朝には忠誠を誓う家来たちがたくさんおり、紫禁城を何重にも取り囲んでいて、二百六十年も続いている清朝の支配をつぶすということは簡単にはできません。

今の中国に観光に行くと、中国人ガイドは、北京の内城にいるのは全部が公務員だったと言います。胡同（フートン）は八旗兵たちの一族が家族で住んでいた公務員宿舎で、北京の内城はすべて胡同です。満洲人がみなで宮城を守っているわけですから、簡単に反乱は起こせません。

満洲人は最初に北京に入ってきたとき、内城にいた漢人を追っ払って、自分たちの一族だけで宮城を取り囲みました。真ん中に満洲人、その外側に蒙古八旗、さらに外側に漢人の漢軍八旗というように、三重になっていたわけです。日本の旗本《はたもと》と同じやり方で宮城を護衛していました。ですから、紫禁城自体がしっかりとした要塞と化していて、やはり清朝の支配というの

清代の北京内城

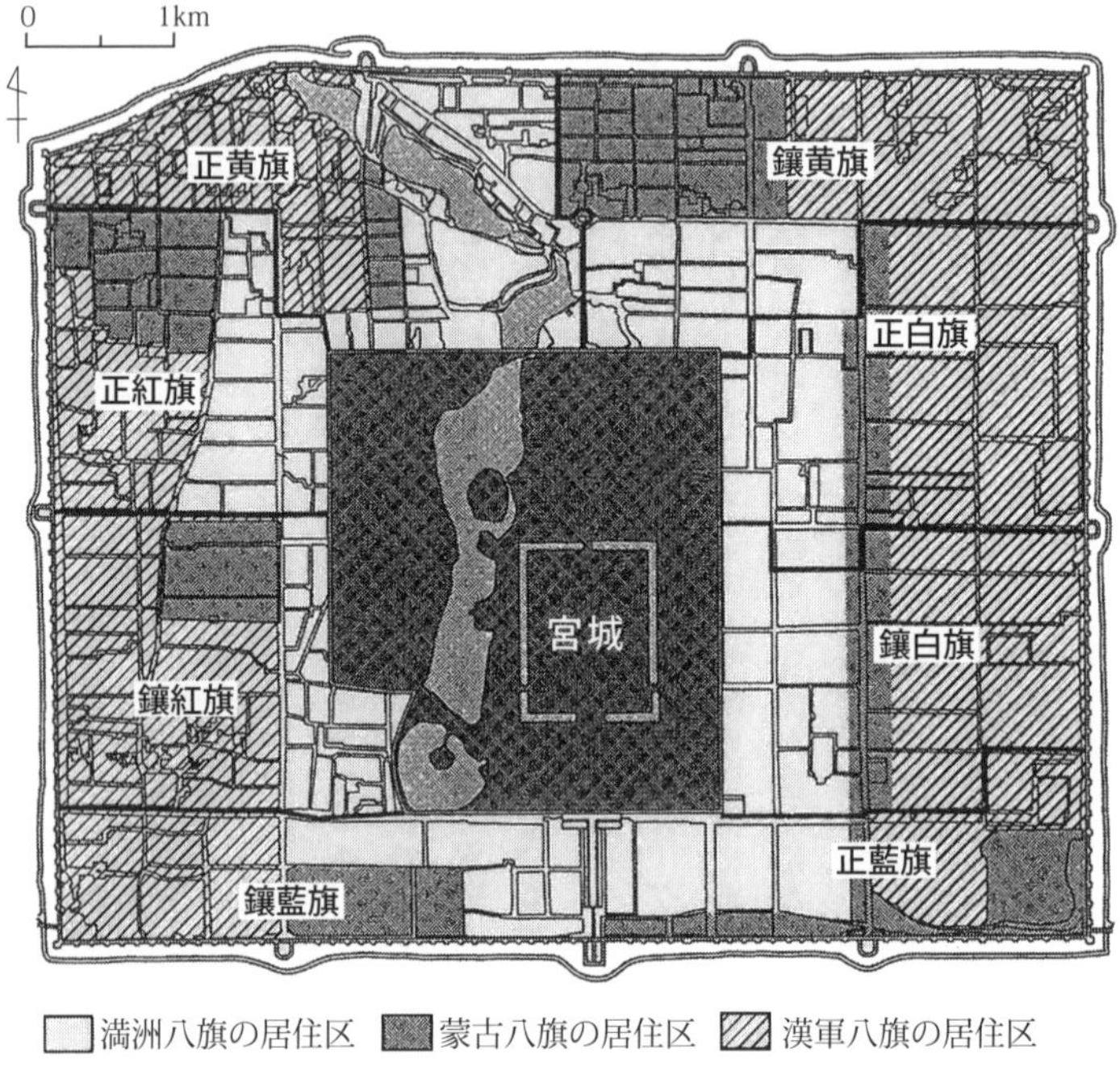

Mark Elliott, *The Manchu Way*, Stanford University Press. より作成

は上手でした。それに、李鴻章自身が地方の軍閥なので、その他の土地の軍閥ともお互いにけん制しあうということもありました。

†西太后は漢人ではない

幕末の日本人は、中国大陸について非常に知識がありました。長崎から入ってくる書物などを、一部の知識人たちは一所懸命に読み、清朝の支配階級は実は漢族ではないことを知っていました。やはりエリートの数が少なかったぶんだけ、必死に自分の頭で考えたのでしょう。

李鴻章も頭があがらなかった最高権力者が西太后《せいたいこう》でした。彼女は満洲人で漢人ではありません。あれだけたくさんの漢人や満洲人の大臣たちが西太后の意向で動いていたということは、やはり西太后は大変頭がよく、人を使う術があったと思います。

シナ大陸ではたくさんの王朝が交代しましたが、皇帝たちは、すべて血がつながらない異種族出身です。そして、王朝を建てた種族の四分の三は、北方出身です。五胡十六国《ごこじゅうろっこく》のあとの南北朝時代に北魏《ほくぎ》を建て、その将軍が隋《ずい》・唐《とう》の皇帝になった鮮卑《せんぴ》族は、満洲北部の大興安嶺山脈の出身でした。

北方の遊牧民や狩猟民は、君主が死んだとき、一族や家来たちは遠くに離れていることが普通ですので、とりあえず君主の妻が政治を預かることが多いのです。これを「監国皇后《かんこくこうごう》」と呼びます。そのあと、家臣に知らせを出して呼び寄せ、よい季節に大集会を開き、次の君主を選挙で決めるのですが、後継ぎの子供が小さいときは、その母である監国皇后がふたたび摂政になります。だから、唐の高宗の皇后である則天武后《そくてんぶこう》が、あんなに権力を持ったのです。この習慣は、契丹《きったん》や女直《じょちょく》やモンゴルにも引き継がれました。西太后が権力を持ったのも、彼女が満洲人だったからで、清朝の宮廷のなかには、それを別に変だと思わない伝統がありました。

†秘密警察の起源

また、清朝はスパイのような役割の人物も置いていました。康熙《こうき》帝、雍正《ようせい》帝、乾隆帝までさかのぼれますが、皇帝は子飼いの部下をあちこちに派遣しています。満洲語で「包衣《ボーイ》」と言います。家内奴隷と訳すこともありますが、言ってみれば、代々その一族に忠誠を誓う、執事のような役割を果たします。満洲人皇帝は、直属のボーイを重要な地方に赴任させ、個人的なネットワークを全国に張りめぐらせて情報を得ていました。皇帝だけでなく、皇族もめいめい、地方官になった自分の家のボーイ出身者から、情報や収入のあがりを得ていました。西太后のときもまだ、このようなネットワークがあったと思います。

今でもロシアや中国には秘密警察のようなものがありますが、それはモンゴル帝国からの伝統だとロシア人も中国人も言っています。満洲旗人は、もともと一族がそれぞれの旗の王になっていましたが、それは大臣や将軍などの国家の公の地位とは別に機能するのです。

有名な話ですが、ものすごく貧乏なおばあさんが北京に住んでいて、大変な高官がそのおばあさんの前で平伏するのです。それは代をさかのぼると、高官の家が、昔おばあさんの家のボーイだったからです。そういった人間関係が実はずっと続いていて、地位は低いけれども、直接皇帝に話ができるような人物を地方官として赴任させていたのです。赴任した地方官は、内情をこっそり満洲語の手紙などで知らせたり、あるいは北京に戻ったとき自分の見聞きしたことを直接、皇帝に全部お知らせする、というようなことをずっとしていたわけです。

また、中国の地方自治は基本的には県知事が実務を行ないます。科挙官僚で位がしっかりある人物が中央から任命されて県知事となるのですが、県知事の上に全体をまとめる総督《そうとく》と巡撫《じゅんぶ》という職務があります。この総督と巡撫の職務というのが権限がはっきりしていなくて、両方とも同じことをやっているのです。それは安全弁として、同じことをする人を二重に置いて、相互監視させて、最後に皇帝が仕切るというかたちです。今の中華人民共和国でもそうなのですが、本当の意味での中央集権は清朝でやっと確立したといっていいかもしれません。

明の時代は皇帝の兄弟・一族を王として派遣してしまったので、彼らが自立してしまい、中央集権が難しかったのです。清朝は皇帝が満洲人と漢人を大変巧みに使い分けて、中央集権体制を維持していました。たとえばモンゴルには、モンゴル系ですが満洲旗人の肩書きのある大臣を赴任させました。そうすると満洲・モンゴル両方の言葉ができるため、どちらも監督できて、こっそりと別の言葉で皇帝に報告できました。そのため、実は清朝では非常に文書行政が発達していたのです。チベットの問題もモンゴルの問題も、赴任した大臣は報告ばかり書いていて、それを皇帝はすべてチェックしていました。

とくに雍正帝は「手紙皇帝」として有名ですが、ほかの皇帝たちも一日に十何時間も執務していて、地方からの報告も全部読んで決裁していました。

西太后の時になると少しゆるくなってきましたが、それでも地方のネットワークは生きていたはずで、皇帝に直接情報を上げるシステムは全国にありました。

また、満洲旗人だけが南京《なんきん》、西安《せいあん》、成都《せいと》、荊州《けいしゅう》など各拠点の町に家族と一緒に赴任します。北京では満洲人は内城に住んでいますが、地方に赴任したときは、もともとあった町のなかに住まわせずに、外側に満洲人だけが住む「満城」という駐屯地を作りました。清朝の末期まで満城はあり、全国を少数の支配階級で把握していました。

清朝は多民族国家であり、幾重にも重なった統治をしていました。とにかく日本人は現在の中国であるところはみんな中国で、中国人は全員が漢人だという捉え方をしがちです。日本人の理解を超えたいろいろな種族がいるので、そこを理解しないと日本の統治時代に現地で起きたことが何も理解できなくなります。

†満漢全席の「満」と「漢」の違い

次に観点を変えて、食の話をしてみましょう。山海の珍味を集めた豪華絢爛《ごうかけんらん》な中国料理の「満漢全席」は、なぜ〝満〟と〝漢〟なのでしょうか。

「満漢全席」は清朝の宮廷料理ですが、清朝の時代に「満漢全席」などという言い方をしていたはずはありません。こう呼び始めたのは、本当に最近のはずです。本来ならば、清・宮廷料理と言うべきで、「満漢全席」と言いはじめた由来はよくわかりません。

いわゆる中華料理も清朝時代にできたものです。中華料理といっても、大昔からあったわけではなく、モンゴル人の元朝時代に、肉とスパイスをたくさん使った料理が始まりました。それまでは精進料理や日本料理に近かったものが、変化したのです。元の次の明の時代は、元の料理を継承したと思いますが、ほとんど資料がありません。

清朝は宮廷の人間と下々の人間では、まったく食べるものが違いました。満洲人が何を食べたのかという資料もあまりなく、古い満洲ではどんな料理をつくっていたのかという料理本もないのですが、西太后あたりになると、外国人が見た資料が出てきます。そして、清朝が消滅した後、宮廷料理人だった人たちの職がなくなって、それぞれがレストランを開くなどして、いわゆる中華料理が広まっていきました。

また、中華料理といっても、現地では四川料理、湖南料理、上海料理と土地の名前をつけています。それを中華料理とまとめた言い方をするのは、料理人たちが外国に出た後でしょう。つまり、外国に逃げ出した人が料理店を開いた時に、地方の名前では受けないので、「中華」とつけたのです。日本にやってきた人が中華料理という名前をつけたというのが真相です。

「満漢全席」については、清朝の宮廷料理を振る舞うときに「満全席」では漢民族の立場がないので、最近になって「満漢全席」という名前をつけたのではないでしょうか。

日本人は中国が五千年間ずっと同じ中華だと、勝手に思っているのです。中華は五千年ないですし、そもそもラーメン自体もありません。「中国五千年　幻のラーメン」などという謳《うた》い文句は、本当にひどい言葉です。

† 漢字の使用

清朝末期から、満洲でも漢字が共通語になりました。モンゴル人の王族では、たとえば内モンゴルで独立運動をしたチンギス・ハーンの子孫の徳王は、本名はデムチュクドンロブと言いましたが、漢字で表すと「徳穆楚克棟魯普」となり、難しい漢字が七文字もあって長すぎるので、最初の「徳（デ）」の漢字を取って「徳王（デーワン）」になったのです。

日本人も漢字を使えるので、漢字を共通文字にすることにはさほど抵抗なく了承しました。当時の日本人は、漢字を使っていても、それぞれが何族だということは知っていました。自分たちも日本人で漢字を使っているが、現地にもいろんな出身の者がいて、イスラム教徒でもモンゴル人でもみんなが漢字を使っているのだから、それでよかったのです。現地の人にとっても、日本人が後ろで内面指導をしようが軍隊が来ようが、違和感はありませんでした。自分たちと祖先を同じくする一族が昔、海を渡った子孫が日本人だとでも思っていたからです。

したがって、満洲の人たちにとって蔣介石が来るよりは、日本人が来る方がよかったのです。蔣介石の方が、もっと遠いところから来たちょっと訳がわからない奴という扱いで、日本人の方が文化的に、自分たちの兄さんであるという世界観でした。

満洲国は大日本帝国が大東亜戦争で負けなければ、大成功だったのです。現地の四千万の漢人が、日本人が撤退した後、毛沢東や蔣介石を歓迎したかといえば、そんなことはなく、文化の高い日本人の方がよほどよかったのです。そういった意味でも満洲はうまく行きかけていたのです。そして、日本敗戦の時から歴史が逆戻りしたのが今の北朝鮮です。

† 清朝時代のモンゴル・ムスリム・チベット

清朝にとって「内地」とは、皇帝が直接支配していた漢人の土地と、自分たちの故郷である満洲のことです。モンゴル、ムスリム、チベットは「藩部」と総称されていました。藩というのは垣根という意味で、もともと内地扱いはされていません。

ここに清朝時代に作られた『五体清文鑑《ごたいしんぶんかん》』という、五種類の言語の対訳辞典の最初の頁を挙げましたが、説明文にあるように、満洲文字を知らなければ、他の言語は読めないようになっています。清朝時代には、満洲語・満洲文字だけが共通語だったのです。

チベットとムスリム（イスラム教徒）の土地に関しては、赴任大臣が地方領事あるいは総領事のような役割を果たし、半分外国として扱われていました。満洲人はその土地の大事な地域に全権大臣として赴任しますが、武官の数は多くなく、少人数の文官が大臣として赴任していました。チベットなどは食べ物もあまり採れないので、護衛の兵隊も少なく、大臣二人に護衛が何十人もつきませんでした。今で言う大使館のようなものだと考えた方がいいでしょう。

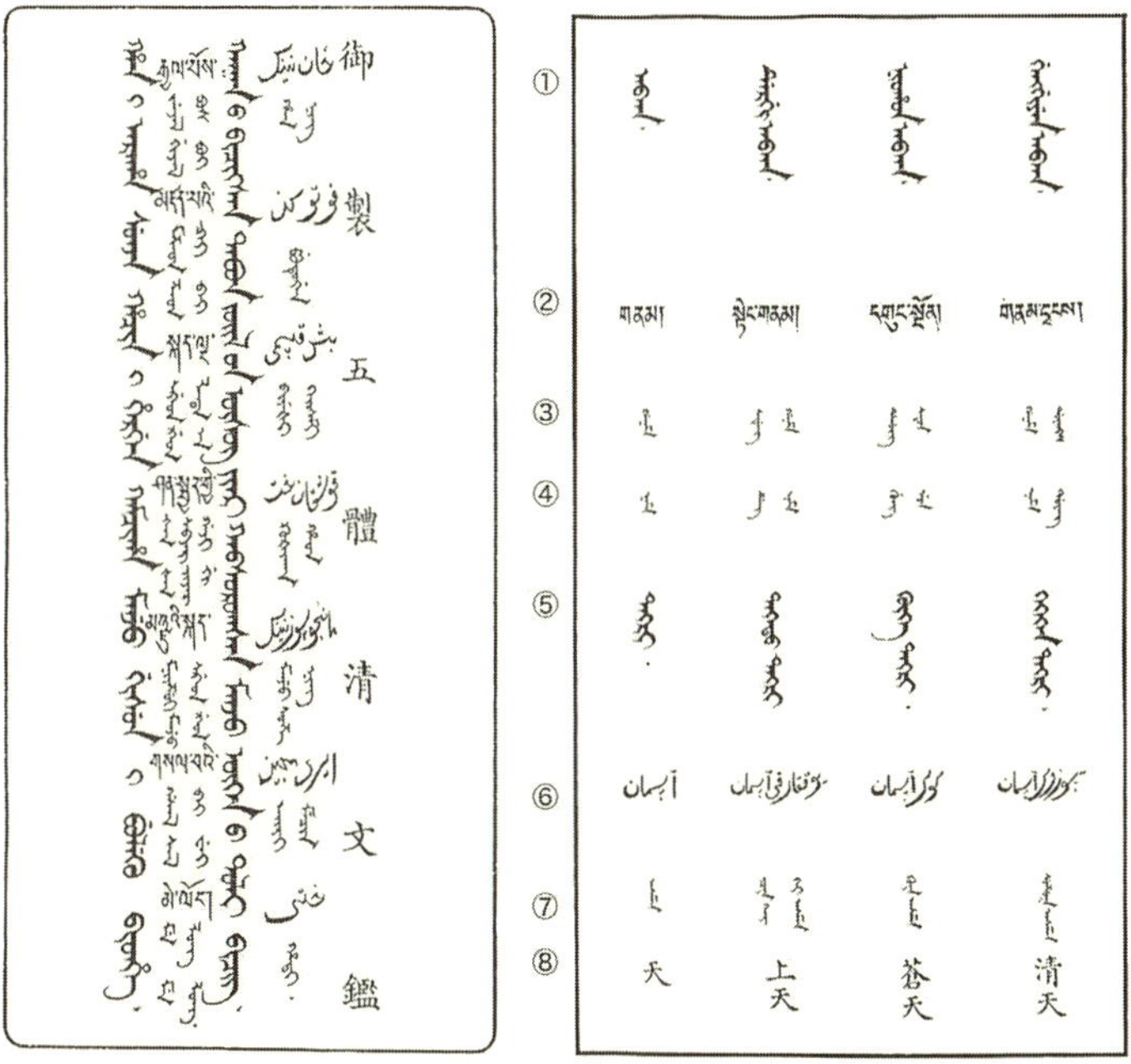

『五体清文鑑』

清朝で公式に使用された五種類の言語の対訳辞典。
①満洲語。②チベット語。③チベット語の綴りを一つずつ満洲文字にしたもの。④チベット語の発音を満洲文字で表現したもの。⑤モンゴル語。⑥アラビア文字で書かれたトルコ語。⑦トルコ語の発音を満洲文字で表したもの。⑧漢語。

†モンゴルに置かれた清朝の役所

モンゴルは今のウラーンバートルが中心で、当時はイフ・フレー（大僧院という意味のモンゴル語）と言いましたが、ジェブツンダンバ・ホトクトという、モンゴル随一のチベット仏教僧とその弟子たちの僧院が街のほとんどを占め、辨事《べんじ》大臣という役所の建物が一つしかありませんでした。私はモンゴルが民主化したあと、ウラーンバートルの文書館へ行き、満洲語を使った清朝時代の文書についていろいろ調べましたが、十九世紀から二十世紀初め、つまり清朝最末期のイフ・フレーの役所の構成は、次のようでした。

(一) マンジュ大臣一人、秘書官四人、通訳一人、警備二十五人。
(二) モンゴル大臣一人、秘書官二人、通訳一人、警備十八人。
　マンジュ大臣は北京から派遣され、モンゴル大臣はモンゴルのなかから選ばれました。
(三) マンジュ裁判官一人、飛脚（文書配達と裁判の手伝い、および人を呼ぶ役）二人。
(四) マンジュ大臣の側近官僚十二人、飛脚三十六人。
(五) マンジュ徴税官三人、飛脚三人。

(六) マンジュ人書記三人。
(七) モンゴル大官吏一人、モンゴル小官吏三人。
(八) 翻訳官吏一人。
(九) 飛脚担当官吏一人、手伝い四人。
(十) 警護担当官吏一人、手伝い及び警護二人。
(十一) 役所の門番長三人、その警護五人。
(十二) 火薬倉庫の見張り当番六家族。
(十三) 警察官十家族。
(十四) モンゴル人書記六人、彼らの手伝い十二人。

以上百七十人が役所の総員です。これが清朝末期、今のウラーンバートルに駐在していた清朝の役人です。本当に現地駐在大使館のようなものだということが、おわかりいただけると思います。

清朝初期にはイフ・フレーは移動僧院でした。最後の遊牧帝国ジューンガルが滅びたあと、清の役人としてフレー辦事大臣が派遣され、一七七八年になってようやく今の地に定住したのですが、当初は、どんなに少ない人数だったか、想像もつきません。

イフ・フレーの辨事大臣は、ロシアとのキャフタ貿易も担当していたので、これでも人数は多かったのです。チベットのラサなどは大臣二人に護衛官がいただけでした。新疆のイスラム教徒居住地については、乾隆帝は最初、満洲人をオアシス都市に派遣しましたが、うまくいきませんでした。そこでホータンやヤルカンド、カシュガルといったムスリムのいるオアシス都市では、現地のイスラム教徒のボスに清朝の爵位を与えて、給料を出していました。唐代の羈《き》縻《び》政策と同じやり方です。

今の新疆北部のロシアとの国境地帯には、満洲奥地から、満洲人と同族の人たちを家族ごと屯田兵のように移住させて、そこで遊牧や農耕で自分たちの食い扶持《ぶち》をまかなわせ、国境警備をさせていました。

日清戦争後は、チベットにはイギリスが、モンゴルにはロシアが出てきて、国境がきな臭くなっていきますが、それまでは比較的落ち着いていました。

第1章

日清戦争から中華民国建国前まで

奉天駅

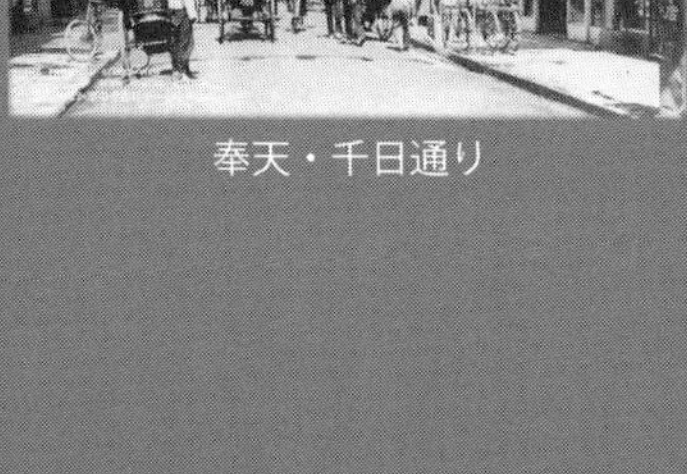

奉天・千日通り

新京・冬の国務院庁舎

†満洲の激動の歴史は日清戦争から始まる

ここから本格的に日本が関係した満洲の歴史に入ります。

満洲、そして日本の近代史にとって、朝鮮こそが最も大きな問題でした。朝鮮を舞台にした日清戦争で日本とロシアの関係も大きく変わりますし、朝鮮と満洲の歴史を分けて語ることはできません。

清朝時代、朝鮮人は満洲に入ることを禁止されていましたが、少しさかのぼれば、満洲と朝鮮で盛んに行き来が行なわれていました。そもそも、のちに満洲人と改名する女直人は朝鮮人と一緒に暮らし、朝鮮人を家の奴隷にして、農耕をさせていました。さらに古い時代の高句麗《こうくり》は、満洲から朝鮮北部にあった政権ですし、そのあとの渤海《ぼっかい》には高句麗人がたくさんいました。高麗《こうらい》は、高句麗を継承した王朝です。しかも王朝の後半にはモンゴルの直接支配を受け、高麗人は満洲にたくさん移住しました。満洲史と朝鮮史は表裏一体で切り離せません。

さきほども述べましたが、日本は朝鮮半島へ進出したとき、朝鮮だけを日本の勢力圏に入れれば、事態はきれいに収まると思っていたのです。しかしながら、朝鮮と満洲は歴史的に抜き差しならない関係があり、日本の思惑は崩れてしまいました。

清朝が崩壊すると、満洲一帯は無主の地になってしまい、南方から入ってきた漢人軍閥、北方に居座ったロシア、北のモンゴルと一緒に独立しようとするゴビ砂漠の南のモンゴル人、日露戦争後の投資を守りたい日本、等々、三つどもえ、四つどもえの争いが満洲で起こりますが、清朝崩壊の大きなきっかけとなった日清戦争（一八九四〜一八九五年）こそが、満洲という土地の激動の歴史の発端といえます。

本書に先立つ拙著『真実の中国史』で主張したように、中国の本当の近代化はアヘン戦争からではなく、実際は日清戦争以後になります。日清戦争で、それまで微妙なバランスを保っていた清の統治構造が崩れました。日清戦争の敗北は、満洲人にとっても南の漢人にとっても衝撃でしたが、なかでも、日本など東夷《とうい》の野蛮人だと見下し、それまで視野にも入れていなかった漢人エリートの知識階級にとっては、大変なショックでした。

ところが清の支配階級のなかには「日清戦争で日本に負けたのは漢人である李鴻章《りこうしょう》の北洋軍と北洋艦隊であり、この敗北は李鴻章を攻撃するいい機会だ」と捉えた人たちもいました。中国は国民国家ではないので、一枚岩ではありません。いつでも権力闘争が優先されるので、日本に負けた李鴻章は危うい立場に立たされたのです。

†西太后が有名な理由

清朝末期の実力者である西太后《せいたいこう》も、日清戦争で負けたことで悪く言われています。西太后は、自分の離宮である頤和園《いわえん》を贅沢にするために軍備を惜しんだなどと言われますが、それは嘘ではないかと思います。何でも政治に利用する人たちですから、後で悪口を言ったことが本当かどうか、すべて疑ってかからなくてはいけません。李鴻章だけに権力が集中するのを嫌った人たちが、北洋軍だけに金を出すことを嫌って邪魔をした可能性は高いです。

NHKが中国と共同製作で『蒼穹の昴《そうきゅうのすばる》』(原作：浅田次郎)を田中裕子を西太后にしてドラマ化しました。その西太后もまた真の姿ではありません。小説『蒼穹の昴』は、春児(チュンル)という宦官になる男の子を主人公にした完全なフィクションで、乾隆帝を慕う西太后が乾隆帝の亡霊と会話をするなど、まったくのつくり話です。

あのドラマは、井上靖の『蒼《あお》き狼』のチンギス・ハーンがぜんぜんモンゴル人らしくなかったのと同様に、登場人物に満洲人らしいところがありません。人物があまりにも日本人的で、すごく近代的な人間として描かれ過ぎていました。文明としての清朝や満洲は、あれではわかりません。ドラマとして見れば、清朝宮廷の雰囲気と満洲人のコスチュームプレイが、とてもおもしろかったですけれども。

ドラマの話はさておいて、西太后が非常に有名だったことは本当です。それは外国人が直接、西太后と会うことができたからです。李鴻章も同様で、外国人は、それまで清朝の大臣など誰にも会ったことがありません。西太后は清朝皇帝を御簾《みす》のうしろで補佐するという垂簾《すいれん》政治を行ないました。摂政となった女性というのはそれまでにもいましたが、そのなかで西太后だけが有名になったのは、この時期に一斉に北京に入ってきた欧米のジャーナリストなど外国人が顔を見る機会もあっただろうし、内情を知られたからです。

満洲の統治体系はしっかりとした官僚組織のもと、合議制で行なわれていました。宮廷は官僚や宦官など側近が上手く動かしていました。西太后はその結節点で動いていたとは言えますが、西太后一人で清朝の政治をどうにかできるものではありません。それでも日本の近代史専門家はたいした研究もせずに、西太后や李鴻章など欧米で有名な人を中心とした歴史をつくりあげてしまうのです。

†旅順虐殺の真相

日清戦争では日本軍による旅順虐殺が行なわれたと言われています。

一ノ瀬俊也著『旅順と南京』（文春新書）という本があります。この本でまず問題なのが、タイトルからして旅順虐殺と南京虐殺が関係があるように読めることです。しかし、この本では、一九三七年にあったとされている南京虐殺については何も書いてありません。『旅順と南京』は、日清戦争に従軍した普通の日本人の従軍記録を丁寧に説明しています。日本軍が旅順市内に入った後、民間人に化けて逃げていた清国兵を殺したところを見た、あるいは「男はみんな殺せ」といった命令があった、といったことを日記から丁寧に拾い上げて、やはり旅順虐殺はあったと告発する本です。

旅順市内に入った清国軍の兵隊が逃げる時に民間人の服を着ていたので、日本兵が殺害したということは事実でしょう。しかし日本兵たちは、生まれて始めて本当の戦争に従軍した人が多く、しかも、旅順に入る前に、同僚の日本兵たちが清国兵に無残に虐殺された遺体をたくさん見て激昂《げきこう》していました。それで、報復措置を取ったのです。

清国側が二万人殺されたなどと言っていますが、それはまったくの嘘です。日本側には清軍の死者二千名、日本軍の死傷四百二十名という記録がありますが、清国側にはまったく記録はありません。

渡辺惣樹《わたなべそうき》さんが書いた『日米衝突の根源』（草思社）には、旅順虐殺報道が捏造された過程がきちんと書かれています。捏造報道の経緯は、まず『ニューヨーク・ワールド』紙でジェームズ・クリールマンというフリーのアメリカ人ジャーナリストが、清国と交戦状態に入った日本の軍隊による民間人虐殺を報道しました。これが大嘘なのです。

「十一月下旬、旅順に入った日本軍による虐殺があった。日本軍は目にするものを手当たり次第に殺していった。ひざまずき命乞いする丸腰の民間人を容赦なく撃ち殺したり、銃剣で刺し殺したり、あるいは首を刎《は》ねていった。町の隅から隅まで日本軍の略奪が続いた」（渡辺惣樹『日米衝突の根源』、三六八頁。原著 Jack L. Hammersmith, *Spoilsmen in a "Flowery Fairland"* 1998, The Kent State University Press, p.196.）

渡辺さんに問い合わせて頂戴した英語の原文をここに挙げておきます。"On December 11, 1894, the New York World printed a story by James Creelman that alleged a Japanese massacre of Chinese civilians at Port Arthur late in November. Creelman charged that Japanese troops "killed every everything they saw...Unarmed men kneeling in the street and begging for life, were shot, bayoneted, or beheaded...The town was sacked from end to end."

日清戦争の最中に、英語でこのような報道がされたことに驚いたアメリカ政府は、駐日公使のエドウィン・ダンに調査を命じました。ダン公使は東京の公使館付武官マイケル・オブライエン、あるいはフランスやロシアの武官らの証言を総合して、このクリールマンの記事がきわめて煽動的で誇張に満ちていることを確認すると、その旨を本国に回答しました。

クリールマンは、初めこの記事を『ニューヨーク・トリビューン』紙に持ち込んでいました。しかし『ニューヨーク・トリビューン』は、クリールマンの記事はいい加減で煽情的で、真相にはほど遠い内容だとして掲載を断りました。このクリールマンという男は強烈な自己顕示欲を持っていて、この時代の新聞記事に署名記事がほとんどないなかで、センセーショナルな記事によって売名を図っていました。

当時、ハワイ問題で日本とアメリカが対立していて、日本の危険性を訴えたいハワイ共和国政権やワシントンのハワイ併合賛成派の人たちにとって、この記事は非常に都合がよかったため、『ニューヨーク・ワールド』紙で使うことにしたというのが真相です。

このアメリカの報道によって旅順虐殺は国際問題となりますが、日本側は陸奥宗光《むつむねみつ》外相がアメリカの新聞に次のように話しました。

「敗走する清国兵は軍服を脱ぎ捨てた」「旅順で平服を着ていて殺された者は大部分がこの兵士である」「市民は交戦前に退避していた」「残った幾ばくかの者は戦うように命じられており、実際にはそうした」「日本軍は残虐な扱いを受けた日本兵捕虜の死体を見て激怒した」「日本軍は依然軍規を守っている」「およそ三五五名の清国兵捕虜は親切に扱われ、数日中に東京へ移送される」（大谷正「日清戦争時の「軍夫」関係資料調査行の記録（上）（下）」『専修大学人文科学研究所月報』一四七・一四八、一九九二年。一ノ瀬俊也『旅順と南京』文春新書、一一二頁

掲載）

このような弁明がアメリカの新聞に掲載され、これ以降、日本批難の論調は鎮静化しました。この事件を知って、私は、支那事変の初期の一九三七年（昭和十二年）、日本軍が南京市を占領した際、便衣兵、敗残兵、捕虜、一般市民、併せて三十万人を殺したと言われている南京事件こそが、この大嘘の旅順事件の報道をモデルにしてつくり上げた可能性が高いのではないかと思いました。

†三国干渉からの流れ

ロシアは、日清戦争に勝った日本がせっかく獲得した遼東半島を、ドイツ・フランスを加えた三国干渉によって清朝に返還させせました。

清朝は日清戦争に負けたため、日本に二億両（テール）の賠償金を支払うことになりました。しかし現金がないため、ロシア皇帝の仲介によって、フランスの銀行から借金をしました。口利きで清朝に恩を売ったロシアは、さらに李鴻章にたっぷりと賄賂《わいろ》を贈り、清朝の領土内に東清鉄道を敷く敷設《ふせつ》権を獲得しました。ハバロフスクをまわらなければならなかったシベリア鉄道を、ウラジヴォストークに早く通すためです。同時に遼東半島の先端の、日本から清朝に返還させた旅順、大連も租借地として得ました。

満洲の南にある遼東半島の旅順と大連は、不凍港を欲するロシアにとって、なんとしても手に入れたい土地でした。ロシア人にとっては満洲はシベリアに比べれば暖かく豊かな土地です。日本人からすれば、おしっこが凍るくらい寒い北満洲は、来いと言われても行くのをしぶるようなところですが、極寒のシベリアからやってきたロシア人にとっては、半年間は河が凍る黒龍江でさえ、たくさんの魚が住む夢のような場所なのです。

日清戦争の頃、満洲進出をもくろむロシアの領土は、それでもまだアイグン条約によってアムール河まででした。しかし、日清戦争に敗れた李鴻章は、ロシアと組むことを決心しました。その結果、一八九六年から一八九八年にかけてさまざまな協約が結ばれ、ロシアは満洲における自国の優越権を清朝に押し付け、あわせて日本にも認めさせたのです。日清戦争が終わって二年後の一八九七年には、ロシアの東清鉄道の敷設が開始されました。

東清鉄道の建設は、内陸のハルビンから始まりました。ハルビンの都市建設は、清国と結んだ条約の「鉄道付属地」の権利内容を違法に拡大したものでした。ロシアはアムール河の支流である松花江からハルビンに、河をさかのぼって資材を運び込み、まず街をつくりあげてから線路を引いて行きました。多数のシナ人労働者が鉄道の建設資材を運んだ通りが、今では街随一の目抜き通りになっている「キタイスカヤ（中国人街）」です。

日清戦争に負けたことで、清国の南の方では「もう満洲人ではダメではないのか」という意識が高まり、多くの留学生が日本に来ました。これが中国の近代化の始まりです。

日清戦争で清朝が弱いことが世界に知れ渡ってしまうと、イギリスに九龍半島、ドイツに膠《こう》州《しゅう》湾、フランスに広州湾を租界にされてしまいました。ロシアは凍らない港が欲しかったので、旅順と大連を手に入れると、自分たちで開発したハルビンから東清鉄道の支線を南へ引いて大連につなげることも清に認めさせました。満洲にロシアが鉄道を引くと、南の方の食い詰めた漢人たちは労働者として満洲へ出稼ぎに行きました。

†万里の長城

万里の長城について、皆、誤解しているようなので改めて話しておきます。西村眞悟さんが「万里の長城は漢民族を満洲へ入れないために必要だった」などと言っていますが、それは間違いです。

そもそも清朝にとって万里の長城は、あってもなくても別段構わないものでした。明が崩壊したとき、万里の長城は無用の長物となったのです。それ以降、清朝は放ったらかしにしていて、今は観光地として修復していますが、清朝時代は崩れ放題でした。

清朝は満洲に漢人が入らないように封禁政策を採っていましたが、それは遼東半島から北の遼陽や瀋陽に対してです。問題となるのは関所である山海関であって、そこから西に連なる万里の長城は特別問題にはしていませんでした。みんなそこを間違えて、万里の長城を領土の区分けとして考えてしまっているのです。

西方から万里の長城を越えたとしても、北側は山が続いていて、その先にモンゴルの平原が広がるだけです。万里の長城が通っているところは、山ばかりの辺境で、その南も北も農業には不向きな、すごく貧しい土地です。中華民国になるまでは、商売や交流などは、決まった道沿いにある張家口などの町で行なわれていただけでした。清朝が満蒙を守るために万里の長城を使っていたなどというのは、完全な間違いです。清朝にとって、万里の長城自体には何の問題もなく、たとえば山東半島から海を渡って遼東半島へと入ったりすることを禁止するほうが大問題でした。

†義和団の乱

一九〇〇年に起きた義和団の乱は、膠州湾のある山東半島から起こった排外運動です。後に毛沢東は義和団の反乱を「ナショナリズム」と捉えました。確かに「外国人出ていけ」

という排外運動なので、ナショナリズムだとも言えますが、ナショナリズム自体を定義し直した方がいいでしょう。「ネイション」は国のことですが、古田博司さんが言うように、中国や韓国に愛国ナショナリズムがあるかと言うと、あるのは反日ナショナリズムだけです。国を大事にするナショナリズムがあるのならば、反日だけでなく、同国人で助け合うとか、もう少しやることがあるのではないかということです。したがって、中国のナショナリズムは、正確にいうとエスノセントリズム（自民族中心主義）と言い直したほうがいいでしょう。

義和団の乱の原因として、山東半島にキリスト教が入ってきたことがあります。義和団を起こしたのは漢人ですが、キリスト教徒になった中国人が他の中国人を迫害するなど、同族の間で鬱憤《うっぷん》が溜まっていきました。そのため外国から来たものはすべて打ち壊せという破壊運動になったのです。義和団は鉄道で移動しながら、その鉄道をはがして電線を壊して、略奪しながら進んで行きました。

義和団の乱は国際感覚のない漢人たちの単なる暴動で、当時の世界の八大国相手に喧嘩を売ってしまいました。それに対して、清朝の一部勢力が、義和団なら外国を追い出してくれると期待したのが間違いでした。義和団同様に国際感覚の乏しい北京の満洲人大臣などが、義和団の勢いに乗ってしまったのです。これで義和団の乱が北清事変となりました。大国八カ国を相手にすることに、李鴻章はさすがに反対していますし、袁世凱《えんせいがい》などまともな人たちは、責任が及ばないようすぐ逃げ出しています。

しかし、西太后は排外主義の大臣たちに乗せられて宣戦布告してしまいました。これは中華ナショナリズムでも何でもないのです。日本の教科書の説明では「西太后は中華ナショナリズムの義和団に頼り……」などと出てきますが、義和団は、ただの排外主義の暴動です。中国人の歴史は、アヘン戦争から中華ナショナリズムがあったということになっているので、ここでも現時点から過去をさかのぼって見て、筋書きに沿った都合のいい事件をつまみ出して説明をつけているだけです。

義和団は天安門の南にあった外交官区の東交民巷《とうこうみんこう》を取り囲みました。清朝の正規の軍隊も義和団と一緒になって、ドイツの公使と日本の大使館員を殺害しています。これに対して列強各国は自国民保護のために、二万人近い軍隊を派遣しました。その連合軍のうち、地理的に近い日本は九千人以上を出しました。連合軍は天津から上陸し、義和団に五十五日間包囲されていた自国民を解放しました。

†チャイナドレスとキョンシーの長衫

義和団の乱に遭遇した外国人居留区の様子を描いたハリウッド映画に『北京の55日』があり

ますが、エヴァ・ガードナー演ずるヒロインのヨーロッパ女性が、裾が大きく広がったドレスで走り回っている様子など、この映画も、とんでもない嘘の描写ばかりです。

ところで、チャイナドレスのことを中国語で「旗袍（チーパオ）」と言いますが、今われわれが知っているチャイナドレスは天津租界で生まれたものです。旗袍は、「旗人の服」という意味で、清朝があるうちは満洲人だけに許された服でした。一九一二年に清朝がなくなってから初めて、誰もが着ることができるようになったのです。

チャイナドレスの襟《えり》が立っているのはモンゴル服が起源だからです。モンゴルは寒いので、風が吹き込まないように服の襟が立っているのです。スリットが入っているのは馬に乗るためです。その下には当然、ズボンを履いていましたが、ズボンをやめて、襟やスリットは残したまま身体の線に沿ってダーツを入れて、今のようなチャイナドレスにしたのは、天津租界のイギリス人仕立屋がしたことだと思います。

ベトナムのアオザイも清朝時代の満洲人の服をモデルとしています。あんなに暑いところなのに襟が立っているのはそのためです。チャイナドレスと違って、ズボンも残っています。

満洲服は、男も女もまったく同形のものを着ています。皇帝が着る服は、黄色で龍の模様が入っていました。旗袍の上着がそのまま長くなった、ウェストを締めないズボッとした長衫（チャンサン）は、今は男だけが着る服になりました。清朝時代は官人しか着られませんでしたが、官人でない人でも死んだときには、あの世で官位をもらえるようにと、官人の服を着せてもらえました。香港映画などでキョンシー（僵尸）が着ているのがそれです。

†ロシアの満洲支配と日英同盟

八カ国連合軍が北京で義和団や清軍と戦っている間に、十七万七千人のロシア軍が満洲に攻め込み、満洲を軍事支配しました。

その発端は、山東省から満洲へと移住した漢人たちに、故郷の山東省で義和団の乱が起こったと伝わったことです。満洲でも清国正規軍を巻き込んで、鉄道破壊と外国人排斥の大暴動が起こりました。このとき、ロシアの陸軍大臣クロパトキンは「願ってもない好機だ、これで満洲を押さえる口実ができた」と蔵相ウイッテに語ったといいます。

東清鉄道の保護を謳《うた》ったロシア軍が六方面から一斉に満洲に侵攻しました。その始まりが「アムール河の流血事件」で、ロシア軍は、ロシア領のブラゴベシチェンスクに移り住んで働いていた清国人三千人を虐殺してアムール河に投げ込みました。ロシア軍はこれからチチハル、長春、吉林、瀋陽と占領し、各地で虐殺を繰り広げました。

ロシアは東清鉄道線路千二百キロのうち三分の二が破壊されたと言っています。たとえそうだとしても、一九〇〇年末にロシア軍の満洲制覇が完了するまでに、どれだけの数のシナ人が殺害されたでしょうか。その数は明らかではありません。

ロシア軍は満洲をそのまま実効支配しました。北京へ派兵していたイギリスやアメリカなど連合国は、当然、ロシアに対して激怒しました。ロシアのやりたい放題に怒ったイギリスは、一九〇二年、日本と日英同盟を結びます。

それまで大英帝国は名誉ある孤立を守っていました。世界中の海を支配し、日が沈むところがないほど地球上に多くの植民地を持っていた大英帝国が、歴史上、初めて他国と対等な軍事同盟を結んだのが日英同盟でした。明治維新以来、不平等条約改正のために心を砕いてきた日本は、「世界でトップの国が、われわれを認めてくれた」と舞い上がりました。

北京に派遣されていた日本軍は規律がしっかりとして、非常に立派な振るまいをしました。占領軍が北京を分割して統治したのですが、日本が統治していた地域は安全が保たれており、他国が占領している地域から逃げこむほどだったと言います。これによって、日本兵の真面目さと規律正しさは世界中に知られるようになりました。

当時のイギリスはロシアとグレートゲームの最中で、アフガニスタンやチベットなど中央アジアの覇権を争っていました。極東はイギリスからはあまりにも遠かったので、ロシアが東アジアでこれ以上南下して勢力を伸ばさないように、日本に留めておいてもらおうというのが、日英同盟のイギリス側のメリットです。

日英同盟以前の話になりますが、日清戦争直前にイギリスが不平等条約の一つの治外法権を外したのは、外務大臣だった陸奥宗光のおかげです。イギリスに対して、「今までは国際法を守って一所懸命、文明の道理に従って、清国の在留イギリス人も保護してきましたが、それでも文明国として認めずに条約改正しないのであれば、野蛮にやらせてもらいます。いかがですか」と脅したのです。それが功を奏して、イギリスは条約改正に応じました。ただし、日本が関税自主権を回復して、不平等条約すべてを解消できたのは、開国から半世紀以上もたった一九一一年（明治四十四年）のことでした。

さらには、清国の勝利を予想していた日清戦争に日本が勝ったので、日本に乗り換えようかと考えているときに北清事変が起こり、日英の利害が一致したので日英同盟締結となりました。

†日露戦争での勝利

同盟を組んだイギリスは日本とともに、ロシアに圧力をかけました。するとロシアは満洲からの撤兵を約束しました。しかし、その約束は途中で反故《ほご》にされてしまいます。これが日露戦争の原因となり、日本はロシアに対抗して満洲まで兵を進めることになるのです。

しかしながら、日本はロシアとの戦争に勝てるとは思っていませんでした。それでも、イギリスとアメリカが、いや世界中が日本に肩入れしました。日本の戦争債を買うことで金銭的援助をした米英は、日本が勝つまでは行かなくても、ロシアに拮抗して相当のダメージを負わせて欲しいと願いました。

当事者の日本にとっては、ロシアとの戦争は死活問題です。満洲でのロシア軍のやり方も見ていますし、ロシアはこの時点で朝鮮まで事実上、保護下に置いています。日本が日清戦争に勝利してせっかく朝鮮の独立を認めさせたにもかかわらず、清朝に勝った日本が、ロシアが呼びかけた三国干渉で遼東半島を清に返還させられたのを見て、朝鮮の王は強いロシアの方についたのです。これこそが事大主義です。

日本からすれば、清の脅威を追い払ったと思ったら、さらに怖いロシアが来てしまったというわけです。江戸時代に対馬をロシアに取られたこともありますし、日本にとってロシアはずっと脅威なのです。

このときは本当にロシアの脅威が目前に迫っていました。日本が敗れれば当然、放っておいても、ロシアは日本まで攻めて来るでしょう。日本人は「死んでもロシアになるものか」という気持ちで戦いました。

結果は、世界が驚くほどの日本の勝利に終わりました。エジプト人、インド人、トルコ人など有色人種は大喜びしました。ロシアに圧迫されていたフィンランド人やポーランド人も歓喜しました。フィンランドには、今でも「トウゴウビール」というビールがあるくらいです。

日本の勝利を単純に喜ばなかったのが、日本を支援していたアメリカです。アメリカは「これからの日本に注意が必要だ」と考え、日本を仮想敵国として見るようになりました。

これほどの世界的大事件に、当事者であるはずの清朝は、自分たちの故郷で行なわれている戦争にもかかわらず、「局外中立」を宣言していました。清朝は満洲が父祖の地であることは理解していても、すでにロシアの勢力下になっているため、自分たちにどうにかできるものだとは思っていなかったのでしょう。

ちなみに現在、ロシアでは日露戦争について学校で教えていません。戦争博物館にもありません。それは日露戦争が負け戦だからです。中国の教科書にも日露戦争は出てきません。日本に恩義があるなど考えたくもないのでしょう。

†ポーツマス条約

アメリカのセオドア・ルーズベルト大統領は決して日本のためだけに動いたわけではありませんが、ポーツマスでの講和会議はルーズベルトの口利きで開かれました。ロシア側は、国内では革命運動が盛り上がって、サンクトペテルブルグで「血の日曜日」事件が起こるなど、とても日本と戦争を続けていけないという事情がありました。

講和会議では、勝った日本が賠償金を得ることはできませんでしたが、南樺太を割譲され、ロシアに韓国が日本の勢力圏であることを認めさせました。ロシアが満洲のみならず朝鮮まで侵出してこようとしたことが日露戦争の原因ですから、ロシアを満洲に押し返したので一安心ではありました。さらに、三国干渉で取り上げられた遼東半島南部三千平方キロ以上の土地の租借権を、日本はロシアから正式に譲り受けました。

これ以後、満洲に関しては、日本とロシアの蜜月関係が始まります。一九〇七年の第一回から一九一六年の第四回まで日露協約が結ばれ、長春から南が日本の、それより北はロシアの勢力圏であるとお互いに決めました。ただしこれは日露で決めたことであって、清朝は知りません。したがって、日本の表向きの満洲方面での権利は、ポーツマス条約で得た旅順、大連がある関東州と、東清鉄道南満洲支線（南満洲鉄道）およびその付帯地だけです。

日本は期せずして、鉄道を得て大陸経営を行なうことになりました。ところが日本は戦争で金が底をつき、アメリカやイギリスに返さなければならない借金が膨らんでいました。一九〇六年の日本の国家予算が四億余円なのに、日露戦争中の臨時軍事費十七億余円、戦争関係費用併せて二十億円近くになっており、英米市場で調達した外債は十億円を超えていました。

†満鉄誕生

そこで、南満洲鉄道を半官半民の会社にすることにしました。当初は国営鉄道にする話がありましたが、他国に国営鉄道をつくるのは国際的に問題があるということで、国できちんと運営しながらも、半分の資金を民間に売り出す株で賄《まかな》う方法にしたのです。満鉄株は大人気で、一九〇六年九月に行なわれた満鉄の株式募集の倍率は一千倍、あっという間に売れました。何しろ日本政府が肩入れしてつくった会社ですから、満鉄の株を政府が保証してくれるようなものです。日本人は政府が踏み倒すなど思いもしませんから、NTT株と似たような人気でした。

政府からの「半官」の方は現物支給でした。つまり、賠償金の代わりにロシアから得た鉄道や撫順《ぶじゅん》と煙台《えんだい》の炭鉱の土地などです。実は線路は戦争中、ロシアが退却するときに貴重な鉄としてすべてはがして持って行ってしまったので、日本軍が臨時に引き直したものではあったのですが、ともあれ日本政府は満鉄創設に一円も出していません。

その線路は、引き直すとき日本から持っていったので、日本と同じ狭軌の幅のレールしか引けませんでした。しかしながら、日本は大陸の鉄道は標準軌（日本国内では新幹線で採用）の幅で引きたいと思っていたので、満鉄ができて半年間で全部、突貫工事で標準軌に引き直しました。

このように慌ただしく創業した満鉄ですが、日本の民間人がすべての貯金を満鉄に投資したくらいの勢いで、総力を上げて満洲運営をしていきました。満鉄の初代総裁の後藤新平は、のちにロンドンで社債を発行し、さらに二億円を調達しました。合計四億円ですから、日本の国家予算と同額でスタートしたのです。

台湾経営に成果を上げた後藤新平は、満洲経営に際して「文装的武備」と称しました。当時の満洲は開発途上でしたから、鉄道を走らせるために必要なものをすべて、満鉄が整備しなければならなかったのです。鉄道そのものは、長春郊外から大連間の鉄道に加えて、日露戦争中に物資輸送のため建設された安奉線（朝鮮国境の安東と奉天間の軽便鉄道）でしたが、その他、炭鉱開発、製鉄業も必須ですし、食糧供給のための農林牧畜も必要でした。鉄道が通る付帯地の、大連、奉天、長春のちの新京などの近代的都市計画を進め、上下水道のインフラや、電力、ガスの供給、さらには湾岸を整備し、学校や図書館、病院をつくり、旅客が泊まるホテルの経営も満鉄が行ないました。日本政府の代わりに、単なる鉄道会社ではない、いわばミニ政府としての役割を果たしていました。

満鉄本社が置かれた大連の街は、一八九七年からロシア人がつくりはじめていて、ヨーロッパ風の街並みができつつありました。一九〇五年から大連を引き継いだ日本人は、あえて日本風の街に変えず、そのままヨーロッパ風の街を完成させました（ロシア風の街並みが有名なハルビンは、満洲事変が起こった一九三一年まで日本の勢力下にはない、ロシア人の街でした）。大連や奉天、長春、ハルビンなど満洲の大きな街にある有名なヤマトホテルも、満鉄がつくったものです。

†関東軍と満洲の通貨

満洲事変が起こるまで、日本の勢力下にあった南満洲の運営は満鉄が取り仕切っていました。それまでの関東軍は、満鉄とその付帯地を守る鉄道守備隊にすぎません。そもそも関東軍と呼ばれるようになったのは、一九一九年のことです。一九一七年にロシア革命が起こり、大陸の政情が不安定になったため、それまでの関東都督府が廃止されて、関東州と満鉄付属地を管轄する日本の役所である関東庁が発足しました。このとき、関東都督府の陸軍部が独立して、関東軍となったのです。

旅客の安全や鉄道の付帯地の治安維持だけが関東軍の役割でした。兵隊の人数は鉄道の距離一キロに十五人と定められていたので、全部で数千人しかいませんでした。これは決して一キロの間に十五人の歩哨が立つというわけではなく、線路の長さに応じて、その割合で合わせて何人の兵隊を置くことができるかという取り決めでした。

満鉄はインフラを整備するために、多くのクーリー（苦力）を雇いました。彼らは出稼ぎの日雇い労働者ですが、仕事が沢山あるのでお金は稼げました。すると大連などの街ではクーリーも市電に乗れるようになりましたが、日本のホームレスを思い起こせば想像できるでしょうが、彼らは風呂になど入らないから、とにかく匂いが強烈です。しかし、お金を払って乗っているので市電側も断ることができません。そこで市電側は、一般市民と分けてクーリー専用の電車を走らせました。

満洲には各種の通貨がありましたが、日露戦争を機に日本の金融機関が発行する紙幣が流通するようになりました。日露戦争中、日本軍は軍票を発行して物資や労働力を確保していましたが、その後、日本政府は軍票の代わりに銀行券を流通させるようにしました。

在満の日本人は主に金建ての通貨を使い、中国人は銀建ての通貨を使っていました。お互いの通貨を交換するときは、常にレートが変わります。しかし日本人は通貨の価値は不変だと思い込んでいたようで、いつも固定的な料金を支払っていました。

中国人が日本人と取引きする場合、金が高く、銀が安いときは、日本人から金建て通貨を受け取りました。逆に金が安く、銀が高いときは、金建て通貨を持つ日本人に実質的に高い料金を請求しました。為替が苦手な日本人は、中国人商人と取引きするときは、いつも中国人に利ざやを稼がれていたのです。

†日本の満洲開発

日本が関東州を租借したことは、清朝からすればイギリスやドイツの租界で行なわれていたことと同じような感覚でした。日本人が満鉄を経営して満洲を開発し、湾岸を整備し、流通機構も整えたので、満洲の大豆やコーリャンは国際的な商品となって販路が広がり、その他の産業も近代化されていきました。鉄道が引かれたために、今までは入ることができなかった奥地にまで漢人農民が入って農業ができるようになり、清朝は漢人が多くなった土地に役所を置いて税金を徴収するようになりました。

ところが、この税金は、そのまま北京の中央に送られるわけではありません。清朝だけではなく歴代の大陸の王朝は、一部の上がりだけが中央に送られて、地方税は原則として地方で消費されます。地方官の任命権は皇帝の支配下にありますが、収入のすべてを一括でコントロールできる中央集権体制ではありませんでした。

満洲のもともとの地主は満洲人で、自分たちの一族やその使用人たちに故郷の土地を耕作させ、そこで取れる作物や売り上げ金が、使用人たちから北京にいる地主や領主に送られてくるという仕組みでした。

この時期は西太后の時代ですが、清朝宮廷に金がなかったということはありません。なんといっても清朝は満洲の大地主ですから。満洲人は「旗地」という自分たちの大きな土地を満洲に持っていました。貸した土地が開発されれば、上がりが入ってくるので、満洲の開発は決して悪い話ではなかったと思います。日本で言うならば、平安時代の貴族階級の荘園経営に近いでしょうか。

満洲人からすれば、清国が戦争をして朝鮮を日本に取られたのは悔しかったでしょうが、日本と実際に戦争をしたのは清朝の宮廷ではなく、家来筋の李鴻章や袁世凱ら漢人ですから、満洲人が負けたわけではないとも考えられます。したがって、日本人が満洲を開拓していても、便利になり儲けも入るので嫌ではなかったと思います。

†日露戦争が世界に果たした影響に日本人は無自覚

日本は満洲への領土的野心はありませんでした。遼東半島が欲しくて日清戦争を戦ったわけではないのです。遼東半島をくれるといったのは最初は清朝で、次はロシアです。日露戦争も勝てると思って始めたわけではないですし、誰もその後のことまで考えていませんでした。自分たちが満洲まで出ていって現地人を酷使して金儲けしようなどとは全然考えていませんでしたが、戦後の日教組が教える歴史観では、すべて日清戦争の初めから日本が謀略した侵略と搾取であると、わざわざ日本人のことを自虐的に悪く言います。

日本は日清戦争でたまたま台湾をもらって、一所懸命に経営して、日露戦争でも南満洲鉄道を獲得してから慌てて対応したというのが本当のところです。日本は今でもそうですが、自分から積極的に世界観を持って出て行くよりも、対症療法的に受け身的に来たものを必死にやりくりすることの方が多いと思います。七世紀の日本建国以来、鎖国を国是としてしまったので、昔から受け身のところがあります。自分から積極的に仕掛けることがないので、言われるような謀略も何もありません。

しかしながら、日本人が自分たちがしたことについて、まったく自覚がないところは悪い点です。日本がパリ講和会議で出した人種差別撤廃案にしても、あれがいかに欧米の人間を困らせたか、日本人は全然理解していません。アメリカがハワイを併合したときも、日本はかなり文句を言いました。アメリカはすごく腹を立てましたが、日本はそれについて無自覚で、その後、アメリカが日本に報復したくなるとは思いもよりませんでした。

日露戦争で満洲や朝鮮への野望を打ち砕かれたロシアは、日本に仕返ししようと待ち構えていました。日本が恐ろしいと同時に憎くてたまらず、ソ連の革命にシベリア出兵で干渉されたこともあり、その恨みが一九四五年の終戦時、満洲で日本の女性、子どもまで虐殺したことへとつながっていると思います。

日本人は何もしていないのに被害を受けたと思っています。しかし私はちょっと違うと思います。「私たちはこんなにやられた」「こんなひどい目にあった」としか日本人は思っていませんが、自分たちがいかに世の中に多くのインパクトを与えたか、世界史を眺めたら非常によくわかります。それを全然感じていないのは不思議です。今の政治家や外交官も、ひたすら「ごめんなさい。私たちはもう悪いことをしません」と言ってばかりです。私から言わせれば「あなたたち、自分たちがいかに世の中を変えたのか、もう少し自覚しなさい」というところです。日本人にその自覚がないため、却って無責任に映るのです。日本人が無自覚に正当論を述べたり、本当のことを言ったりすることが、相手にとって痛手になればなるほど、相手はそれを根に持ちます。

今の中国人からすると、日本人が「日本は平和憲法で、何もしていません」と言っているのは、とても嘘臭く見えるようです。優等生が「明日のテストの勉強、私、全然していないの。どうせ悪い点だわ」と言っているのと同じような感じです。それでいい点を取るのですから、嘘つきだと憎まれるのです。中国人からすると、日本人は全員が嘘つきに見えるようです。

†日露戦争後のロシアの満洲政策

日露戦争で負けたロシアが、四回も日露協約を結ぶほど日本に接近したのは、清朝では交渉相手にならず、日本と話をつければよいということがわかったからです。

まず一回目の日露協約は、北満洲はロシア、南満洲は日本の勢力範囲とする秘密条款を含んでいました。さらに、朝鮮と北モンゴルがそれぞれ日本とロシアの特殊権益圏だとお互いに認めました。日露協約がなぜ必要だったかというと、南満洲鉄道をロシアが日本に譲渡したためです。

繰り返しますが、ロシアは日露戦争に敗れて、樺太の南半分と、本当は日本が日清戦争で獲得した遼東半島の南端の関東州を日本のものとして割譲し、朝鮮半島が日本の権益権だということも認めました。

ポーツマス条約の後、日本はすぐに清朝と条約を結び、ロシアの権益を日本が引き継ぐことを認めさせました。そして東清鉄道南満洲支線は、日本の勢力圏とされたハルビンの南、つまり長春の北から南満洲鉄道となりました。線路は続いているので、鉄道の貨車はそのまま、乗客も貨物もそのままで、運転手と車掌が交代するのです。食堂車も日本式からロシア式へと入

日露協約によってさだめられた日本とロシアの勢力範囲

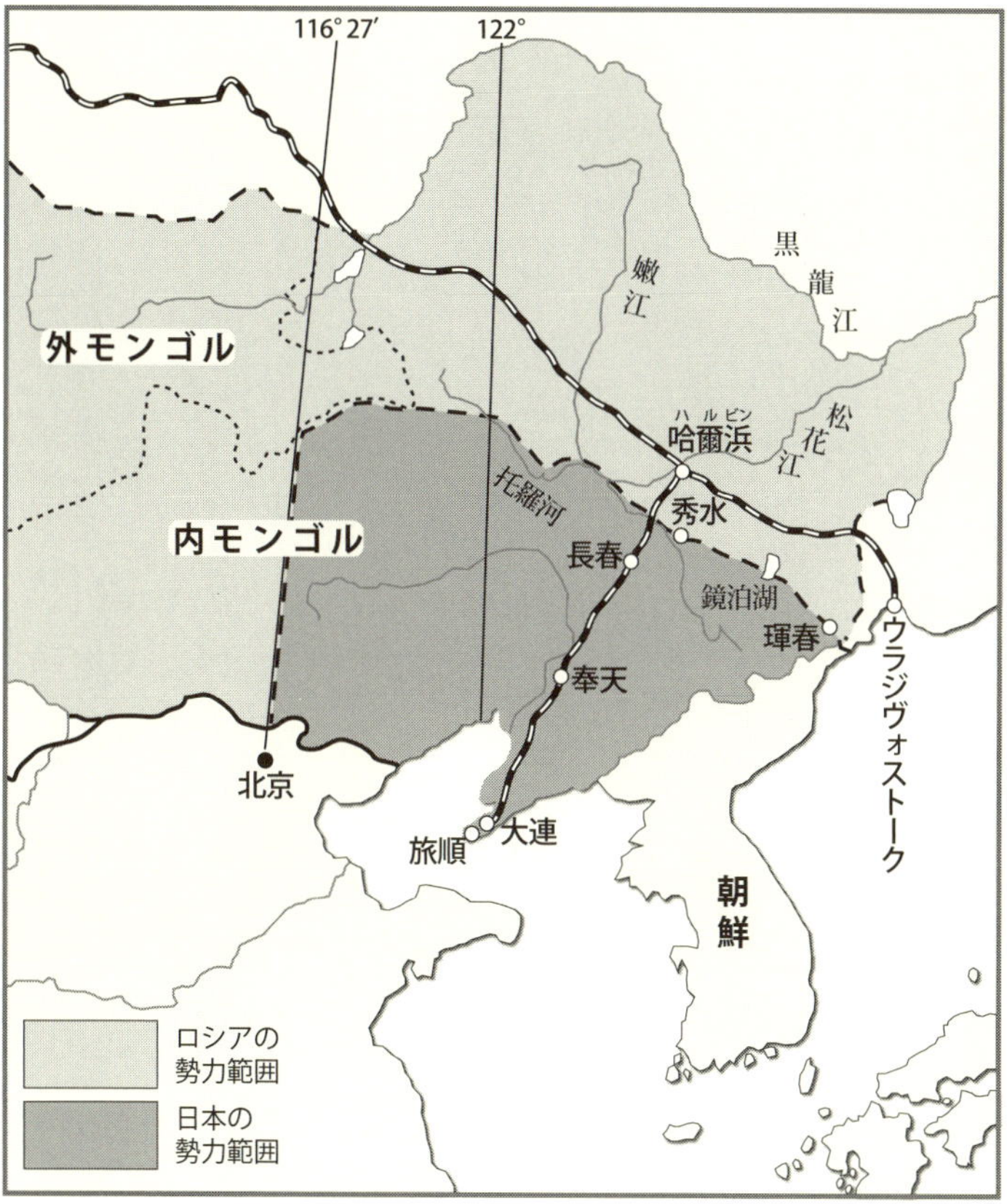

吉田金一『近代露清関係史』（近藤出版社）より作成

れ替わりました。

当時、まだ旅客用の飛行機がない時代ですが、東京でパリ行きのキップが買えました。

ポスターは、一九一一年（明治四十四年）から始まったシベリア経由の鉄道で、パリまで、一枚の切符で十四日間というものです。東京から鉄道で西へ向かい、下関で関釜連絡船に乗って朝鮮半島に渡ります。朝鮮には渋沢栄一が引いた鉄道があり、そのまま北上して満洲へ入り、ハルビン経由でモスクワを通ってヨーロッパへと抜けられたのです。

一九一三年には、ベルリン、パリ、ロンドン行き乗車券の販売が、東京、横浜、京都、大阪の各駅で始まり、初期のロンドンまでの運賃は、大人二九四円一一銭（子供一二〇円二八銭）、現在の料金にして数十万円のようです。

そういった鉄道の運営にしても、ロシアと日本は綿密に話し合いを行ない、引き継ぎ事項なども多かったので、第一回の日露協約を結んだのです。そのとき、秘密協定として「北満洲と北モンゴルはロシアの勢力圏、南満洲と朝鮮は日本の勢力圏」と決められました。

一九一〇年の第二回日露協約では、アメリカが提案する南満洲鉄道の中立案、ノックス提案を拒否することを協定で決めました。さかんに門戸開放を迫るアメリカに対して、日本とロシアが手を組んだのです。

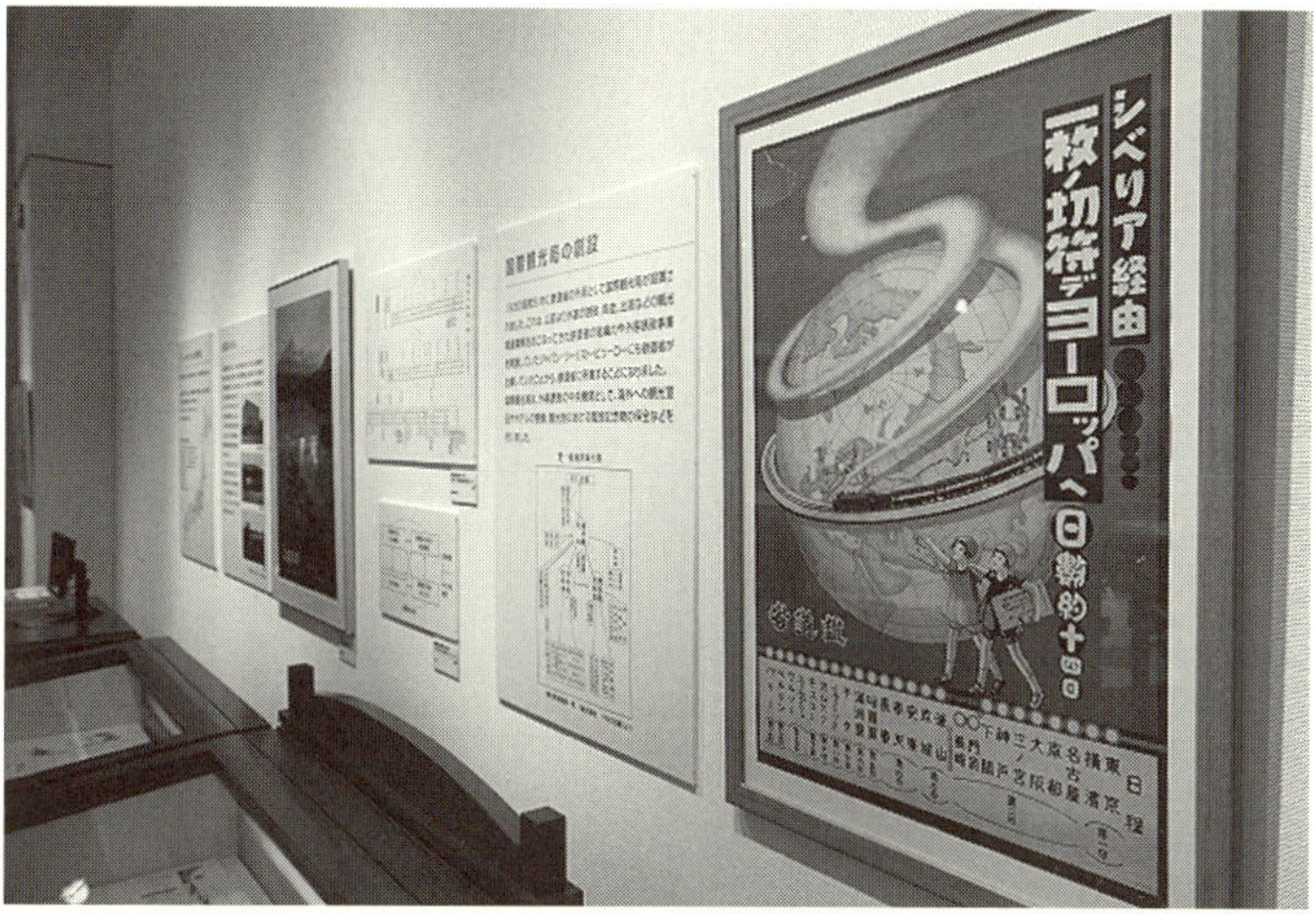

旧新橋停車場　鉄道歴史展示室
第26回企画展「日本の観光黎明期　山へ！海へ！鉄道で」

続く第三回の日露協約が重要です。辛亥革命後の一九一二年でしたが、このとき、清朝崩壊後、中華民国と一緒になりたくない南モンゴルを、日本とロシアどちらの勢力圏とするかでもめたのです。結局、北京を南北に通る線の東は日本の、西がロシアの勢力圏という秘密協定を結びました。辛亥革命で清朝がなくなり中華民国になるということは、ロシアにとっても日本にとっても重大事で、日露で対処を考えた結果です。

このようなわけで、辛亥革命後のモンゴルは、東部内蒙古は日本の勢力圏、北のモンゴルはロシアの勢力圏となりました。今のモンゴル国の前身である北モンゴルは、ゴビ砂漠の南のモンゴルと一緒に独立したかったのですが、ロシアが「日本を怒らせるとまずい」と言って援助せず、モンゴルは「内モンゴル」と「外モンゴル」に分裂しました。誰も言いませんが、モンゴルが分裂したのは、この日露戦争のあとの日本とロシアの協約のせいなのです。

第四次日露協約は第一次世界大戦中の一九一六年で、第三国による中国支配の阻止を約束しました。このように、ロシアはロシア革命直前まで日本と蜜月時代を過ごしました。戦争で対等に戦うと相手のことがよくわかり、仲よくなったというケースです。しかもロシアは賠償金も払っていませんし、負けたとは思っていませんでした。日清戦争後に取った利権を、半分、日本に渡してやっただけということなのです。

しかし、一九一七年にロシア革命が起こると蜜月の時代は終わります。日露が結んだ数々の協約が反故にされただけでなく、秘密協定が暴露されました。ボリシェビキは、中国を共産化するために、日本を敵視するように中国人に働きかけ、中国を味方につけようとして日露の密約をばらしたのです。

†満鉄調査部の地域研究能力

初代満鉄総裁の後藤新平と二代目総裁の中村是公《なかむらよしこと》が、鉄道用地買収のために現地調査を行なったのが、満鉄調査部の始まりです。新しく土地を統治するときは、土地が誰のものかが一番大事です。後で紛糾を起こさないように、後藤新平が台湾で成功させた現地調査と同じやり方を持ち込んで、土地を接収するときの補償金を払うための現地調査を行ないました。

日本は台湾統治を始めたとき、旧慣調査といって、とにかく何重にも重なった土地の権利関係をまず調べました。これは非常にレベルの高い研究でした。台湾に漢人たちが入植してからそれほど経っていませんでしたが、それでも百年位の間に、一番いい目抜き通りの土地や建物は代々、抵当が重なり、持ち主が誰かわからなくなってしまっていました。貸し借り関係が非常に複雑で、書類もたくさんありました。

それを日本人がすべて調べあげたのです。そこで初めて中国人の商業と経営のやり方がわかりました。じつは何千年も歴史があるといっても、中国では土地の権利関係について何の調査もしていません。中国には調査記録がないのです。いまだに台湾の旧慣調査が世界で唯一、中国人の土地借用の権利関係を徹底的に調べた現地調査だといわれています。そんなことができたのは日本人だけです。今の中国人なら、調査もせずに、毛沢東のように全部国が取り上げてお終いです。

台湾は満洲よりは古くから漢人が住んでいましたが、満洲の方は奉天の街などはともかく、残りはみんな新開地です。満洲人だけしかいなかったところへ、後から南方から漢人農民や商人が来ましたが、それも日清戦争のあと、ロシアが鉄道建設を始めた頃からでした。封禁政策が解かれて、満洲全域に漢人農民が本格的に入ってきたのは、北清事変に敗れた清朝が、列強に膨大な賠償金を支払わなければならなくなった一九〇一年からあとです。土地が広かったため、所有関係については、当初はあまり問題は起こりませんでした。

満鉄調査部は最初は土地取得のための調査をしましたが、その後は、風俗調査や民族調査などを行ない、「満鮮《まんせん》地理歴史研究報告」をまとめました。満鉄調査部は文系の研究だけでなく、地質研究所や産業試験所などもでき、獣疫研究所や衛生研究所も設立されました。羊の改良や科学の実験なども行なうようになり、研究の裾野が広がっていきました。

後藤新平と中村是公がお金を出してくれたおかげで、満鉄調査部は日本の学問の発展に大きく寄与しました。その後、日本国内で内務省や軍部とうまく行かずにあぶれた共産主義者たちが、どんどん逃げこんできました。世界中、共産主義こそが人類の未来を開くと考える人たちばかりで、「日本にはいられないが、満洲ならばやっていける」と満鉄調査部に入ってきたため、調査部は共産主義者、心情左翼ばかりになりました。

†百日変法と康有為の評価

日清・日露戦争の頃の、清朝の事情を話しておきます。

一八九四〜五年の日清戦争で日本に敗北した清国では、軍人の洋務運動に批判が生まれ、技術面だけでなく制度面でも西洋式に改革しようとする「変法」論が台頭しました。

洋務運動とはどういうものかというと、一八六〇年の第二次アヘン戦争で英仏連合軍に敗れた清で、武器、弾薬、船舶などの西洋近代文明の威力を見せつけられた、曾国藩《そうこくはん》、李鴻章、左《さ》宗棠《そうとう》ら漢人将軍たちが、兵工廠《へいこうしょう》や造船所などを設立し、運輸、通信、鉱山採掘、紡績業などの産業を興したことを指します。この頃、精神は中国のままで、物質の面だけ西洋を摂取するという「中体西用《ちゅうたいせいよう》」という言葉がさかんに用いられましたが、これらの産業はすべて兵を強くするため、それも私兵を強くするためでした。

それなのに日本に敗れてしまった清は、日清戦争の三年後の一八九八年、皇帝が百日変法を行ないました。これは、立憲君主制をめざした政治改革で、その中心人物であった康有為《こうゆうい》は、日本の明治維新を見習い、中国の宮廷も近代化しないといけないと論じました。しかし、康有為を引き立てて改革を行なおうとした光緒帝《こうしょてい》が、自分の母の姉である西太后に幽閉されて改革は失敗し、康有為と梁啓超《りょうけいちょう》は日本に亡命しました。これを戊戌《ぼじゅつ》の政変と言います。

改革の中心にいた漢人の康有為が日本では美化されていますが、言われるほどの深謀熟慮があったわけではありません。彼は若くて地位も低く、朝廷の官僚たちに人望もなく、改革の土台はまるでありませんでした。現代日本の評論家が勝手に放言するようなもので、仲間もほとんどいません。

日本では、緒方洪庵《おがたこうあん》の適塾《てきじゅく》や吉田松陰《よしだしょういん》の松下村塾《しょうかそんじゅく》などが有名ですが、立派な人物が一人出ると、弟子が輩出し、下々のそれこそ草の根にまで影響力があります。しかし、康有為はまったくそういった影響力はありませんでした。

同じように孫文も、李鴻章に建白書《けんぱくしょ》を一つ出してはねられたため、すぐに反清運動に入ったような人物です。康有為や孫文は、改革が潰されて日本に亡命したため、日本人に人気が出ました。康有為が成功していたら中国はもっとよくなっていたと思っている日本人は多いですが、中国を変革する力はまったくなかったのです。それでも、康有為は科挙官僚なので孫文よりはマシでしょう。中国で成功するには、非情な権力闘争に勝ち抜かないとダメなのです。あの諸《しょ》葛孔明《かっこうめい》も、ロベスピエールの何倍も人を殺しているのですから。

†その後の皇帝の境遇

百日変法が失敗に終わった後、光緒帝は西太后に死ぬまで土下座を強いられるような立場に陥りました。皇帝であるにもかかわらず、軟禁されて奴隷状態に置かれたのです。

序章でお話ししましたが、満洲人には「ボーイ（包衣）」という身分があります。ボーイは家内奴隷という意味で、貧しいおばあちゃんに高官が頭を下げるのは、高官の祖先がおばあちゃんの祖先のボーイだったからです。ヌルハチ、ホンタイジの時代に「旗王」だった皇族のボーイだった満洲人は、何代も後になって、どんなに金持ちになっても、もとの君主、もとの宗主の家に対しては、本当に地位の低い使用人扱いです。

ところで、皇帝に何か申し上げるとき、自分のことを「奴《ど》」というのは「あなた様のしもべである私は」という意味です。かつてのボーイだけでなく、高位高官でさえ、皇帝に対しては、自分のことを「奴」と書くのです。日本でも、へりくだって言う敬語があるでしょう。漢字で「奴」と書くのは、自分のことをへりくだる言い方です。それを、ちょっと漢字を知っているだけのアメリカ人などは、奴隷制があると書くので、困ります。

こういった個人の人間関係が満洲人の間にはありますが、西太后は妹とその婿の子どもである光緒帝に対して、人格を無視した奴隷のような扱いをしました。その後、中国では張学良に対する蒋介石の仕打ちや、劉少奇《りゆうしようき》に対する毛沢東の仕打ちにも似たものがありますが、その起源がこの満洲にあったかというと、なんとも言えません。というのも、今の中華の文化は、すべて清朝から来たものだからです。清朝でしていたことを、すべて今、中華と考えているので、判別できないのです。いずれにしても、満洲人の文化は決して低くなかったことは確かです。

モンゴル人の支配階級もそうですが、特に満洲人の支配層は本当に優れていました。血筋だけに頼る相続社会ではなく、視野が広く、とくに康熙帝や乾隆帝といった満洲人皇帝は、ヨーロッパ文明を取り入れることに非常に熱心でした。世界に対する知識もありました。キリスト教の宣教師たちは布教こそ許してもらえませんでしたが、皇帝は宣教師が持っている技能を高く評価し、天文官や画家にして自分のそばに置き、ラテン語を教わっていました。

康熙帝は本当にヨーロッパ文化が好きで、いろいろなことを研究しました。乾隆帝も同様で、大変な開明君主でした。雍正帝は自分自身で『大義覚迷録《たいぎかくめいろく》』を著すようなレベルの高い知識人です。みんな、よく勉強しています。清朝は漢地に加えて、モンゴルやチベットも統治したわけですから、皇帝はバイリンガル（二重言語使用）、トリリンガル（三重言語使用）が当たり前でした。康熙帝は満洲語に加えて、漢文もモンゴル語もできました。満洲人はお金も持っていて、上流のものを取り入れていたのです。満洲人の文化には、今の中国人など全然かないません。

今の中国人と日本人を比べると、日本人の方がよほど文化が高いでしょう。にもかかわらず、中国人は日本人を東夷《とうい》、東の野蛮人と考えるのです。それと同じで、万里の長城の北から出てきた満洲人は野蛮人だと言います。しかし、実際には中華文明はすべて清朝の支配階級が新たにつくり出したものであり、満洲人はまったく野蛮人ではありません。

清朝の前の明朝は、農耕社会だけを統治していました。「農耕文明」と言いますが、農民に文化、文明があるのでしょうか。農耕社会にある都市のなかに文明はできるもので、農民に文明があるわけではないでしょう。遊牧文明も同じで、遊牧民だけを取り出すと文明はないかもしれませんが、遊牧地帯の草原に、人種も時代も言葉も越えて継続されてきたものは文明だと思います。それは十進法や左翼・右翼の軍事組織などで、それを私たちは遊牧文明と呼んでいます。

満洲人の文化を、現代中国は、よくも悪くもすべて中華文明として継承しているのです。

†李鴻章は日本が嫌いでロシアに付いた

清では、李鴻章が対朝鮮問題のすべてを担当していました。李鴻章は一八八一年に、朝鮮に関連した事務の所管を礼部《れいぶ》から北洋大臣、つまり彼自身に移しました。朝鮮は「中国の属邦」になるべきというのが彼の考えです。一八八二年には北洋大臣の李鴻章が朝鮮国王と交渉にあたりました。つまり、朝鮮国王は李鴻章と同格なのです。

平野聡さんの『大清帝国と中華の混迷』（講談社）では、日清戦争後、李鴻章が日本を排除するためにロシアに頼ろうとしたと書いています。

「李鴻章は、日本が遼東半島を領有するようになれば、ロシアの主導で干渉がなされるだろうと計算したうえで、下関条約に調印した」（三一七頁）

私は、李鴻章は漢人であったため、満洲には何ら思い入れがなく、日本を嫌ったと考えます。

「北京の官界では李鴻章のみならず、当時はロシア頼みの気運が盛り上がり、遼東半島の維持の謝礼として新疆の一部をロシアに割譲する案や、朝鮮半島を中露共同保護とすることで東三省の安定を保つという案が次々に浮上していた」「ロシアに恩を売り日本を抑えた方が得策だという考えがあった」（三一八頁）とも平野さんは書いています。

日清戦争に負けてから日露戦争が終わるまで、中国にはまだ民族主義はなく、国民もいないのが実態です。

「李鴻章の日本に対する怨念がロシアに対する過剰な思い込みを生み」と『大清帝国と中華の混迷』にはあります。李鴻章一人にすべてを委ねるのもどうかと思いますが、外交を一手に担っていたのは確かに李鴻章で間違いありません。

†日露両国の勢力圏となった満洲

日本が日清戦争から日露戦争、つまり朝鮮半島から満洲へと拡大していったのは、先にも書きましたが、日本に何の政策もなく、その都度その都度目先の出来事に対処していたら、ズルズルと深みにはまっていったせいだと私は解釈しています。日本人の落ち度は、海の外の実体を知らなさすぎたことです。

自国の安全のため、朝鮮だけはしっかりとして欲しいと思って朝鮮の解決に出て行ったら、朝鮮と満洲に境界がなく、満洲にも朝鮮人がいて、満洲までズルズルと出て行ってしまいました。満洲を区切って清朝と話をつけようとしたら、そこにはモンゴル人もいて、ロシアとの争いに巻き込まれていったという図式です。日本には謀略どころか何のアイデアもありません。

この頃の清朝は、誰が責任を持って政治を行なうかということよりも、宮廷内の権力争いばかりでした。西太后を取り巻く宦官や皇族も、国全体のことに目が届いているとはまったく言えません。

満洲については、自分たちの父祖の土地で、荘園があるので、地主として荘園からのあがりを毎年送らせていました。満洲からのあがりがなくなったらどうしようとは思っていたはずですが、満洲人全体が没落貴族のような末期症状の体たらくで、「どうしよう、どうしよう」と悩んでいただけです。

北京には、内城と外城があります。外城は今の天壇や駅の南側で、漢人が住んでいました。紫禁城の真ん中が宮城で、現在の故宮博物院があるところは、皇帝一族が住むところでした。その外側の、今地下鉄二号線が取り囲んで走っている内側は内城で、前に言ったように胡同（フートン）と言い、すべて満洲貴族の住居でした。貴族というのは旗人のことで、世界史で言うような本当の貴族階級ではなく、国から給料をもらう国家公務員といったところです。

その旗人たちの給料がだんだん目減りしていきます。日本の旗本《はたもと》と同じで、世代を経て養う家族が増えると次第に苦しくなりますが、旗人は他の仕事をしてはいけません。自分たちのお墓や土地がある満洲で働いている人たちから、毎年あがりをもらって暮らしていて、それが滞ってきても積極的に何か商売をしたりということはしないのです。

大臣たちは完全に統治能力をなくしていて、康有為のような科挙官僚や日本に留学した人、あるいは陸軍士官学校に入ったような漢人たちが、何とかしなければと動き出しましたが、公務員である旗人全体がボーッとしているのです。わずかに粛親王《しゆくしんのう》のようなごく少数の改革派が、川島浪速《かわしまなにわ》などの日本人に警察を任せるなどと動いていますが、全体としてはまったく改革など望めません。

日本とロシアが争っている満洲に、軍隊を派遣するだけの熱意もなかったのです。ただし、ポーツマス条約後の北京条約では、日本に対していろいろと言っています。北京条約とは、ポーツマス条約で日露間で取り決めたことを清国に受け入れさせた条約です。清はロシアには強く言えませんが、日本にはかなり文句をつけてきました。日本の代表が清に好意的な伊藤博文だったので、満洲の大臣たちは伊藤には言いやすかったのでしょう。

ロシアやイギリスは、今のアメリカと同じように非常に乱暴で、清朝は言われるがままです。今、アメリカに言われっぱなしの、どこかの国と同じようですが。

そして清朝末期、西欧列強の進出が盛んになり、やっと国際化に目覚めた西太后が、科挙を廃止し、教育改革を行なうと発表しました。学校を創り日本の教科書を使って、地理や科学や数学を教えはじめたのです。また、日本帰りの留学生を役人に採用し、新式軍隊には日本の陸軍士官学校卒の若い将校を長に据えて訓練を行なわせました。日本をモデルに本当の近代化を始めたのです。

しかし、この西太后の新政もうまくいかず、結局、宮廷の権力闘争のうちに、西太后の寿命が尽きました。しかも、西太后は自分が死ぬ前に、光緒帝を殺しています。かつて日本で刊行された書籍では、「西太后が死ぬ前日になぜか光緒帝が病死した」と書いてありましたが、そんな偶然はありません。日本人は人がいいにもほどがあります。日本人だけは謀略するが、外国人は謀略しないなどというはずがないでしょう。

西太后は光緒帝を殺して、自分もすぐに亡くなりました。

†ラストエンペラーこと溥儀が皇帝に就いた経緯

光緒帝の死後、溥儀が三歳で皇帝に就いたのは、漢人的な中華的な考え方です。光緒帝と同年代には、粛親王など優秀な親王たちがたくさんいました。しかし、優秀でないことがわかっている溥儀の父親を摂政に据えて、幼い溥儀を皇帝にしました。これはもうよくある王朝末期の権力闘争です。大臣たちの策略というか、閨閥の後ろについてる漢人大臣や宦官が、自分たちの都合がいいように、光緒帝と同年代の優秀な人物をすべて排除した結果です。壮年期の三十代、四十代の親王を皇帝にしておけば、少しは政治力もあったでしょうし、また違ったこともあり得たのでしょうが。

西太后の周りはイエスマンばかりで、彼女も光緒帝と同じレベルの親王たちをすごく煙たがっていました。西太后は妹の子である光緒帝を四歳で即位させました。西太后が周囲にいる宦官や、自分に直属の満洲大臣と漢人大臣を使って政治をしていましたが、改革派が増えてきたので、それを嫌って、一番コントロールしやすい溥儀の父を摂政に選びました。実際には、光緒帝の死の翌日に西太后も死ぬので、彼女がいなくなった後、勢力がひっくり返ることを恐れた西太后の取り巻きたちが組んで、溥儀を皇帝にしたのでしょう。大陸の王朝の末期はいつもよく似ています。そういった意味で、最後は中華王朝風だったと言ってもいいと思います。

溥儀が皇帝に即位すると、摂政となった父は、漢人大臣の袁世凱がうっとうしかったので、下野させました。辛亥革命が起こったとき、袁世凱は故郷に帰ってただの人になっていたのですが、あわてて呼び戻して全権大臣に据えます。このように、まったく政治的能力も国際感覚もない人たちが清朝の末期を担っていたのです。

†なぜ孫文の起義は十回も失敗したのか？

辛亥革命を企てたことになっている孫文は、中国内地に何の地盤も持っていませんでした。

『真実の中国史』でも話しましたが、孫文は十四歳になって初めてアメリカで教育を受けたので、漢籍の素養がなく「四書五経」も習っていません。科挙にも無関係で、ただ英語ができただけです。客家《ハッカ》という、他の豊かな地域の農民たちからは差別されている種族の出身で、貧乏で自分自身の軍隊も持たず、マカオで開業してイギリスの医師免許を取っただけの華僑に、中国国内で誰がついていくというのでしょう。だから十回も起義に失敗したのです。

そんな孫文を援助したのは日本人です。英語ができて弁が立つ孫文が格好よく見えて、日本人は「こんな近代的な中国人も出てきたんだ」と感動して、援助しました。また、「そんなに日本人が援助するのだったら」と、海外の華僑たちや中国の金持ちも孫文に援助を始めたのです。

孫文の権力基盤は、最初は秘密結社、次に海外の華僑のお金、そして三つ目が日本人です。秘密結社とはいわゆるパン（幇）のことです。彼自身が南の方の客家出身ですが、客家は単独では力が弱いので、すぐに秘密結社のグループをつくります。そのネットワークを使ったので、孫文はハワイなどに行ったとき、現地で人々を動員できました。革命同盟会というのも秘密結社の連絡網で動いていました。

マカオで開業した華僑の孫文は、外国から中国を見ました。革命外交で名を馳せたユージン・チェンも西インド諸島のトリニダード・トバゴ生まれで、中国語も満足に話せませんでしたが、国民政府外交部長を務めました。孫文もハワイ出身と言ってもいいぐらいで、国民政府は国内に基盤のない人たちばかりなのです。客家はだいたいが軍隊を持っていません。客家でも成功したのは、時代が下って、鄧小平《とうしょうへい》、リー・クワンユー（李光耀）、李登輝《りとうき》など、近代教育を受けて金持ちになったからです。

†孫文がいなくなった途端に革命が成功した理由

辛亥革命が成功した要因の一つに、日本の陸軍士官学校を卒業した清朝の新式軍隊の長官たちの存在があります。彼らはこのままでは清朝は諸外国の植民地になってしまうという危機感から、日本を見習って近代化しようとします。

中国では昔から軍隊は本当に馬鹿にされていて、「良い鉄は釘にしない、良い人は兵隊にならない（好鉄不打釘、好人不当兵）」という諺《ことわざ》が人口に膾炙《かいしや》していたくらいです。兵隊になるのはだいたい前科のあるならず者だったので、軍人はまともな扱いを受けていなかったのですが、日本に留学してみると、軍人が非常に地位が高く、人々に尊敬されていることを知りました。それで彼らは、軍人というのは立派な職業で、国を変える人種なんだというプライドを持って中国へ帰りました。

日本の陸軍士官学校で学んだ新しいタイプの軍人たちは、厳しい訓練を始めました。地方の郷紳階級、つまり知識人でお金持ち、要するに軍閥をつくる金を出す人たちは、こういった軍隊を気に入りました。軍隊であるにもかかわらず、文化的で知識があり、自分たちともきちんと話ができるからです。新式軍隊と郷紳階級が組んだことが、辛亥革命が成功した理由です。

しかし、辛亥革命は本当は「革命」ではありませんでした。清朝の一部軍隊の武装蜂起ですから、クーデターです。民衆が蜂起したわけではないので、革命ではありません。これを革命と呼んだのは日本人で、中国でもフランス革命のような革命が起きたのだと持ち上げたのです。

実際のところは、地方軍の反乱であり、宮廷での争いに敗れて下野していた袁世凱が呼び戻されて、反乱軍の鎮圧をまかされました。溥儀を擁立した人々、つまり父親の摂政を初めとした、新たに権力を握った人たちからすると、袁世凱はやっかいな実力者だったのでクビにしたのですが、南で反乱が始まると、袁世凱に全権を渡すから帰ってきてくれと頼んだのです。

袁世凱は、李鴻章から引き継いだ子飼いの軍隊である北洋軍を使って、反乱を押さえにかかりました。交渉相手は孫文です。日清戦争のときに朝鮮にいた袁世凱と、アメリカやイギリスや日本などの外国を知っている孫文は、少なくともこのまま南北で戦争になったら外国が来て中国はボロボロにされてしまうということを知っていました。

孫文は袁世凱の北洋軍の方が強いこともわかっていました。新式軍隊は人数が少なく、袁世凱が本気になったら敵わないのです。そこで、孫文は戦争にならないように、袁世凱に、できたばかりの中華民国の臨時大総統の位を譲るということで話をつけました。

清朝はこれで終焉を迎えます。しかし袁世凱は、自分を全権大臣に任命してくれた清朝に対しては、「一応、清朝はないことになりますが、権利は全部守ります、皇帝の称号もそのまま残します」と約束しました。六歳の皇帝・溥儀と父親は、財産も保全されて年金も出る、そしてみんなが紫禁城でそのまま暮らして、生涯皇帝号を名乗ってもいいということで、了承しました。戦争になれば、おそらくすべてを失ってしまうのですから。

というわけで、辛亥革命の翌年の一九一二年二月十二日、清朝が亡くなり中華民国になったのです。位が平和裏に譲られたのですから、これは革命ではなく禅譲です。

第2章

中華民国建国以後、満洲国建国まで

満鉄の事業の一つ、撫順炭鉱の露天掘り

特急アジア号

満鉄が開発した鞍山製鉄所

†中華民国建国の後の中国の実状

第2章は中華民国の建国から満洲国建国までの話です。

中華民国は一見、清朝の次の王朝のように見えますが、実態は分裂状態でした。辛亥革命を経て中華民国が建国されたものの、モンゴルやチベットや新疆にはもちろん実効支配はおよんでいませんし、漢人の土地ですら、ちゃんとした統一はなされませんでした。

清朝はもともと、科挙官僚を地方官として赴任させるとき、故郷には行かせず、話し言葉の違う地方に赴任させるという方法を取って、全体を統治していました。自分の一族と結託されると困るからです。

ところが中華民国になるとすぐに、それぞれの省が外省人を追い出しました。今、外省人というと、台湾だけの話のように思います。戦後、大陸での国共内戦に敗れた蔣介石が台湾に移り住んだとき、一緒に台湾に移住した人を外省人、ずっと以前から台湾に住んでいた人は本省人と言いますが、実は大陸全部で、自分の省以外の人間を外省人と呼んでいました。たとえば、四川省ならば四川省以外の人は外省人なのです。

中華民国では、各省が外省人を追い出して、本省人、つまり自分たちの省出身の人たちに入

ご購読ありがとうございました。今後の出版企画の参考に
致したいと存じますので、ぜひご意見をお聞かせください。

書籍名

お買い求めの動機

1　書店で見て　2　新聞広告（紙名　　　　　　　　）

3　書評・新刊紹介（掲載紙名　　　　　　　　）

4　知人・同僚のすすめ　5　上司、先生のすすめ　6　その他

本書の装幀（カバー），デザインなどに関するご感想

1　洒落ていた　2　めだっていた　3　タイトルがよい

4　まあまあ　5　よくない　6　その他(　　　　　　　　)

本書の定価についてご意見をお聞かせください

1　高い　2　安い　3　手ごろ　4　その他(　　　　　　　　)

本書についてご意見をお聞かせください

どんな出版をご希望ですか（著者、テーマなど）

郵便はがき

料金受取人払郵便

牛込支店承認

5073

差出有効期間
平成26年5月
31日まで
切手はいりません

162-8790

東京都新宿区矢来町114番地
神楽坂高橋ビル5F

株式会社ビジネス社

愛読者係 行

ご住所 〒 TEL:　　(　　)　　FAX:　　(　　)		
フリガナ お名前	年齢	性別 男・女
ご職業	メールアドレスまたはFAX メールまたはFAXによる新刊案内をご希望の方は、ご記入下さい。	
お買い上げ日・書店名 年　月　日　市区 町村　書店		

れ替えてしまったのです。アメリカ合衆国の州政府のようにと言いますか、それぞれの地方が自分たちだけでやっていくようになりました。地方の商人にとっても地元の人の方がいいですし、宗族、一族が結集しましたが、実はここから分裂が始まっていきます。

中華民国の政府は、一応、広東軍政府が代表していました。しかし、広東軍は広東省のことしか知りません。よその省のことにはまったく手が出ません。つまり、中華民国は本来、国と呼べるようなものではなかったのです。

清朝が二百六十年もの間、あんなに広い地域を統治できたのは、先ほど話したように、満洲人、つまり旗人を、南京などの大事な町に満城をつくって赴任させ、巡撫《じゅんぶ》と総督《そうとく》を別々に派遣し、公務員たちが行き来しながら、地方の情報を文書でやりとりするというシステムがあったからです。それを各省で分けてしまえば、よその省はもう外国と同じです。

しかし日本人は名前に騙《だま》されて、「中華民国」といえば、いかにもしっかりとした国家だと思ってしまうのです。その中華民国のなかで一番の実力者は、李鴻章《りこうしょう》から軍を引き継いだ袁世凱《えんせいがい》でした。李鴻章の時代から、日本や他の外国からもお雇い外国人を入れて近代化をはかっていたので、軍の近代化が進んでいました。袁世凱は中華民国のなかで一番近代化した軍隊を持っていたのです。

日清戦争を戦ったのが李鴻章の北洋軍ですし、袁世凱は外国との戦争経験もあります。沿海にいる金持ちから資金を出させて、北洋軍は、武器製造所や軍服をつくる工場なども自前で持っていました。それから二十数年後の支那事変では、中国でありとあらゆるタイプの武器が使われて、さながら兵器の実験場だったと言われています。ソ連、アメリカ、イギリス、日本、ドイツ、チェコ、ハンガリー製などの、新旧の武器が使われました。

それはともかくとして、中華民国が成立したとき、もっとも訓練された兵隊を持っていたのが北洋軍で、それを率いる袁世凱は最大の実力者でした。

†袁世凱という人物の実像

袁世凱の権力の源泉は、清朝から全権大臣に任命されたことにあります。つまり、袁世凱は清を継承しているといえるのです。中華民国が成立するときの孫文とのネゴシエーションの結果、彼が臨時大総統になったといっても、藩部のチベットやモンゴル、新疆では、そんなことはわかりません。彼は新疆、モンゴル、チベットに対しては、中華民国ができてからも清朝を背負っていました。「私は清の皇帝（あるいは摂政）から任命されている全権で、清の家来のなかで一番の者です」と言えば、藩部には通用したのです。

辺境の地では清朝がなくなったという実感はありません。皇帝が紫禁城で暮らしていて、しかも中華民国となってからも清朝皇帝からの勅書が出ています。モンゴルや満洲の王公が世代交代をして世襲を願い出たときにも、皇帝の印璽が押された書類を出しているのです。

袁世凱は南方の革命派以外の清朝の領域に対しては清朝を背負っていたので、清朝皇帝をきちんと遇しているように見せないと、みんなが離反することはわかっていました。そのため、袁世凱は生きている間、宮城に入るときはいつも、皇帝（廃帝と呼びますが）と摂政に対しては臣下としての礼を尽くしました。

革命軍に対しては孫文から臨時大総統の位を譲り受けたと言い、それ以外の清のほとんどの地域に対しては清朝を背負ったのです。したがって、袁世凱が優待条件をつけて皇帝を紫禁城にそのまま居させたのは、何も満洲人に甘かったからではなく、自分のために清をつぶさないようにしたのです。

袁世凱は首都に一番近いところにいた最大軍閥の長であり、彼に対抗できるほど求心力を持つ軍閥はいませんでした。革命を起こした新式軍隊の長官たちはなかなか一つにまとまらず、他の軍閥も、地方の金持ちから頂戴する資金で私兵を養っている状態です。袁世凱の死後、後釜を狙って閻錫山《えんしやくざん》のような力のある軍閥が出てきますが、それまでは袁世凱がひときわ強い力を持っていました。

その袁世凱が死んでしまったあとは、外国から見ると、中華民国は一体誰と交渉していいのかわからないような状態になります。袁世凱も漢民族ですが、漢民族というのはいろんな国から二重取り、三重取りを平気でします。自分たちが忠誠を誓う相手もいなくなって、まともな国際感覚もないので、どこでもいい、援助してくれるところからはいくらでももらうというやり方でした。

北京にいた清朝の大臣や家来は、まだ清朝が続いている振りをしていましたし、人間関係も変わらずに続いていますが、とくに満洲では、清朝の軍人と施政がそのまま残されていました。満洲には南の方で起こった革命に賛同するような人もいませんし、辛亥革命後も、八旗兵出身の満洲の軍人や将軍が、当たり前のように秩序維持にあたっていました。

満洲は日露戦争前は三人の満洲人将軍が治める軍政が敷かれていました。日露戦争直後の一九〇七年に初めて内地なみの省が置かれ、巡撫と総督が派遣されるのですが、巡撫や総督に任命されたのも、漢人の旗人などでした。まだ張作霖などが台頭する前で、辛亥革命後も清朝時代の将軍が相変わらず力を持っていました。満洲のこういった状態は袁世凱が亡くなるまで続きます。

袁世凱が中華民国の結節点の役割を担っていたと考えるとわかりやすいと思います。一九一二年に清朝が大動乱にならなかったのは、言ってみれば袁世凱がソフトランディングを心がけたからだ、と私は考えています。

中華民国ができても、袁世凱によって清朝の統治構造はまだ残されていましたが、各省は独立の方向を望んでいました。そこで宋教仁《そうきょうじん》という国民党の党首が地方分権を進める憲法法案を作成しました。彼はアメリカのような道州制が中華民国の実情に合っていると考えたのです。しかし、宋教仁は地方分権を嫌った袁世凱によって暗殺されてしまいます。

袁世凱は、もし地方がバラバラになれば、五胡十六国ではないですが、それぞれが外国に取られて中華民国はなくなると予想していました（孫文も同様に地方分権には反対だったので、袁世凱を臨時大総統にすることで交渉がまとまったのです）。

その後、袁世凱は自分が皇帝になると言い出しました。その理由は、漢人にとっては王朝がないと治まらないと思ったからです。家来筋で一番の実力者になったのであるから、今度は袁世凱王朝として新しい王朝の皇帝になろうとしたのです。中華民国が地方分権であまりにもばらばらになっていって、これでは将来危ないと思ったのでしょう。後の毛沢東と同じです。

しかし、清朝復辟《ふくへき》（復興）の運動もあるなかで、自分で清朝を崩壊させた当人が、その後、皇帝になるなど、誰にとってもけしからんことでした。満洲人はもちろん袁世凱を皇帝にすることには反対ですが、とりわけ、袁世凱の子分たちが猛反対しました。なぜなら、袁王朝ができてしまえば、次の皇帝にはその一族しかなれないので、自分たちの一族は、未来永劫日の目を見ることはありません。

そういうわけで、袁世凱は皇帝宣言をしましたが、周囲の者に反対され、すぐに皇帝を退きました。そして間もなく、失意のうちに死去します。

袁世凱の皇帝即位に関して、日本が大反対したと言われますが、それは正確ではありません。国際的に同意を得られなかった袁世凱に対して、日本も周りの様子を見ながら遅れて反対を主張しはじめたら、目立ってしまったというところでしょう。日本はいつも真面目にやっていますが、切り替えが下手で損をしているのです。

†孫文を支持していた日本人右翼は、漢人と満洲人の区別がついていたのか？

辛亥革命を起こした孫文は、貧しい客家の出身で中国国内に基盤がないため、いろいろなスポンサーを海外で見つけるのですが、イギリスだけは中国の国内事情に詳しかったからか、孫文を支援しませんでした。イギリスでは孫文は指名手配され、ロンドンで清国公使館に拉致されたことがあります。

日本の外務省でも、石井菊次郎が目の黒いうちは孫文を相手にしなかったのですが、民間が彼を支援しました。孫文は「滅満興漢《めつまんこうかん》」と言ってみたり「扶清滅洋《ふしんめつよう》」と言ってみたりで、それこそ言いたい放題だったのですが、日本の右翼と称するアジア主義者たちが孫文を高く評価しました。

ここで言う右翼とは、孫文を支援した頭山満《とうやまみつる》や内田良平《うちだりょうへい》などのアジア主義者たちのことです。彼らには漢人と満洲人の区別がついていなかったと思います。辛亥革命の後は、満洲人は出自を隠すようになりました。清朝は中華帝国だというし、一体誰が満洲人であるかは日本人にはわからなかったでしょう。漢人にしても地方ごとに話し言葉が違って、なかではバラバラに分裂しているのです。そのうちの一つが満洲人だと、皆、思っていたのです。

満洲人自身が、日本人に対しては満洲語を使わずに、漢字を使いますし、今、普通話（プートンホワ）と言われる中国の標準語は、そもそも北京の内城で満洲人が使っていた話し言葉が基礎になっているのですから、日本人から見れば、満洲人も漢人です。

愛新覚羅《あいしんかくら》という姓を聞いたときに、初めて「ああ、満洲皇族か」と思うくらいで、その愛新覚羅ですら「変わった漢字が並んでいるなあ」くらいの認識です。漢字を使い、見た目も漢人と同じでは、満洲人は漢人だと思ってしまうでしょう。

というのも、中華民国時代に満洲人は非常に厳しい立場に立たされ、地方では虐殺などもあり、満洲人であることを隠すしかなかったのです。清朝時代の支配階級だった満洲人は、復讐の矢面に立たされました。満洲旗人は支配階級だったという理由でひどい目にあい、国家から俸給をもらっていた満洲人たちは、貴族階級から平民になりました。満洲人はとにかく生き延びることに一所懸命という状態でした。

満洲人自身が出自を隠したので、自分たちのアイデンティティは何かと言われたときに、わからなくなりました。モンゴルやチベットやウイグルは、清朝がなくなっても土地がそのままあり、同族で暮らしていたので、文字も言葉も全部独自にあり、まとまっていました。モンゴル・ナショナリズムやチベット・ナショナリズムというものが生まれる可能性はありましたが、満洲人は漢人に溶け込んでしまっていて、そういった可能性すらなかったのです。

辛亥革命後、日本人が満洲人を持ち上げようにも、満洲人自体が民族浄化されて、いないに等しい状態でした。満洲民族の勢力が消えていたということは、日本史でも中国史でも今まで語られなかったことです。漢民族による満洲民族の虐殺は、まだほとんど研究がされていません。

†清朝崩壊後の溥儀

清朝が崩壊し中華民国ができた一九一二年以後も、溥儀は紫禁城でそれまでと変わりない暮らしを送りました。それは一九二四年に馮《ふう》玉祥《ぎょくしょう》のクーデターで追い出されるまで十二年間も続きました。

袁世凱は臣下としてきちんと対応してくれますし、子供の溥儀は清朝が滅びたなどと思っていません。ロシア革命で皇帝一族が皆殺しにされたのとはまったく違います。革命といっても徐々に崩れていったのが辛亥革命の特徴です。先程も言いましたが、「革命」という言葉自体が不適切なのです。袁世凱は一生、溥儀に紫禁城で暮らしてよいと約束し、満洲人の地位や財産も守ると保証しました。その条件を受けて、溥儀は清朝を廃して中華民国とすることを認めたので、「禅譲《ぜんじょう》」というのが正しいでしょう。しかも、中華民国となっても、革命派以外にとっては清朝は実質的に続いていました。

そして一九一六年に袁世凱が亡くなってもしばらくは、袁世凱の後釜を狙う者たちが清朝の枠組みを維持していた方が都合がいいと考えていました。そのため、ふたたび皇帝を担ぎだして復辟させることを狙ったのです。

一九一七年七月、ちょうどソ連の革命の始まる前に、安徽《あんき》督軍《とくぐん》の張勲《ちょうくん》が、溥儀を担いでもう一度皇帝にしました。やはり国の分裂を防ぐ方法が他にないと考えたからです。しかし十二日間でその目論見も潰えましたが、また溥儀はズルズルと紫禁城に住み続けます。

袁世凱の死後、有力な軍閥としてのし上がってきた馮玉祥が、一九二四年に袁世凱の約束など知らんと、溥儀たちの権利を剥奪《はくだつ》して、満洲人たちを紫禁城から追い出しました。一九二八年には、南からやってきた国民党軍の無法者の軍人たちが、乾隆帝や西太后の墓を暴き、荘園を掠奪放火するなどやりたい放題で、溥儀はどんどん追い込まれて行きました。そのとき、溥儀を匿《かくま》ったのは日本人でした。

馮玉祥に袁世凱の約束を反故にされた溥儀は、初め日本の公使館に逃げて、それから日本の天津租界に匿われ、財産を切り売りして糧を得る生活が始まりました。

そのあたりのことを、みんな口を拭《ぬぐ》って言いませんが、渡部昇一さんが監修した祥伝社版の『紫禁城の黄昏《たそがれ》』には書かれています。その前から出ていた岩波書店版では削除されていた部分もすべて入っています。

逃げ出した後の溥儀は、満洲大臣と漢人大臣の不和の調整もできず、統治能力の無さを露呈していました。溥儀があまりに頼りなかったため、満洲事変後に溥儀を担ぐときも賛否両論で二分されたほどです。溥儀からすれば三歳で皇帝となるも、六歳で廃帝、紫禁城を追われたときもまだ十代でした。帝王教育を何も受けていないのですから、やむを得ない面もあります。それまで一度も政治に参画したことがありませんでしたが、それでも自分がもう一度、皇帝に就くことを夢見て満洲へ向かったのです。

この当時の諸外国ですが、日本は大正政変、ヨーロッパはバルカン戦争と、それぞれ問題を抱えていました。日露戦争後、日本とロシアは蜜月状態で満洲の権益を分けあいました。そしてドイツが日英同盟と露仏同盟の両方に喧嘩を売ったため、日英仏露の四国協商ができ、日本は何も考えなくても生きていかれる時代になりました。日露戦争が終わった直後は、日本はロシアの復讐を恐れていたのですが、一九〇七年に四国協商ができてタガが外れてしまったのです。

日露戦争に勝利したせいで、日本人が堕落したというのは確かでしょう。戦勝国の国民だからと、虎の威を借るつまらない人間も、大陸に行って威張るようになりました。日露戦争に限りませんが、順境というのは、歯止めが効かなくなるという意味で、凡人にとっては要注意なのです。今の資本主義も、対抗するソ連がなくなったせいで、歯止めがなくなり、リーマンショックになったのだと、私は思います。

†中国利権にむらがった列強

次の表は、列強の対中国貿易の変遷です。清朝時代の一八八二年から辛亥革命を経て支那事変へと突入する時期のものです。

まずイギリスが一八八二年から一九〇〇年に向けて貿易額を大幅に下げているのがわかります。そしてイギリスとは対照的に、門戸開放をしきりに叫ぶアメリカが急激に伸びてきます。

対華貿易上における列強の割合

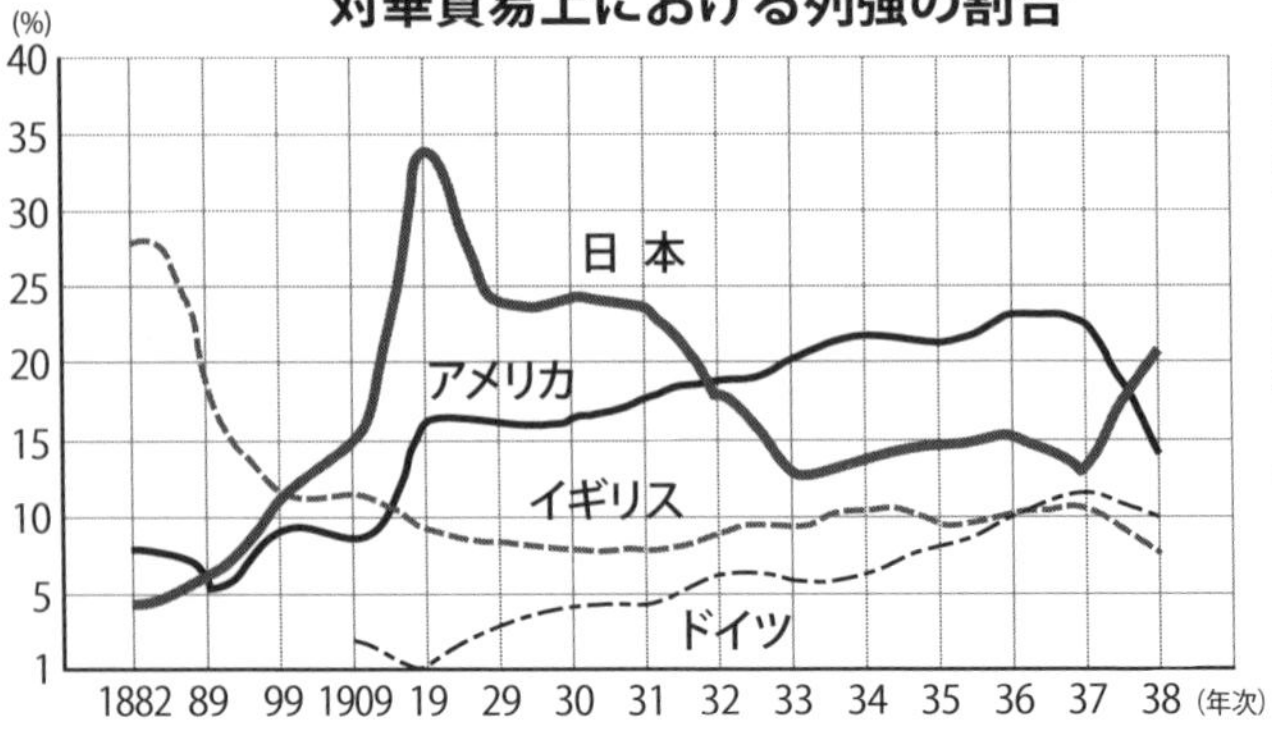

東亜研究所『列国対支投資と支那国際収支』（１９４４年）による。この数字は列国の植民地を含まず、本文の数字と異なる。

列強の利権獲得（20世紀初頭）

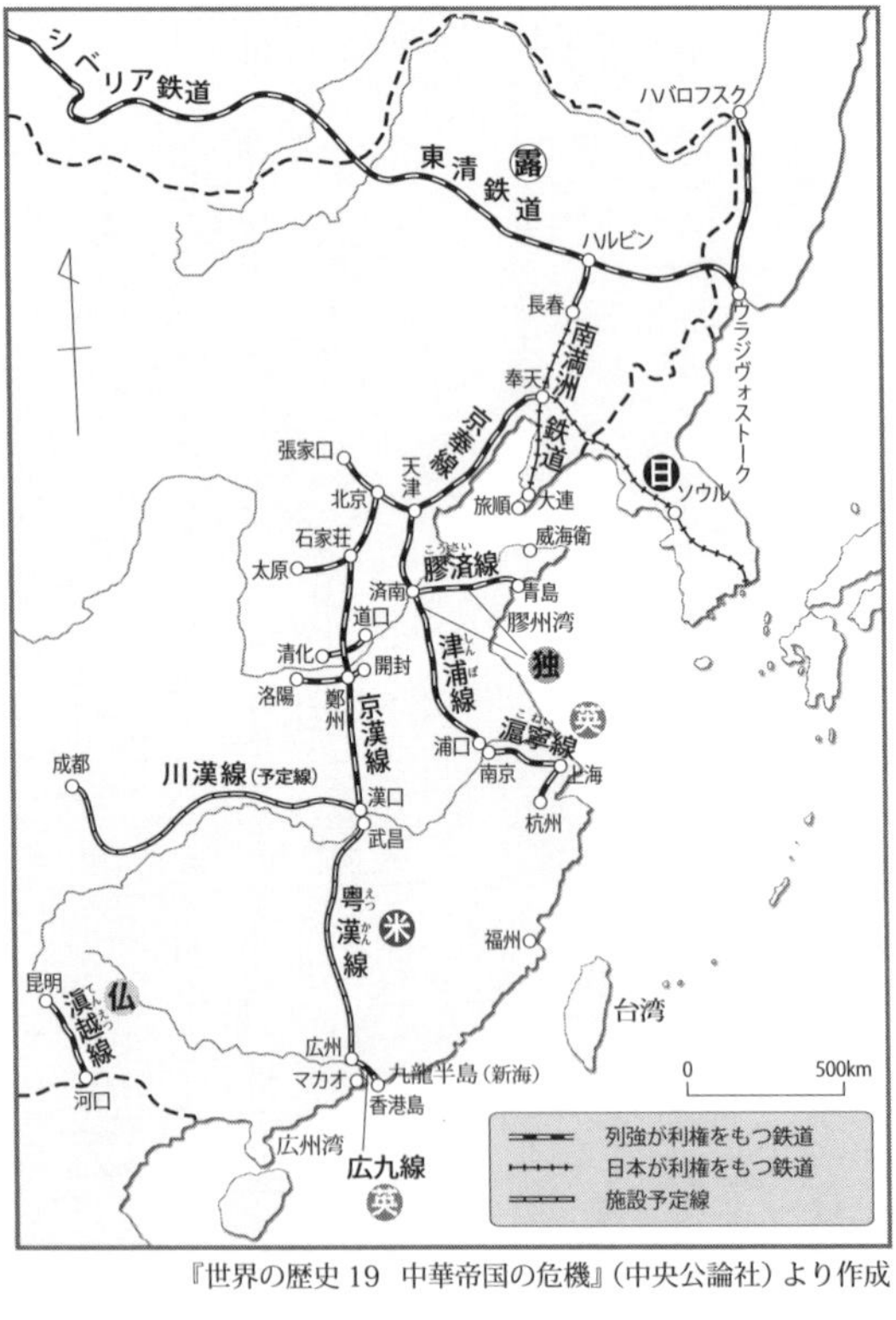

『世界の歴史 19　中華帝国の危機』（中央公論社）より作成

アメリカはハワイやフィリピンを獲得してアジアにまで進出し、世界中でイギリスの利権を奪いとろうと必死になっている時期で、イギリスとの関係は非常に悪化しています。それを象徴しているのが中国貿易です。

アメリカとイギリスの貿易額が逆転したのは、ちょうど第一次世界大戦が始まった一九一四年あたりです。主にヨーロッパが戦場となった第一次世界大戦でヨーロッパは疲弊し、アメリカが最大の利得者となったことがこの表からもうかがえます。日本は日露戦争（一九〇四〜一九〇五年）前からずっと上り調子で、辛亥革命（一九一一年）でさらに勢いを増し、五・四運動が起こった一九一九年に急落しています。

アメリカが一体中国に何を売りつけていたのかというのは、私はよく知りませんが、アメリカ・イギリス・フランス・ドイツなどの列強は、自国の利権のある沿海地方から内陸へ向けて鉄道を敷く競争をしていました。ロシアは自国領のシベリアから南下したわけですし、日本も朝鮮半島から満洲へ鉄道を敷きました。

†辛亥革命期

辛亥革命で独立を宣言した省は、初めは十四省でしたが、一九一二年正月中華民国建国宣言

辛亥革命で独立を宣言した14省

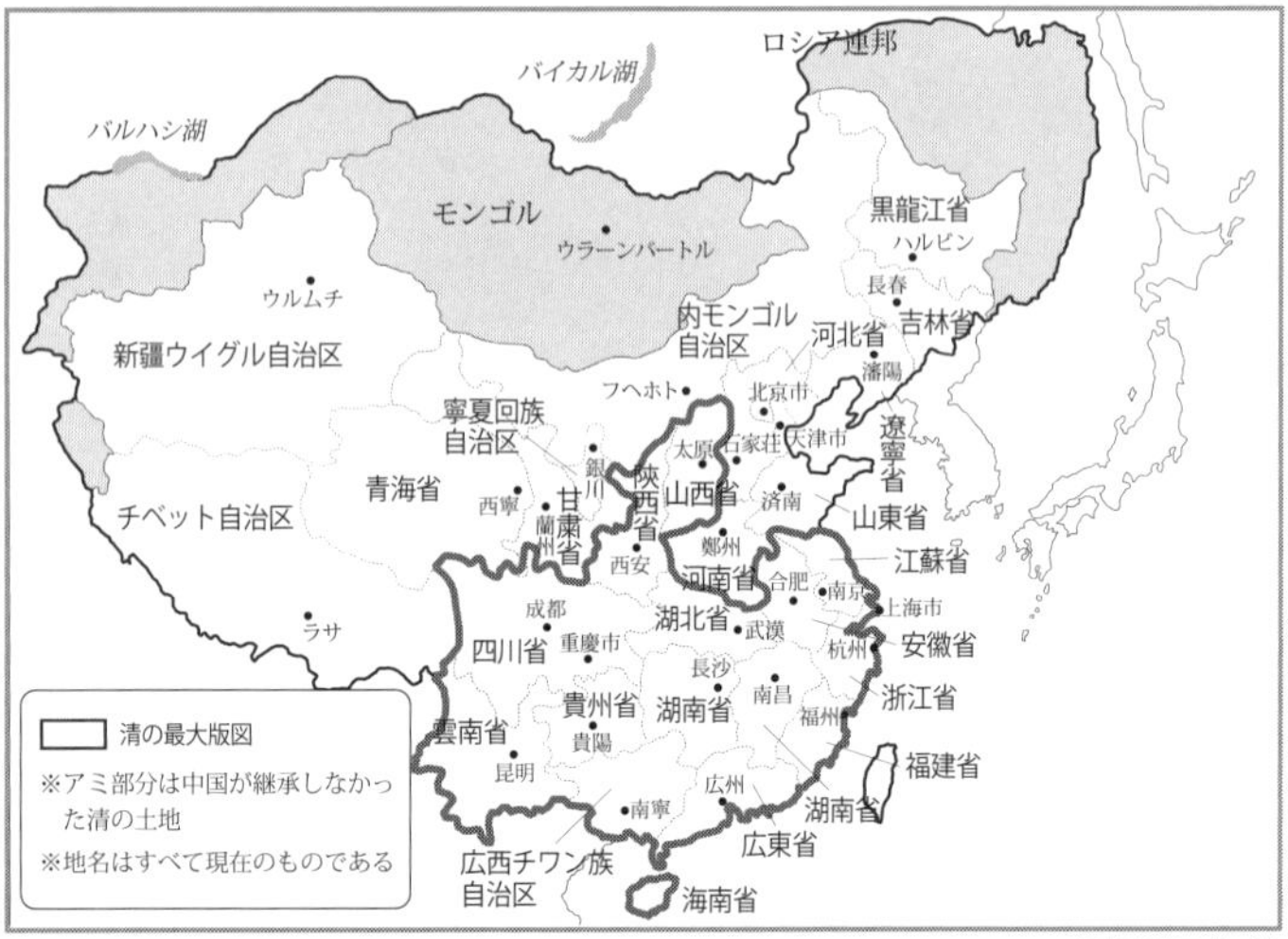

［宮脇淳子 作成］

元朝の行政地図（第2代テムル・ハーン時代を標準とする）

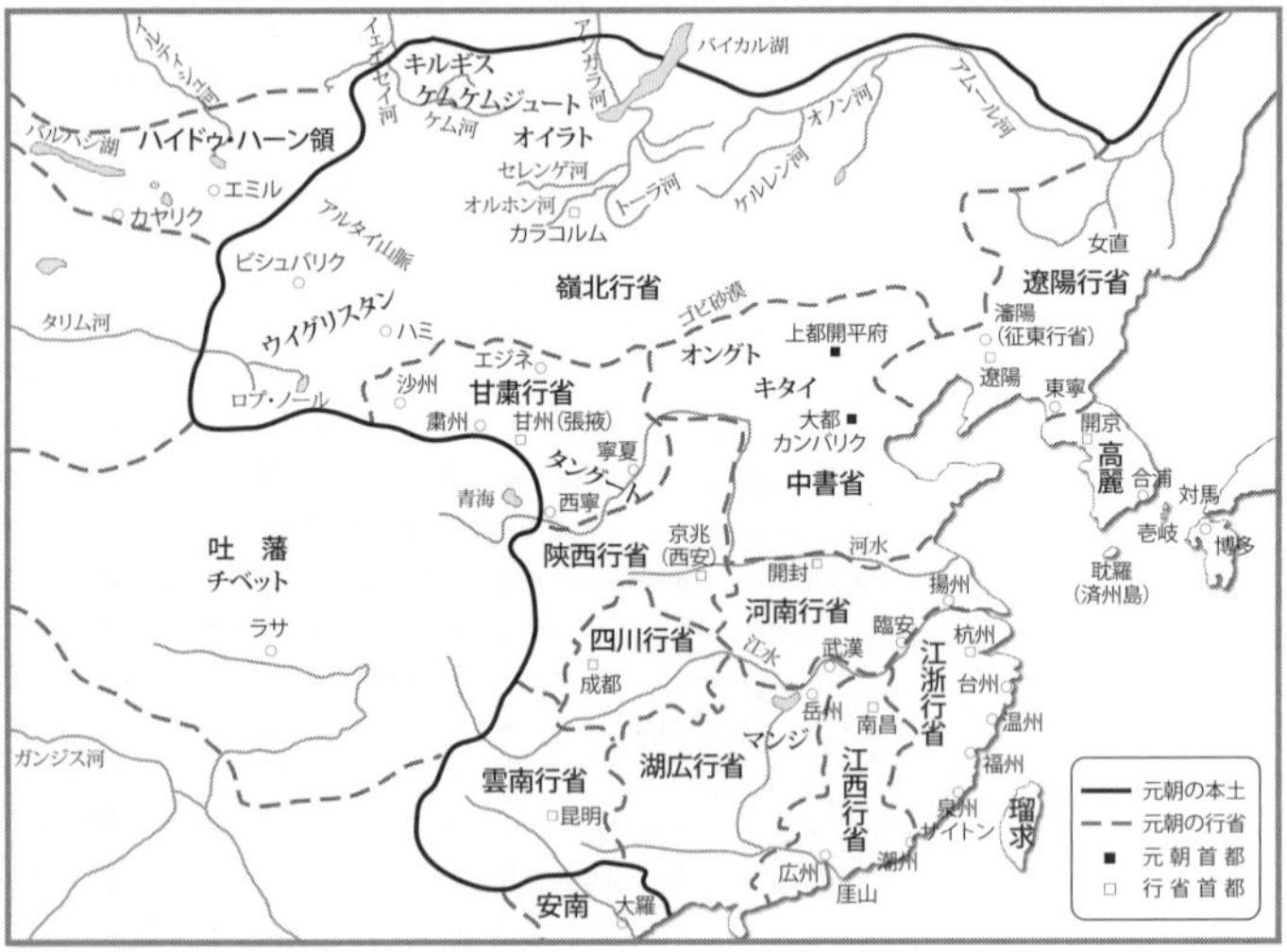

のときには十八省になっています。それでも、当時の清朝の領域の半分以下です。

この「省」という行政区域は、十三世紀にモンゴル人が統治した元朝時代に始まります。元朝は、今の北京に大都《だいと》という都を作りました。そこに置かれた中書省《ちゅうしょしょう》という最高機関は、原則として皇帝の直轄領を治める機関で、他の皇族たちの所領については、不在の領主に代わって税金を取り立て、あとで徴税の分け前を届けるという役目を果たしていました。大都の中書省は、ゴビ砂漠の南のモンゴル草原と、華北の山東・山西・河北を管轄していました。それ以外の地方には、中書省から出向した「行《こう》中書省」という役所を置いて、それぞれの地方の住民を管轄しました。これが略されて「行省《こうしょう》」となり、今の中国の省の起源となったのです。

それ以前の中国には、こんな広域の行政組織はありませんでした。一番大きい行政単位が県で、県知事が中央の皇帝から派遣されて町に住み、まわりの土地から税金を集めます。そのために、町自体も県と呼ばれました。日本の行政組織の「県」のような広域ではなく、中国の県は「県城」と言うように、城壁に囲まれた町のことなのです。

ですから、各地方にたくさんの県があって、それぞれネットワークではつながっていますが、行政単位としてはたいへん小さく分かれていたのです。

元朝を作ったモンゴル人が漢地の支配を始めたとき、モンゴル人はそういった小さな区切りを嫌って、もっと大きな範囲で区画をつくりました。それが今の四川や雲南といった中国の省の境界になり、それぞれに代官を赴任させて税金を取りました。この行政組織を明や清が引き継いだのです。

満洲国地図（277頁）のゴビ砂漠の南のモンゴルにあるチャハル省、綏遠省、寧夏省などは、中華民国になってから作られた省です。草原に近い土地の軍閥が農地開墾をするため、勝手に名前をつけて省としましたが、中華民国の実効支配は及んでいません。

†軍閥混乱期

『真実の中国史』にも書きましたが、軍閥の起源は、アヘン戦争の後、中国南方の沿海地方で起こった太平天国などの反乱を清朝の正規軍が押さえ切れず、現地に自衛のための軍ができたことにあります。このときできた淮《わい》軍や湘《しょう》軍が、李鴻章の北洋軍へとつながります。その土地土地の自警団が大きくなったものが軍閥となるので、満洲兵、モンゴル兵がいた場所には軍閥はありませんでした。

軍閥という呼び方をすると、何か統制されている軍のようで紛らわしいのですが、軍閥は日本人が付けた呼び方です。彼ら自身は「郷勇《きょうゆう》」とか「郷団《きょうだん》」と呼んでいます。地方の実力者である「郷紳《きょうしん》」が金を出してつくった自衛軍です。

のちに満洲を支配する張作霖は奉天出身なので、奉天派の軍閥と呼ばれます。それで、張作霖と組んだ人たちもすべて奉天派と呼びますが、これは奉天を中心とした満洲にいる軍閥を張作霖がまとめているということではありません。彼らは必ずしも奉天出身ではなく、あるいは奉天に住んでいるというわけでもなく、張作霖と人間関係でつながっているだけなので、南方に住んでいても構いません。日本人的な見方をすると、満洲各地にちらばった軍閥が一人ずつその土地を治めていると考えがちですが、そうではありません。ただし、奉天派が奉天からの税金で食っているというふうに考えることはできます。日本の政治家だって、出身地に関係なくても特定の土地を地盤として出馬するわけですから。

日本では、全国の津々浦々まで同じような文化が行き渡り、人がたくさん住んでいます。外国人が感心するのは、新幹線でどこまで行ってもずっと町が続いていることです。他の国ではそういう景色はあり得ません。町は途切れて森や荒野になり、またやがてポッポッと町が現れるのです。中国も町以外には何もなく、町と町のネットワークでできています。

その町の中に軍閥の兵隊が住んでいるわけではありません。町で商いをする商人たちの上がりで食っているだけで、日本のヤクザのシマをイメージすれば分かるかと思います。そのヤクザの親分同士がネットワークでつながっているという感じです。

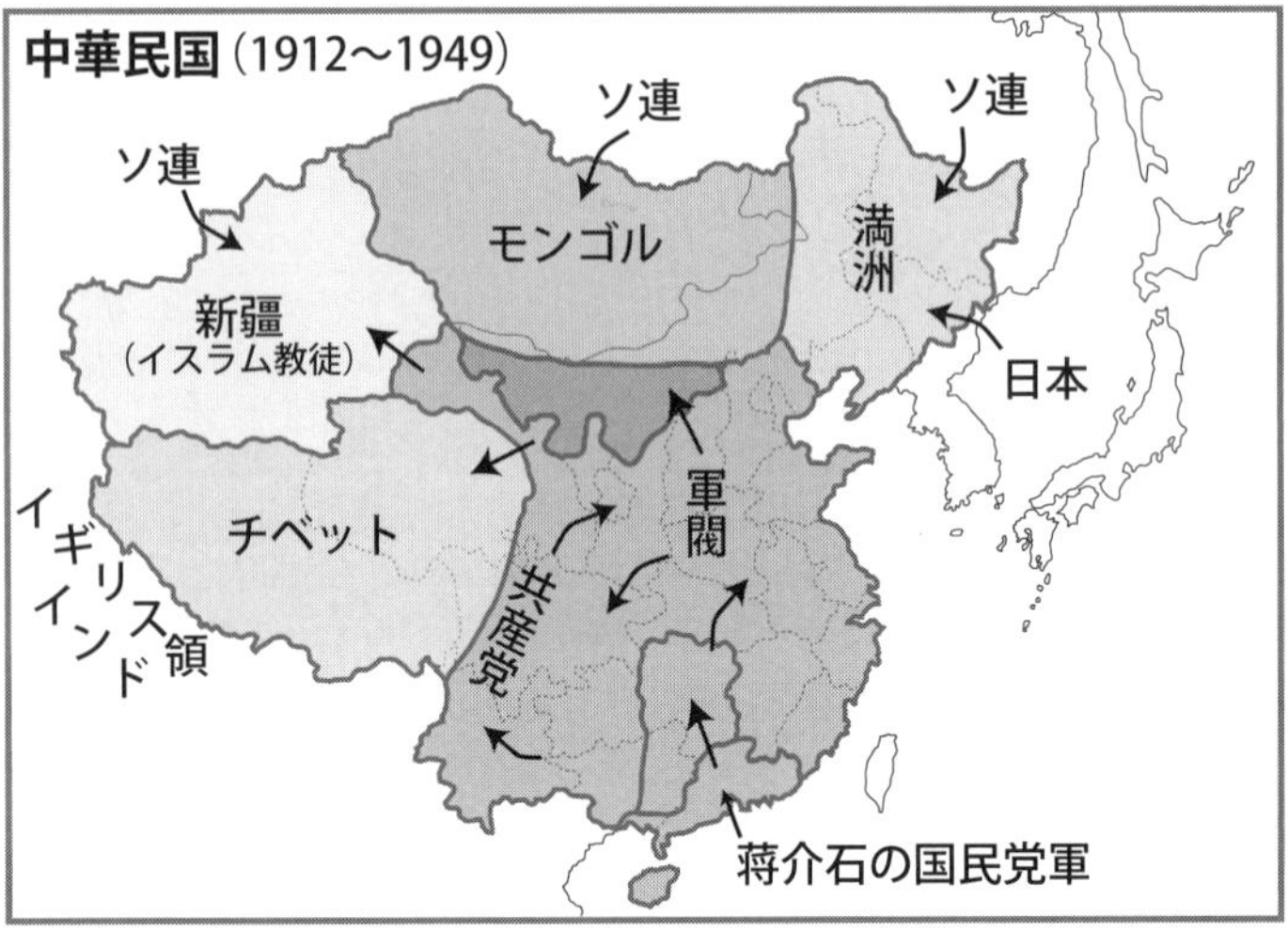

1920年代の中国

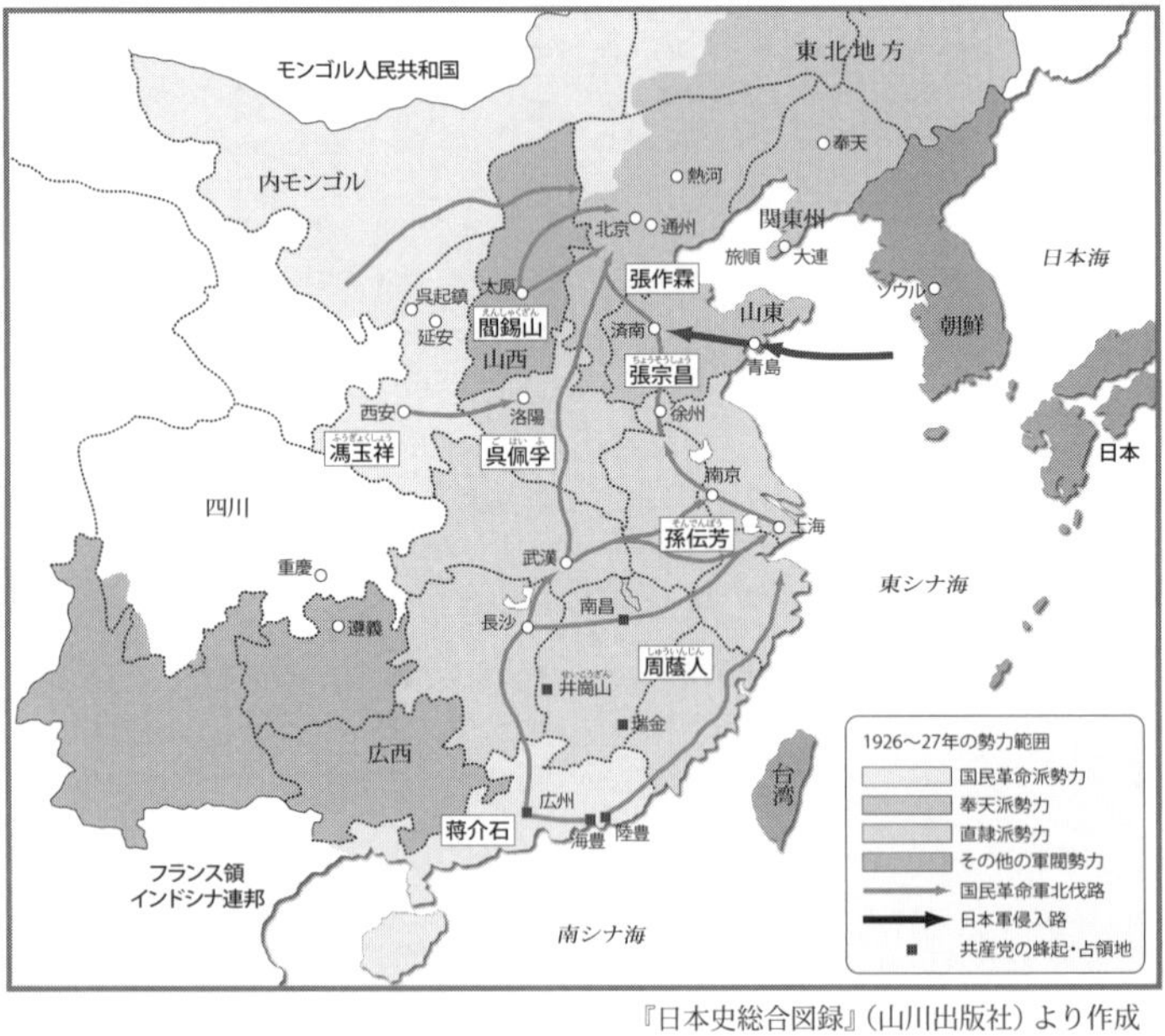

『日本史総合図録』（山川出版社）より作成

中国は、じつは今でも『水滸伝《すいこでん》』や『三国志』の世界を考えた方がわかりやすいのです。直隷《ちょくれい》軍閥や奉天軍閥といった地名が付いていますが、江戸時代の藩を治める大名などをイメージしてはいけません。それよりも山口組の方が実態に近いです。自分たちのシマから分け前を得るために、よそ者に対しては武器を持って排除してくれるのです。

青幇（チンパン）、紅幇（ホンパン）などもそういったネットワークの組織であり、大きく分けると青幇は海を、紅幇は陸を舞台としています。青幇はもともとアヘンなどを密輸していて、中華民国初期には上海を牛耳《ぎゅうじ》る犯罪組織になりました。紅幇は、洪《ホン》と言う姓を持つ人が多く、洪の音が紅と同じだから、こう呼ぶようになったと言われます。明の太祖・朱元璋《しゅげんしょう》＝洪武《こうぶ》帝《てい》からきているという説もあります。共産党の哥老会《かろうかい》も紅幇です。

共産党も国民党も手下はすべてが幇《パン》なのです。共産党はどちらかというと農村の幇で、国民党が都市の幇を手下としていました。都市の方がレストラン営業のみかじめ料などいろいろと取るものがあり、国民党の方が実入りはよかったのです。農村はどんなに頑張っても、大して収入はありません。国家が守ってくれずに、町と農村しかない中国では、このようにしか人間関係がつくれません。

†孫文も軍閥の一人

国民革命軍だって軍閥ですし、孫文だって、当時の中国人は軍閥の一人だとしか思っていませんでした。みんな同じに見えたのです。しかも、孫文は自分の軍隊を持っていませんから、軍閥でもないわけです。

だから、孫文は外国に向かって、俺は偉いんだとほらを吹くしかなかったんです。そうやって外国から金を持ってきたら、彼の下に入る人間も出てきますしね。日本人が金を出して、あと秘密結社のネットワークを使って、ハワイの華僑などから援助を受けました。彼らはアメリカ国籍を持っていますから、中国出身でも外国人です。

何度も言いますが、中華民国は、軍閥が全国に割拠していて、自分の軍隊は自分で養っていて、軍隊が移動していて、取れるところから税金取って、というわけですから、日本人が考えるような国家ではありません。

各省に派遣された都督《ととく》などという役人も、実体は軍閥そのものでした。都督府というのは、さきほど説明した県知事のもうちょっと大きいものですが、要するに、中央政府を支配した大軍閥が、地方の都督府に自分の子分を派遣して、みんな三つ巴、四つ巴で、ライバル関係になったんです。一つの町だけしか押さえられない軍閥とか、数千しか兵がいない流動的軍閥も多く、自分の軍隊を召し抱えてくれる大軍閥の招聘《しょうへい》を求めて、各地を流浪します。

昔から、干魃《かんばつ》などで食い詰めると、流賊が各地に起こりますが、人々はまだ賊のほうがましだと思いました。なぜなら、来年また食べ物を取りに来たいから、人は殺さないし、最低限の食糧は残すからです。中央から派遣された軍隊が来たら、掠奪がもっとひどかったという記録が残っています。どっちもどっちだというのが普通でした。

軍閥といっても、軍費調達のために誰とでも結びます。決して思想などに共鳴しているわけではありません。少数民族のチワン出身の陸栄廷《りくえいてい》という人もいました。軍閥割拠図という地図が歴史書に掲載されていることがありますが、彼らの根拠地は移動するし、境界もあてになりません。起こったり消えたりするので、人名もいろいろです。つまり、その地図が一体何年のことを言っているのか確かめないといけません。

ただ、昔と違ったのは、二十世紀になって、日本の陸軍士官学校卒の軍閥が登場したことです。そうすると、少しは近代的な気持があるわけです。自分たちの一族と故郷を守るために、ちょっとましな政治もしたいと思うわけです。言ってみれば、インテリヤクザです。一九四九年の中華人民共和国成立までは、そういう軍閥もいました。モンゴル人には嫌われていますが、閻錫山《えんしやくざん》などもその部類で、自分のところだけは独立王国にして、よそ者を入れないようにして、でもその中は近代化する、みたいなやり方です。

奉天派と直隷派が争った奉直《ほうちょく》戦争が有名ですが、ヤクザの抗争と考えた方がわかりやすい。奉直戦争なんて言ってあげるから、わからなくなるんです。中華民国は地方分権で、天下統一がまったくされていません。軍閥同士の権力闘争に、日本も巻き込まれたのです。

†清朝崩壊後のモンゴル・ムスリム・チベットの動き

清朝崩壊後のモンゴル、ムスリム、チベットは、中華民国の建国とは直接には関係がありません。清朝はこれらの土地を藩部と呼び、皇帝の直接統治ではなく、土地の実力者に政治をさせていましたので、彼らは漢人が作った中華民国には義理はないと考えました。しかし、中華民国側の中国人たちは、自分たちは清朝皇帝から位を禅譲されたのだから、清朝の領土に対する支配権も引き継いだと主張し、これからあと国際的に宣伝を強めていきます。

モンゴル人の反応は速かったです。なぜなら、満洲人と漢人に対する不満がすでに蓄積していたからです。少しさかのぼって説明しなくてはなりません。

一九〇〇年の北清事変で、十一カ国に莫大な賠償金を支払わなければならなくなった清朝は、それまでの藩部の土地を守る政策を一八〇度変換し、役に立たないモンゴル騎兵を切り捨て、モンゴル草原を漢人に開拓させて税金を取る政策に代えました。

日露戦争で日本が勝利し、満洲がロシアと日本の勢力圏に入ったあと、あわてて清が満洲に省を置くのは一九〇七年ですが、同じ頃からモンゴルにも駐留軍が増加されました。それまでのモンゴル人僧侶に対する優遇政策もなくなりました。

満洲だけでなく、ゴビ砂漠の南のモンゴル草原、今の内モンゴル諸部には漢人農民が一気に流入しました。清朝から封爵を得ていたモンゴル王公も、遊牧民からは税金を取れませんが、農民に土地を貸したら穀物でも税が取れるので、本来はみんなの土地であったのに、勝手に貸してしまったのです。

今のモンゴル国には、ゴビ砂漠を渡るのは容易でないため、漢人農民はそれほど流入しませんでしたが、南のモンゴルの事情が知れ渡り、清朝政権の実権が漢人官僚の手に握られたことを知ったモンゴルの支配層は、赴任してきた満洲大臣に抗議をし、フレー（今のウラーンバートル）では仏教僧侶と漢人商人の争いが起こりました。

一九一一年七月フレーで仏教の法会があった際に、集まったモンゴルの領主たちと僧侶たちは、ロシアに援助を要請することを決めました。ちょうどそのとき、中国で辛亥革命が起こったのです。

北モンゴルの支配層は、一九一一年十二月一日に清朝からの独立を宣言しました。十二月二十九日に、チベット仏教の高僧が元首に推戴《すいたい》されました。これを中国では、自分たちの傘下に入らなかったモンゴル、という意味で「外蒙古《がいもうこ》」と呼びます。

北モンゴルは、ロシアがあと押しをして中華民国との駆け引きになりましたが、ロシアは実を取って名を捨てることにしました。つまり、中華民国の領土として、その主権は認めるけれども、北のモンゴル（外モンゴル）から中国の軍隊を引き揚げさせたのです。ロシアは、北を自分たちの勢力圏に留めながらも、自分たちも軍隊は引き揚げて、北のモンゴルは自治となりました。このとき、今の内モンゴルも一緒に独立を求めたのですが、漢地にあまりに近くて軍閥の勢力が延びて来ていたので、内モンゴルは放棄されました。

第1章で言ったように、日露協約で、北京を通る線の東は日本の勢力圏、と決めたことも、ロシアがすでに自らの商業圏だった北モンゴルだけに援助を限った理由の一つです。

中央アジアの新疆は、清朝末期の一八八五年に内地なみの省が置かれましたが、やってきた漢人官僚は、この地で金を儲けて帰ろうと考える人ばかりでした。天津商人や山西商人も来ましたが、ロシアや英領インドとの交易は、現地のイスラム商人の手中にありました。

辛亥革命が起こると、雲南出身の科挙官僚で新疆省長をしていた楊増新《ようぞうしん》は、現地に独立王国を作ろうとしました。一九二八年に彼はクーデターで殺されて、同じく漢人の金樹仁《きんじゅじん》が省長になります。一九三三年カシュガルに、現地のトルコ系ムスリムによる「東トルキスタン共和国」

が樹立されましたが、たちまち回族の軍閥馬仲英《ばちゅうえい》に滅ぼされます。一九三四年にソ連の援助によって馬仲英を敗走させた盛世才《せいせいさい》が、新疆の全権を掌握しました。

それまで、新疆南部のオアシスに住むムスリム（イスラム教徒）には、固有の民族名称はありませんでした。自分たちの間では「カシュガルリク（カシュガル人）」「ホータンリク（ホータン人）」などと呼び合い、清朝からは「回回（ホエホエ）」と呼ばれていました。盛世才が、一九二一年ソ連のアルマアタ会議で決定された「ウイグル」という民族名称を「維吾爾」という漢字表記で取り入れたのです。

一九四四年、盛世才が国民党から解任されて重慶《じゅうけい》に去ると、今度は北部のイリ・カザフ地方で再び「東トルキスタン共和国」が成立しました。ソ連の影響が小さくなかったこの共和国は、一九四九年、スターリンと毛沢東の合意で、中国領に取り込まれてしまったのです。この話はまた別の機会にしましょう。

チベットの話は新疆よりもさらに込み入っています。中央アジアの取り合いをしていたイギリスとロシアのグレート・ゲームの一部だったからです。チベットは、インド方面からイギリスに狙われ、新疆方面からロシアに狙われていました。チベット内部も、ダライ・ラマ派とパンチェン・ラマ派に分裂し、摂政たちの権力争いもありました。

一九〇四年、イギリスのヤングハズバンド軍がチベットに攻め込んだため、ダライ・ラマ十三世は北のモンゴルへ逃げ、〇八年には北京に至りました。イギリスと清朝はチベットを抜きにして条約を結び、東チベットには清軍が攻め込んで直轄地とし、漢人の入植を進めました。これが今の四川省西部です。

辛亥革命が起こったとき、ダライ・ラマ十三世はインドに逃げこんでいました。清朝が崩壊したことを知ったダライ・ラマ十三世は、一九一三年一月にチベットに戻ると、北モンゴルと条約を締結して互いに独立を確かめ合い、二月に独立宣言を出しました。しかし、中国もイギリスも承認せず、国際的に独立を認められることなく、今日に至っています。

このように反応したモンゴル、新疆、チベットに対して、各地に散らばって暮らしていた満洲人は一つになることはできず、故郷の満洲はすでにロシアと日本の勢力下にありました。

†二十一カ条要求

一九一四年、第一次世界大戦が勃発します。その翌年、日本は対華二十一カ条の要求を出しました。『真実の中国史』にその内容を詳しく書きましたが、これは十四カ条プラス希望条項七なのです。本当の十四カ条の方は、だいたいが日露戦争の後、日本と清が決めた内容を、国が変わった中華民国に承認させるものです。前の国家を継承しているならば、条約も継承すべきだからです。「まともに国際法を守らないようならば、主権国家として認められない」ということです。

こんなものを突きつけられたこと自体が、国際社会からお付き合いできませんという意味なのです。もし袁世凱が二十一カ条のうち、十四カ条を承認しなければ、満洲が中華民国ではないことを認めたことになります。

これに対して、満洲人の反応はありません。満洲人の虐殺が行なわれているので、怖くて黙っているばかりでした。

ただし、日本政府の要求のなかには、山東半島にあったドイツの権益も含まれていました。日本は第一次世界大戦に参戦してドイツを破ったので、ドイツの権益を引き継いだのです。ところが、中華民国は最後の最後に第一次世界大戦に参戦しただけなのに、自分も戦勝国なのだから、山東半島の権益は渡せないとごねたのです。

袁世凱は日本が求めた秘密条項をばらして、国際世論に訴えました。しかし、イギリスやフランスは、当事者同士で話をつけてくれと言って中国の訴えをしりぞけました。結局、袁世凱は日本の要求を認める代わりに借款を受け、日本からの賄賂を元手に皇帝にまでなりました。

†シベリア出兵

一九一五年、第一次世界大戦が勃発したとき、チェコスロヴァキア兵はオーストリア軍に編入されて、東部戦線のロシア軍と対峙していました。ところが、オーストリアからの独立を願うチェコ兵士がロシアに投降し、連合国側に立ってドイツと闘うチェコスロヴァキア兵がたくさん出ました。その数は五万人ともいわれます。

ところがロシア革命が一九一七年に起こり、ソビエト政府は一九一八年三月、ドイツと単独講和を結び、連合国の戦線から離脱してしまいます。それで、ロシア側で戦っていたチェコ兵は、シベリア鉄道で太平洋まで出て、海を渡って西部戦線の連合国側に移動することになりました。五万のチェコ軍団が移動中のシベリア鉄道で、ロシアの捕虜となっていたドイツとオーストリアの兵とすれ違った際、小競り合いを起こし、ソビエトと全面衝突に至りました。

チェコ軍はコサック騎兵隊長セミョーノフと合流して、西部シベリアに反ソヴィエト政権を樹立し、これを支援するイギリスとフランスは、アメリカと日本にも軍隊を出すことを求めました。日本にとっては、それまで協調していたロシア政府が打ち倒されたので、革命軍は敵であることは間違いありません。しかしながら日本国内の不況もあり、積極的に出兵する意思は希薄でした。それでも、アメリカの出兵に応じて日本も出兵を決めました。衆議院第一党である政友会の原敬《はらたかし》が、アメリカに追従しなければ駄目だという信念の持ち主だったからです。今の政治とそっくりです。

日本政府はアメリカ政府の提議に応じ、日本軍は一九一八年八月、まず最初に小倉第十二師団の先遣隊《せんけんたい》が沿海州のウラジヴォストーク経由でシベリアに入りました。その後、関東都督府指揮下の在満部隊が、増援部隊として満洲里から北に入っています。

日本軍は初め一万二千人を派遣したのですが、増員して結局七万二千人になりました。アメリカ七千九百五十人、イギリス千五百人、カナダ四千百九十二人、イタリア千四百人に比べて圧倒的に多かったのです。日本兵は、東は沿海州から西はバイカル湖を越えたザバイカリエのイルクーツクやチタまで、延べ人数で言うと二十二万人も行きました。

一九一九年に西シベリアの反ソヴィエト政権が没落すると、ロシア革命に対する連合干渉は失敗に終わり、一九二〇年一月にはアメリカがシベリア撤兵を宣言し、英仏もこれにならいました。日本軍だけが、一九二二年十月までシベリアに留まっていました。

沿海州では、アメリカと日本は革命に追われた人を助ける援助合戦を繰り広げました。アメリカはキリスト教会が全世界に訴えて援助を行ない、日本も医薬品を携えた医者を送り込みました。日本の歴史家は誰も取り上げませんが、日本がシベリアに出兵した四年と三カ月の間、シベリアに飢餓が生じなかったのは、シベリア出兵唯一の貢献です。

一九一九年から一九二五年までの間に、ウクライナなどソビエトの西側では、一千万人以上が餓死しています。シベリアでは、食糧に関してはボルシェビキとも協調して円滑に流通させ、治安も悪くありませんでした。結果として、反革命派の白系ロシア人たちの脱出にも大いに貢献しました。帝政ロシア軍の将校で白軍に加わった者の六〇パーセントはシベリアを経由して脱出しています。満洲にも貴族や白系ロシア人の難民がたくさん入ってきました。

反革命ロシア人のほとんどは、治安の悪いヨーロッパではなく、シベリア・アジア経由で日本やアメリカなどへ渡りました。一九一八年に日本に来た亡命者の数は、日本の外事警察の記録によると、七千二百五十一人となっています。野球のスタルヒンや大相撲の大鵬《たいほう》のお父さん（ウクライナ人で、日本人を妻にした）、高級チョコレートで有名なモロゾフなど、日本に逃げてきて、そのまま安全な日本に住んだ人も多いのです。

日本まで来なくても、ハルビンまで逃げられれば、鉄道もありますし、ひとまず安心でした。満洲国を建てたときにハルビンに白系ロシア人やユダヤ人がたくさんいたのは、ロシア革命から逃げてきた人たちです。

戦後、日本が積極的にシベリアに出兵して利権を得ようとしたという論調がありますが、日本にそれ程の積極性があったならば、もう少しうまくやっていたでしょう。日本が最後までシベリアから引き上げなかったのは、目的もはっきりせずに出兵したので、帰るにしてもなにか成果を挙げずには帰りにくかったからです。トップに誰も責任を持つものがいなかったために、ズルズルと駐留を続けたにすぎません。日本がシベリアを取るつもりだったならば、もっと上手な方法があったはずです。シベリア出兵は、今の国連軍がアフガニスタンに出兵した構図とそっくりだと思います。

†チンギス・ハーンは源義経!?

日本軍が行った南シベリアは、チンギス・ハーンの祖先が出た土地で、今はロシアのブリヤート共和国になっていますが、ブリヤート人はモンゴル人です。日本軍の保護を受けて現地調査をした小谷部全一郎《おやべぜんいちろう》が、日本軍がシベリアから引き揚げたあとの一九二四年に刊行した『成吉思汗《ジンギスカン》ハ源義経也《げんぎけいなり》』という本は、大ベストセラーになりました。

もともと「成吉思汗＝源義経説」は、伊藤博文の娘婿である末松謙澄《すえまつけんちょう》が、イギリスのケンブリッジ大学留学中にロンドンで英語で出版したのが始まりです。この英語版の日本語訳を読んで感動した小谷部は、まず日本国内で、源義経が至ったと思われる土地すべてを蝦夷地《えぞち》まで実地調査したあと、一九二〇年、日本軍が駐留していた大陸に渡りました。

小谷部は、ウラジヴォストーク、ニコリスクを経て、中国領のチチハルと墨爾根《メルゲン》付近のチンギス・ハーンの遺跡といわれている場所すべてを探訪し、それから大興安嶺を越えて満洲里《まんしゅうり》に行き、そこからロシア領のシベリアに入って、オノン河を経てチタに至り、アギンスキー・ダツァン（寺院）というチベット寺院まで調査しました。

彼はシベリアで見聞きしたことを読者に説明しながら、「日本人に顔がそっくりである」「大将はタイシャと言う」というような事実に基づき、成吉思汗は源義経であると結論づけました。そりゃあモンゴル人と日本人は顔が似ていますし、モンゴル語には母音が多く、語順も日本語と同じなので、日本語のように聞こえたのでしょう。とにかくこの本が、ジンギスカン＝義経伝説を広めたのです。

そもそも小谷部全一郎がこの本を書いたのは、もし源義経がモンゴル人になったのならば、シベリアあたりまで日本になってもいいのではないかという気持ちがあったからです。出兵した軍人たちのなかには、ロシアが南満洲の権益を認めてくれたように、この地に日本の勢力圏を広げられるかもしれないという思いがあったでしょう。清朝に続いてロシアまで国が崩壊し、日本人のなかには、大陸に雄飛しようという野望が盛り上がっていったのです。

しかし、この感覚は、大陸に行ってみた人間でないとわかりません。日本国内にいる政治家には理解できず、このあたりから、現地軍と中央の陸軍首脳の間にも溝ができていきます。

当時、モンゴル系ブリヤート人を母とするザバイカリエのコサックの頭目セミョーノフが、汎モンゴリズムを主唱しました。前述の、シベリアに反ソヴィエト政権を樹立したチェコ軍と組んだコサック騎兵隊長セミョーノフです。彼が日本の援助で大モンゴル国を建てることを計画し、現地の日本軍も実際に援助しました。現地の人たちからすると、日本人はお金持ちだし、自分たちを差別しないし、軍の規律もいいしで、ロシア人よりも好印象でした。

シベリア出兵の最中の一九一九年二月、チタで汎モンゴル国建設会議が開かれました。現地では、日本軍がたくさん来ているので、日本の政府は本気で援助してくれると思いました。会議は、将来首都はハイラルに置くこと、ベルサイユ講和会議に代表を送ることなどを議決し、日本から多額の援助と借款を取り付けることも約束しました。

しかしながら、北モンゴル（中国の言う「外蒙古」）の政府がこれに反対しました。北モンゴルは辛亥革命後に、帝政ロシアが中華民国から自治を承認させた地域でしたが、ロシア革命で帝政ロシアがなくなったため、改めてすべてのモンゴルを一つにしようというのが汎モンゴル運動でした。しかし、シベリアのモンゴル人を中心とすることに北モンゴル政府が反対し、日本からの援助も期待外れに終わったため、汎モンゴル運動は内部分裂を起こして、一九二〇年初頭に消滅しました。結局、モンゴル人自身が地方ごとに割拠し、まとまりきれなかったのが、モンゴルがソ連と中国とモンゴル国に分裂した原因です。

†シベリア出兵の功罪

日本がなぜシベリアに出兵したかに関する大変興味深い記事が、『初期シベリア出兵の研究』（井竿富雄著、九州大学出版会）という本にありますので、紹介します。

シベリア出兵は、ロシア革命後の混乱で生じたロシア国民の困窮を救う事業であるから、救世軍として、ロシア国民を助けに行こうと、後藤新平は言いました。彼は謀略などしない人で、大風呂敷ですがいつも大真面目です。「新シキ四海兄弟主義」に基づく「新シキ救世軍」としてシベリアへ行こうと後藤は演説しました。シベリア出兵はロシア国民救済のためで、ロシアの特定の政権を支持・敵視する発言は一切ありません。日本の国益も言いませんでした。

後藤のように、当時のシベリアに対する世界の気持ちというのは、こういうものだったのでしょう。一九一八年八月には臨時シベリア経済援助委員会ができました。

ところが、次第にそういった救済の目的が崩れていきます。寺内正毅《てらうちまさたけ》首相は陸軍の軍人ですが、陸軍だけで勝手に何かをできるわけではなく、政府との協力が必要だと認識していました。原敬が首相になると、日本がシベリアへ陸軍を出すのは、ロシア国民を助けることだけでなく、日本国家が国際的に行なう善行であるということになりました。

アメリカに対しては、自分たちの勢力が満洲にあるなかで、アメリカがシベリアにまで出兵してくるのは嫌だと思いながらも、直接文句を言うことはできないので、お互いに牽制しあいながら、一緒にシベリアに出ていきました。

シベリア出兵の理由が、先に述べた「チェコ軍救援」から「ロシア国民の救援」という大義を掲げることになり、チェコ軍救済に失敗したあとも、せっかく出兵しているのだから、ヨーロッパでまだ内乱があるうちに、汎モンゴリズムのシベリア独立政府を作ろう、ということになって、セミョーノフを支援しました。こうしてシベリア出兵の意義はだんだんズレていきました。

日本では、米騒動直前に小倉から出兵した第十二師団に対しては、子どもたちは日の丸や小旗を振り、老人たちは「ご苦労さまでござります、無事に帰ってください」と言いながら握手を求め、多くの人たちが兵士を見送りました。

ところが、福岡県はこの直後から米騒動が起こります。門司《もじ》市などでも軍隊が出動して、騒動の鎮圧が行なわれました。米騒動の後は兵士を見送る人々は減りましたが、それでも兵士は既定の方針通りにシベリアへ出ていきました。そして段々と妙な理屈が通るようになり、「満洲はシベリアと地理的に接していて、シベリアは資源の宝庫である。アメリカに取られる前に、日本軍よ頑張れ」などと、アメリカのシベリア政策に対する競争心を煽るようになりました。

シベリア出兵に関しては、日本国内でも大論争になっています。第一次世界大戦の最中、ロシア革命以前の一九一六年に徳富蘇峰《とくとみそほう》が出版した著書『大正の青年と帝国の前途』では、蘇峰が日本の現状に対する危機感を語っていますが、この出兵推進論が面白いのです。

「おもうに日本全国を見渡すに、我が周囲は世界的大戦争に従事し、生死岩頭の苦痛を満喫《まんきつ》しつつあるにかかわらず、我が国民のみは、さいわいに戦場の中心より遠ざかりつつあるために、あたかも国民的放心期、国民的甘睡《かんすい》期に入りつつあるものに似たり。彼らは実力乏しくて、うぬぼれのみ多く、勉強少なくして、欲心のみ旺盛《おうせい》なり。彼らは世界に第三者あるを打ち忘れ、ただ自分天狗《てんぐ》の独りよがりをほしいままにしつつあり、もしこのままにして経過せんや、世界大戦争の終結に至りて、その禍《か》を被《こうむ》る者は、この油断国民を以って、もっともとせざるべからず。吾人《ごじん》は、実に之《これ》を思い、之を思うて、憂憤《ゆうふん》にたえざるなり」（『初期シベリア出兵の研究』九九頁、私が現代的かなづかいに改めた個所があります）

つまり、世界中が第一次世界大戦で戦っているのに、日本人はほとんど戦争を体験せず、戦争景気だけに酔っている。したがって、日本国民は大戦終結後になって政治的経済的破綻がくる可能性がある、と言っているのです。第一次世界大戦の参加国としての日本の現状に対する危機感から、蘇峰はシベリアにぐらい出兵してロシアを助けろと言っています。

本当に今とそっくりだと思いませんか。日本人だけが甘えて自分の殻のなかに閉じこもって、損をしないことばかり考えるのはよくない。世界の一員としての役割を果たさないと、このままでは日本はだめになる、というのです。

日本軍が進退きわまった一九二一年に『読売新聞』に出た「西伯利《シベリア》出兵の総決算　軍閥功罪の批判」では、軍閥がこのようにあおったのが悪かったと批判されました。

「わが国は大戦参加以来どれほどの貢献をしたか。青島《チンタオ》を攻略し、東洋及び南洋の海上において、対独作戦に参加してはおるが、これを英、仏、伊の諸国の努力に比すれば、九牛《きゅうぎゅう》の一毛《いちもう》にすぎない。これではわが国の代表者が将来平和会議に参列し得るや否やさえ疑問であって、幸いに参列し得たとするも、おそらく発言権は与えられまい。果たしてしからば発言権を確保する手段としても、この際、英、仏の慫慂《しょうよう》に従い、断然出兵するのが得策ではないか」（『初期シベリア出兵の研究』一〇五頁）

まったく今の日本と同じですね。国民性というものは変わりませんから。

こういった推進論があり、日本はシベリアへ出兵しました。シベリアに多数の軍を送る余力のないイギリス、フランスから求められ、日本は世界の一員として相応しい態度と振る舞いをしようという意気に燃えていたのに、結局、ヨーロッパからは日本だけが悪者扱いをされました。

ヨーロッパ人は、そもそもアジア人を信用していないのです。ヨーロッパ人の人種差別は根が深いのです。日本は名誉白人にはなっても、白人ではありません。日本人はなるべく白人に近い振る舞いをして、彼らと同じことをする努力を、明治以来ずっと続けてきました。日本は不平等条約を解消してもらうために、欧米の提示する条件を一つずつクリアしていったのです。それに対して中国は、最近の暴動やテロを見てもわかるように、ただ「いやだ、いやだ」と言うだけで、日本のような努力をしてきていません。

†北満洲の農民は二十世紀に南からやってきた

満洲国が建国された土地は、東の三分の二がもとの満洲で、西三分の一は清朝時代にはモンゴル草原でした。モンゴル人はだいたい草原で遊牧生活を営み、東三分の二の平原が満洲人の土地でした。

前述のように、その満洲旗人の土地に、満洲旗人は自分たちで働かないで、小作人を入れて働かせていました。最初は禁を破って、南から山東半島の農民たちが入ってきて、小作人となり土地を耕しました。十九世紀までは、せいぜい遼東半島と瀋陽、遼陽あたりまでしか農民は入っておらず、北は放ったらかしの荒れ地でした。

十九世紀末に遼東半島を獲得したロシアが鉄道を引いたため、さらに奥地に入植できるようになり、また、北清事変で莫大な賠償金を支払わなければならなくなった一九〇〇年以後、清が政策を変えて漢人農民の移住を奨励したので、農民が満洲の南から北へどんどん入植して行きました。中国の人口が四億人にまで膨れ上がって、土地のない貧乏な農民が増えたことと、農民から税金を取るために、積極的に漢人を満洲へ行かせるようになったのです。一九三〇年代に日本人開拓民が入った頃は、ソ連との国境地帯の手前まで漢人農民が入っていました。

もう一つ、満洲で労働者を必要としたのが、ロシアが建設した東清鉄道です。東清鉄道建設の背景は『真実の中国史』で書いた通りですが、鉄道建設に必要なためロシアは漢人労働者を呼び込みました。そのなかには出稼ぎの日本人もいました。日本人は字が読めたので、だいたい線路工事の監督を務め、日本人女性もたくさん満洲へ渡っています。そのまま馬賊の奥さんになった人もいることが、石光《いしみつ》真清《まきよ》さんの本にあります。

前書でも言いましたが、日雇い労働者のことをクーリー（苦力）と呼ぶのは、もともとイギリス人が持ち込んだ言葉で、インドのタミール語で賃金をクーリ[kuli]というのが、英語のクーリー[coolie]となったのです。「苦力」は当て字です。満洲に入ってきた出稼ぎ労働者はすべてクーリーと呼ばれましたが、奴隷ではありません。ロシア人は鉄道建設のためにも多くの労働者を必要としましたが、できたばかりの鉄道に、中国人だけは格安の運賃で乗れるようにしました。というのは、漢人農民にどんどん北の方まで入植させるためです。ロシア人が東清鉄道をつくったために、南方の農民が北方の奥地まで入っていきました。

戦後、日本人が現地の人の土地を奪ったと言われますが、現地の人といっても日本人より一世代前に入っただけの人たちです。もともと住んでいた人ではなく、だいたいがほんの何十年か前に入った人たちなのです。

†満洲国建国前の日本人

前章で述べたように、一九〇六年に半官半民の株式会社として設立された満鉄は、当初、ハルビンの南の長春郊外から大連に至る鉄道と、日露戦争中に物資輸送のために建設された安奉線という、安東と奉天の間にあった軽便鉄道を経営していました。この鉄道は箱根登山鉄道のような細い鉄道で、安東というのは今の丹東のことです。飛行機が嫌いな北朝鮮の金正日が中国に行くため、よく列車で通ったところです。満洲全土に鉄道が敷かれるようになるのは、満洲国建国後のことです。

満鉄が誕生したころは、線路とその周囲、駅の周辺などの付属地しか日本人の土地ではありませんでした。満鉄は、炭鉱開発、製鉄業、港湾、電力供給、牧畜、ホテルに航空会社も経営しました。さらに、大連、奉天、長春の近代的都市計画を進め、上下水道、電力、ガス、港湾、学校、病院、図書館などを整備しました。大連汽船、大連都市交通、南満洲電気株式会社、南満洲ガス株式会社などは、すべて満鉄の関連会社です。

それでも、まだ当時は日本人の人口はたいへん少なくて、一九一〇年代、在満日本人は、満鉄社員が一～二万人、関東都督府で三千～六千人、領事館員数百人でした。全部合せても満洲にいた日本人は、三万人以下でした。

一九一五年、対華二十一カ条の要求が調印されると、日本人は南満洲において自由な移動と居住が認められました。それまでは鉄道付属地にしか住めなかったのが、家をどこに借りてもいいとなって、農業や商工業も認められました。一九二一年には、在満日本人が十六万六千人、一九二六年には十九万人と増えました。そのうち、満鉄社員とその家族は六万八千人で関東庁は二万二千人、あわせて十万近くです。つまり、人口の半分が日本の国家公務員というか、日本国のお金で食べている人たちでした。対華二十一カ条要求以後から朝鮮人も増えてきて、残り半分のうちに朝鮮人は何割かいたのでしょうが、国籍は日本になっていたので統計的には不明です。

日本人は一人でどんどん奥地へ入ってしっかりと生活ができるほどタフではないので、満洲事変以前は、日本の保護があるところだけで暮らしていました。租借地以外にも動けるようにはなり、奉天市内で商売する日本人などが少しはいましたが、土地を所有することはできないので借家暮らしでした。

満鉄もまだこの頃は支線はそれほどなく、付帯地である町の周りに病院などを建てていた程度です。移民についてては国家政策として、初代満鉄総裁の後藤新平のときから「満洲を経営するのであれば、日本人が行かなければ駄目だ」との考えを持っていました。しかしながら、日本人はなかなか行きたがりませんでした。

一九三二年、満洲国建国時の人口は全部で三千四百万人、漢人が八三パーセント、満洲人とモンゴル人は内訳はわかりませんが合わせて一五パーセント、日本人と朝鮮人も合わせて二パーセントです。二パーセントといえば、六十八万人です。別の統計によると、一九三二年時点の日本人は、関東州を含めて二十四万人しかいなかったということなので、それを考えると、朝鮮人の農民がかなりたくさん満洲に移住したと思われます。

それから十三年後の一九四五年の終戦時には、満洲国に百五十五万人の日本人がいました。満洲国建国後、国の政策として日本人の満洲移住を進め、百三十万人が満洲国に移住したのです。便利な地域にはすでに漢人の農民がたくさん移住していたので、日本人は、ソ連との国境地帯のかなり奥地に送られて、この人たちが敗戦時にひどい目に遭いました。

†ロシア革命がすべての元凶

一九一七年のロシア革命により一九二二年ソビエト社会主義共和国連邦が誕生しました。ソ連は初めは国際共産主義を目指したので、中国を共産化することが重要な目的でした。北満への領土的野心よりも、中国の共産主義化へと意識が向いたのです。

ボルシェビキの革命家は、世界同時革命をめざし中国を共産化させるために、最初はモンゴルを手駒に使うつもりでした。中国が革命に成功し共産主義国になったあかつきには、モンゴルを中国に差し出してもいいと考えました。またコミンテルンは日本を敵視していたので、中国人を革命派に育てて反日にするとともに、朝鮮も煽《あお》って日本を嫌いにさせようと計画しました。

一九一九年、ソビエトはカラハン宣言を出して、日露戦争後、満洲やモンゴルを互いの勢力圏に分割した日露の秘密協定を暴露し、それまでの日本とロシアの取り決めを無効としました。日本を悪い国だと世界に示すのが目的でした。日本にとっては青天の霹靂《へきれき》ですが、ソビエトは「われわれは中国人の味方だ」と嘘をついて、中国を自己の陣営に引き入れようとしたのです。そして、実際に中国人はロシアの革命派に一気に同調しました。

ソ連は他人の領土である満洲も、やはり中国との取引材料と考えていました。日本を満洲から追い出すには、満洲を中国だと認めてあげる方が、ソ連にとって得だからです。日本を恐れていたスターリンは、中国に満洲をプレゼントして（もともとソ連のものではありませんが）、中国を味方につけて日本を追い出す方法を選びました。少し後の時代になりますが、そのソ連の策略に乗ってきたのが張学良です。

各国がシベリアから撤退した後、日本だけが残っていた時期に、ソビエトはシベリアに極東共和国というものを樹立しました。そして共和国ができたからという理由で日本を追い出し、その後、すぐに極東共和国を吸収してソビエト連邦の一部としました。

また、関東軍ができたのもロシア革命の影響でした。ロシア革命後の一九一九年、シベリア出兵の真っ最中に関東軍は独立しました。それまでの経緯を説明しますと、一九〇六年、日本がロシアから譲られた関東州に関東都督府ができました。都督府は関東州を管轄したほか、鉄道付属地の行政・司法権も持っていました。また、鉄道線路保護のために監督権を持ち、守備隊を備えていました。

一九一九年、世界同時革命を目指すコミンテルンが誕生し、ウィルソン米大統領が民族自決を煽ったせいで、アジアでも激しい民族運動が勃発しました。朝鮮の三・一独立運動や中国の五・四運動などです。こういった民族運動の高まりに対して、関東都督府だけでは対応できなくなり、民政部門の関東庁と軍事部門の関東軍が分離・独立したのです。

†孫文の共産化と反日への転換

ロシア革命で反日路線を取ったソビエトが、それまでの日露の秘密協定を暴露し、中国の共産化を進めるための工作に入ったのは前述のとおりです。しかし中国には何の組織もなく、共産化できるような工場労働者もいませんでした。そこでコミンテルンは、中国共産党を強化するより、国民党の方が共産化の相手にふさわしいと見込みました。

そこからコミンテルンによる孫文へのアプローチが始まります。孫文は辛亥革命後、臨時大総統を袁世凱に譲り、日本へ亡命したりもしましたが、日本人が愛想を尽かしたので、この頃は日本からの援助も途絶えていました。資金のない孫文は共産党と組むことにして、一九二四年には国共合作を行ないます。

それまで中華民国は日本の明治維新を見習って近代化を進めていましたが、コミンテルンにナショナリズムを煽られた結果、一九一九年には五・四運動を起こして完全な反日に変わります。ロシアのせいで日本を裏切った中国は、満洲についても国権回復運動を始めます。中国が共産化して反日に変わった一九一九年から、満洲は中国であると言われるようになるのです。

ロシアがソ連になって過去の関係をすべて無視したのと同じように、ソビエトの後ろ盾を得た中国も、過去の人間関係や国際関係、条約を全部棄てました。前の王朝であった清朝が決めたことはまだしも、袁世凱が決めた二十一カ条の要求にも反対運動が起こり、約束を反故にしようとしました。

今の日本の歴史は、すべてが中国の主張する史観で書かれているため、満鉄をつくったときに南満洲を全部領土化しようとしただとか、最初から関東軍が悪かっただとか書かれていますが、そんなことはありません。満洲における日本と中国の関係は一九一九年を境に完全に変わったのです。

日本にしてみれば、それまで投資してきたものを、突然捨てろと言われても困ります。投資がやっと実る時期になって、すべて置いて出て行けと言われたら、「はい、そうですか」とはいきません。ですから、日本は満洲を日露戦争で「十万の生霊《せいれい》、二十億の国帑《こくど》」を費やして得た正統な権益だと主張し、満洲を巡って日中が対立していくのです。

関東軍もコミンテルンと中国ナショナリズムに対抗するために、一九一九年に関東軍として独立せざるを得なかったのです。この一九一九年というのは、たった一年ですが、世界史が動き出した一年といえます。この一九一九年の前か後かによって、因果関係がまったく変わってきます。最近は十五年戦争どころか、一部の人は日中三十年戦争などと言いますが、そんなに一緒くたにされては困ります。

このように、満洲はロシア革命によって運命が変わったのです。そして今、歴史をプロパガンダやファンタジーにしてしまっている中国と朝鮮が因果関係を無視して、日本を悪者に仕立ててあげているのです。それを日本人の学者も鵜呑みにしてしまっていますが、歴史はきちんと前後の因果関係を一つ一つ明らかにしていく作業をするべきです。

満洲国が建国されるのは、結局、ロシアの革命派が中国のナショナリズムを煽ったのが原因です。中国人が「満洲から日本人は出て行け」と言うようになり、それまで経済的な投資をしていた日本は投資先が危なくなったので、出資を無駄にしないためにも満洲国を建国したというのが経緯です。そういった意味では、その発端は日本が遼東半島を得た日清戦争までさかのぼることができると考えて、本書の始まりを一八九四年からとしたわけです。

†ベルサイユ条約

さて、ロシア革命のあとの世界情勢こそが、満洲国建国につながる原因となるわけですので、ここで第一次世界大戦後の世界と日本について概観しなければなりません。私は欧米の歴史に関しては詳しくないので、若いけれどものすごく博識の友人、倉山満氏の分析に頼ります。詳しくは、彼の著書『総図解　よくわかる日本の近現代史』（新人物往来社）、『嘘だらけの日米近現代史』（扶桑社）を読んで下さい。

一九一八年にドイツが降伏して、第一次世界大戦は終結しました。戦争で崩壊した戦後の秩序をどうするか話し合うために、翌年一月から六月までパリで講和会議が開催されますが、このときの五大国は、英・仏・米・伊・日でした。このとき日本は原敬が首相で、徹頭徹尾、対米協調でした。このベルサイユ会議で、アメリカ大統領のウィルソンは理想主義をふりかざして、有名な平和原則十四カ条を提唱します。その主な内容は、「秘密外交の廃止」「航海の自由」「民族自決」「バルカン半島と中東の新秩序構築」です。

一見して、これが何の問題だろう、とみなさん思うでしょうが、まず「秘密外交の廃止」とは、大戦中に英・仏・伊・日が結んだ約束を全部チャラにして、アメリカの要求に従って一から話し合いをやり直せ、という意味です。

第二に「航海の自由」とは、七つの海を支配する大英帝国の縄張りを、アメリカは無視して自由に航海させせろ、という意味です。ついでに海軍大国となっていた日本への挑戦状でもありました。第一次大戦中にカナダから地中海までの広大な地域を守ったのは帝国海軍です。パリ講和会議の日本全権は、西園寺公望《さいおんじきんもち》と牧野伸顕《まきののぶあき》でしたが、これを白人の内輪もめと見なして不関与政策をとりましたので、「サイレント・パートナー」と揶揄《やゆ》されました。

第三の「民族自決」こそが、日本支配下の朝鮮半島の三・一独立運動や、中華民国での五・四運動などの反日運動の思想的根拠となったもので、反日だったウィルソンが煽ったと言ってもいいくらいです。ウィルソンだけが中国に機会均等を与えようと言い、ヨーロッパの大国にだけでなく中国にも意見を聞こうとします。これに勇気を得た中華ナショナリズム民族主義者が、日本や英国に見境なく喧嘩を売り始めるようになるのです。

第四の「バルカン半島と中東の新秩序構築」は、ハプスブルク帝国を八つ裂きにし、オスマン・トルコ帝国を抹殺するものでした。この両国から二十もの国が独立していきました。現在ではこの両国の旧版図に五十もの国がひしめきあっています。

ウィルソンは東アジアでは徹底した反日政策をとり、ロシア革命には寛大な姿勢を示しました。干渉戦争のシベリア出兵では、兵力数制限などの軍事的に不合理な行動を日本に強いました。暴力革命で生まれたソ連が生き残りに成功したのは、レーニンへの側面支援としか言いようのないウィルソンの対ソ外交のせいだ、と倉山氏は言っています。

ウィルソンの提唱は、大英帝国の海洋覇権への挑戦であり、英・仏・日などが合意していた対独勝利後の戦後秩序を全否定するものでした。その上、日本が世界で初めて主張した人種差別の撤廃を、多数決ではなく全会一致でなければならないとして、ウィルソン議長が独断で葬り去りました。ウィルソン自身が戦争根絶と世界平和のためだとして設立に固執した国際連盟にも、結局アメリカは参加しませんでした。孫文もそうですが、いまだにウィルソンを誉める日本人の気が知れません。

†英米両国が肩を並べたワシントン会議の影響

日本にとってさらに問題だったのが、ワシントン会議です。一九二一年から二二年にかけて行なわれた会議では、三つの条約を締結しました。四カ国条約、九カ国条約、五カ国条約です。これらはアジア・太平洋の秩序を不安定にするものでした。

日・米・英・仏の四カ国条約は、日英の挟み撃ちを恐れたアメリカが、日英同盟を廃止するためだけに求めた条約でしたので、内容はありません。アメリカから第一次大戦の戦費支払いなどの圧力を受けたイギリスは、自ら日英同盟の廃止を申し出て、対外協調路線を取る幣原《しではら》喜《き》重郎《じゅうろう》全権はこれを受け入れました。これから日本の世論の怒りは、アメリカではなくイギリスに向かうことになります。

日・米・英・仏・伊に、ベルギー・オランダ・ポルトガル・中華民国を加えた九カ国条約は何かというと、中国大陸に権益を持つ八カ国が、中華民国を主権国家として認めてあげようというものです。

本来、国際条約とは、対等の主権国家同士が結ぶものです。ところが、このときの中華民国は内乱状態で、政府には外国との約束を守る力（条約遵守能力）がありません。地域だけは大きいシナをどうするか、ということが問題になったのですが、主権国家としての資格を認められていない中華民国を、条約の主体とする時点で異常です。「八カ国＋一地域条約」なのです。

ワシントン会議に中華民国を代表して出席したのは、孫文の広東軍政府です。中華民国全体を統治していたわけではないけれども、国民党の代表を孫文が務めていたので、外国に対して孫文が中華民国の代表になったのです。一九二二年にはすでにソ連が成立しており、その前年の二一年には、コミンテルンからマーリンが派遣されて孫文に会っているわけですから、ソ連は中華民国に触手を延ばしているのですが、そもそもこの会議にソ連は呼ばれていませんので、この条約に拘束されません。中華民国にもっとも利害が深い日本だけが批判される立場になりました。

一方、日本史でもっとも重要視される、米・英・日・仏・伊の五カ国条約は、主力艦である戦艦を制限して、建艦競争による財政負担からの解放を目的としていました。日米海軍の軍縮交渉の争点は、アメリカが「日本はわが国の六割に甘んじてくれなければ安心できない」と主張し、日本は「アメリカの七割はないと国防力を保てない」と反論したことにあります。同一条件で戦えば、日本が勝つという前提で交渉していると考えると、日本もたいしたものだと思いませんか。

倉山氏によると、ワシントン会議が重要であるのは、じつは「日米交渉」でも、「日本vs英米交渉」でもなく、「英米交渉」なのです。「英・米・日」の主力艦比率が「一〇・一〇・六」になったということは、イギリスからすれば、かつては植民地だったアメリカに対等に並ばれたという屈辱を意味します。十九世紀の大英帝国は、世界第二位と第三位の海軍国を足した量を上回る英国海軍を維持することを国策としていたのですから。その上、借金のカタに日英同盟を取り上げられ、日本人の恨みを買いました。イギリスにとってワシントン会議は悪夢そのものだったのです。

旧覇権国のイギリスは新興大国のアメリカを警戒し、アメリカは日本への怯えの裏返しのような嫌がらせをし、日本は怨念をイギリスに向けました。つまり、太平洋の大国である日米英のすべての国が孤立し、暗躍するソ連や動乱の中国大陸に共同して対処できなくなったのがワシントン体制でした。英国が凋落《ちょうらく》した会議でもあります。

†ソ連の工作と孫文

ワシントン会議で、日英米三国の強い同盟がなくなってしまい、三大国全部が孤立してくれたので、ソ連にとってものすごく都合がいい状況になったのです。日本はというと、中国も含めて、すべてと仲良くすれば戦争がないんだからいいじゃないかという幣原外交が、以後十年間、満洲事変まで基軸になります。でもそれは、ソ連にとって都合がいい平和だったわけです。

ソ連は、この間に内乱から立ち直り、ボロボロだったのを生き残りました。だから、近衛文麿のまわりに集まっていた右翼は、幣原は売国奴だというのです。近衛自身も、幣原は売国奴だと言っています。

近衛のまわりにはコミンテルンもいたし、偽装右翼も本物の右翼もおり、何が何だかわかりません。私はもともと右翼と左翼という言い方は嫌いですが、彼らは自分で右翼と名乗っています。それで、やっていることが左翼なので、日本の右翼はすなわち左翼です。

ロシア革命も、ウィルソンも、コミンテルンつまり国際共産主義運動が第一で、それからナショナリズムという順番です。このとき中国に初めて、外国人と中国人という考え方が出てきました。民族は自分たちの国を持つべきという民族自決運動がはやり、ロシアが、満洲は中国人のものと言ったせいで、日本人は出ていけという順番になって、ここから摩擦が始まります。

とくにワシントン会議前後に、それを煽りまくった元祖が孫文です。孫文は、初めは日本の援助で中国の近代化をすると言ったので、まじめな日本人が一所懸命あと押ししたのに、あまりにもやり方は下手だわ、大言壮語だわ、自分たちの革命同志からも嫌われる、自前の軍隊もない、ホラばっかり吹いていて、結局何にもできないじゃないか、となって日本人の援助がなくなった途端に、ソ連の援助とくっついたんです。

まず、コミンテルンから派遣されたマーリンから説得されて、共産党員を、共産党員の資格のままで国民党員に吸収するという国共合作を、一九二四年に行ないました。

孫文夫人の宋慶齢《そうけいれい》は、この頃からソ連共産党員ではないでしょうか。前書の『真実の中国史』でも言いましたが、中国共産党というのはありません。中国にある共産党というのは、全部ソ連の支部です。ところが日本人は、戦後、徳田、宮本以降の日本共産党が、ソ連とわかれて独自に動いたので、中国共産党というと、どれぐらいソ連と関係がありましたか、と聞きますが、どこの国の共産党も、すべてがソ連の支部です。

だから孫文は、このあと共産党員も同様になりました。奥さんが大歓迎ですから。だから、すっかりソ連の言うなりに動くようになったわけです。『宋家の三姉妹』という映画で、「本当に心の底から私の理念をわかってくれるのはソ連だけだ」と、宋慶齢が泣き喚《わめ》くシーンがありました。

†第一次世界大戦の影響

第一次世界大戦ほど悲惨な戦争はありませんでした。この戦争で近代戦争の考え方ががらりと変わりました。人もたくさん死にましたし、戦争が長期化して総力戦という考え方が出てきました。

しかし、日本は戦争景気で儲かり、南洋諸島のドイツが持っていた島々を委任統治されるなど、いいことずくめでした。戦場が遠かったこともあり、日本人は第一次大戦の実情を深刻に捉えていませんでした。そんななかで、日本でも石原莞爾《かんじ》のような人が、これからの戦争は変わると考えました。では日本はどうすればいいか、満洲が必要である、となったのです。

総力戦という考えからすると、日本は満洲を経済圏に入れて、そこを足がかりとして中国に市場を拡大していきたいと考えるのは当然だと思います。そもそもロシアや清朝とはしっかり条約を結んだわけですし、そして中華民国も、たとえ屈辱であろうと、対華二十一カ条で袁世凱が南満洲に日本の権益があることを認めたわけです。日本は総力戦にそなえて、台湾だけでなく、朝鮮半島に南満洲も加えて、ブロック化しようとしたのです。

† 張作霖とは何者か？

満洲の軍閥として有名な張作霖は、本人は遼寧省海城市の生まれですが、祖先は万里の長城の南側の河北省出身の漢人です。彼の祖父が北京北方の貧しい村で食い詰めて、開拓民として万里の長城の北に移住したのです。張作霖の父親は博打がもとで殺されたと言われています。

張作霖は教育を受けていなかったので、漢字が読めませんでした。それでも才能があったようで、獣医となって馬の治療をするなどして、次第に認められて行きました。一九〇〇年の義和団事件の後、のちに張作霖の地盤になったモンゴル草原に、漢人地主がたくさん入って来ました。連合国に賠償金を支払わなくてはならない清朝が、万里の長城の北に漢人を入植させ、農業をやらせて漢人から税金を取ろうとしたのです。

開拓は、まずお金を持っている地主が入り、その後に小作人が続きます。こうして開拓地が広がっていきましたが、その土地はもともとモンゴル人のものです。モンゴル人にとって土地は天のもの、皆のものでした。ところが、モンゴルの王侯領主は共有地であるのに、お金欲しさに勝手に土地を漢人に貸してしまいます。

草原で家畜を飼う遊牧民は、広い土地を必要とします。夏の間は涼しい山に家畜を連れて行き、放牧させますが、冬は、だいたい決まった冬営地に戻るのです。寒くなって水のある暖かな冬営地に戻ってくると、柵が建てられて畑になっています。当然、遊牧民は土地を取り返そうとしますが、土地を借りた漢人からすれば、突然、馬賊に襲われたということになります。農地を開拓した漢人地主は、自衛のための保険隊を雇いました。その保険隊にしてみても、雇われた範囲は馬に乗って守りますが、お金をもらっていない土地に対しては、他の馬賊同様に襲撃しました。

日清戦争に従軍したあとも軍隊に残り、次第に子分を増やしていた張作霖も、保険隊を率いる馬賊でした。保険隊を請け負いながら、土地の豪族と親しくなり、出世して地主の娘と結婚しました。

張作霖が地盤としていたのは、満鉄の西側で、清朝時代にはモンゴル草原だったところです。満鉄の東側が本来の満洲です。満蒙というのは南北にずっと隣り合わせで、満鉄が満蒙の真ん中を走っているのです。しかし、満蒙には日本人が考えるような国境のようなものはありません。ザックリと言えば「雨がたくさん降るところが満洲で、少ないところがモンゴル」なのです。日本の県境のような境界はないのです。

チンギス・ハーンのときは満洲までモンゴル人が征服しましたが、満洲出身の清が強くなったときは、モンゴルの方まで征服しました。満洲とモンゴルはお互いに行き来が多く、満洲人とモンゴル人が結婚することも珍しくありませんでした。

張作霖はそのようなモンゴルを地盤として、頭が弱くて嫁のあてがないモンゴル領主の息子に自分の娘を嫁がせたりもしました。お金を持っている漢族ともうまく付き合い、勢力を伸ばしていったのです。

†袁世凱死後の張作霖

中華民国建国直後は、満洲にはまだ軍閥はできていません。のちに奉天軍閥となる張作霖は、本格的に独立勢力になっていません。だいたい辛亥革命直後の満洲は、北京の紫禁城と同様、清朝がまだ続いているふりをしていたので、清朝最後の東三省総督が、中華民国奉天都督に横すべりしていて、軍隊もほとんどそのまま維持されていたのです。

中華民国最大の実力者の袁世凱と張作霖は、清朝の軍隊時代から上下関係がありました。しかし子分の張作霖は、袁世凱の言うことに素直に従うだけではありませんでした。袁世凱は張作霖が力をつけてきたことをうっとうしく思い、張作霖をモンゴル討伐にやろうとしましたが、張作霖がのらりくらりと命令をかわして行かずに済ませたこともありました。自分が生き延びるための狐と狸の化かし合いのなかで、張作霖は非常に上手くのし上がっていきました。

袁世凱の死後、子分たちが四分五裂しての跡目争いが始まりました。張作霖は袁世凱の後釜争いに非常に色気を持ち、満洲の財を使って北支に出ていって何度も戦いました。負けて帰ってくることも多く、満洲の人たちも日本人も「もう満洲だけでやっていてくれ」と思うのですが、張作霖は万里の長城の南側、関内《かんない》（山海関の内側）へと出て行くことをあきらめませんでした。張作霖は漢人ですから、満洲で貯めた資金を使って、南で偉くなることこそが大事だったのです。

日本は袁世凱の後継者と目される安徽《あんき》派の段祺瑞《だんきずい》を支援しました。ところが段祺瑞が失脚し、西原借款《しゃっかん》で、第一次世界大戦で儲けた外資をすべて段祺瑞に貸し付けていた日本は、資金を回収することができませんでした。

中国国内は軍閥が群雄割拠する戦国時代に入り、混乱を極めていたのです。段祺瑞が没落したため、張作霖にチャンスがめぐってきます。このあたりは日本の戦国時代と同様で、勝利した軍閥が北京へ入り、自分が一番だと宣言するのです。関東軍が背後にいる張作霖は、関東軍が引き止めたにもかかわらず、「満洲ごときの田舎に留まるつもりはない」と北京入りしました。日本としては、とにかく日露戦争後の自分たちの権益を引き継いで認めてくれるような、きちんとした政府がほしかったのですが、段祺瑞で失敗し、張作霖にも振り回されます。日本が筋書きを書いて、張作霖を使って満洲をどうかしようとしたなどという日本謀略説など成り立ちません。そのような謀略説は、逆に中国人からしても失礼な話です。それでは、まるで中国人が何も考えていないということになります。

この時期は本当に誰と誰が手を結ぶか、敵の敵は味方といったためまぐるしい勢力争いが繰り広げられました。袁世凱がいなくなったので、軍閥は自分たちで積極的に動きました。

張作霖は満蒙を地盤として日本とは手を携えて成長しました。一九一九年に関東軍が独立する前は、満鉄と持ちつ持たれつで、うまく付き合っていました。張作霖にしてみれば日本は金づるで、満鉄が開発を進めると張作霖に入ってくる税金が増えます。日本側にしても満洲を地盤とする張作霖とはいい関係を維持していきたいのです。両者とも、もめてもいいことは一切ありません。

張作霖は日本とのつき合いで得た資金で武器を購入し、失脚した段祺瑞の後を襲うように、北京へと向かいました。そして蒋介石の北伐が迫るなか、他の軍閥たちが日本を後ろ盾とする張作霖をトップに担いで、張作霖が軍閥連合の長になりました。このときが張作霖の人生の一番華やかな頃でしょう。日本も、孫文の後継者である蒋介石を中心とする中華ナショナリズムに対して、張作霖を満洲ナショナリズムの象徴に仕立て上げたのです。

†張作霖爆殺事件

一九二七年と翌一九二八年、日本政府は北伐を行なう蒋介石に対して、ときの田中義一首相が在留邦人保護の名目で山東に出兵しました。山東出兵は済南事件という軍事衝突を引き起こしました。これには「蒋介石がもし満洲まで来たら日本も本気で戦争するぞ」と蒋介石を牽制する効果がありました。張作霖に対しては、満洲へ引き上げるよう勧告し、日本の言う通り引き上げてきた張作霖が、奉天近郊で爆殺されました。

張作霖を爆殺するメリットは関東軍にはありません。日本にしてみれば、張作霖が無事に引き上げてくれた方がいいわけで、張作霖が死んで何もプラスはありません。『真実の中国史』では、関東軍の「河本大作首謀犯説」を覆《くつがえ》した加藤康男さんの『謎解き「張作霖爆殺事件」』（PHP新書）を紹介しました。加藤さんはソ連の諜報機関や息子の張学良の関与の可能性などを示唆《しさ》しているのですが、『謎解き「張作霖爆殺事件」』でさらに謎が広がった面もあります。

従来の日本史の通説では、河本大作単独犯説ですが、その主張には外国の資料を軽視している部分があり、それに対する批判説として田母神俊雄《たもがみとしお》さんが主張するようなコミンテルンの謀略説は日本の資料を軽視していることが弱点です。

張作霖が死亡して誰が一番得をしたかという視点から考えた場合、日本人は全然、得をしていません。中国人と日本人を喧嘩させることばかり考えていたソビエトは、ぜったい怪しいと思います。また、張作霖の死後、蔣介石と手を組む長男の張学良も怪しく、加藤康男さんの説はかなり信憑性《しんぴょうせい》が高いと思います。

いずれにしても、日本人が主犯ではないですが、日本人の仕業だと思わされたということは、日本人のなかに確信犯的に世界共産主義同時革命を信奉する者がいて、そういう人たちも一役買ったと私は考えています。

それにしても、ダミー列車が走っていて、しかも三両連結の車両のなかで行ったり来たりしていた張作霖を、本当に外からの爆薬で殺せるかといえば、それは無理でしょう。列車のなかに犯人と通じている者がいなければ成功しません。いくら電車の外側の橋桁《はしけた》に二百キロの爆弾を仕掛けたからといって、張作霖本人がちょうどその車両にいるとときにぴたりと吹き飛ばすことは不可能でしょう。

加藤さんが発見した図面からも明らかなように、車両の天井がぶっ飛んでいて、線路が無事だということは、車両は内側から爆発しているのです。外に爆弾を仕掛けたと言っている河本大作の仕業ではないことは明らかです。

しかし、私はそれ以上に真犯人を立証する気はありません。情況証拠で、誰が怪しいというところまででお終いにしても、十分だと思うのです。今のところ実証的な結論は出ていないわけですし、こういった問題は、早々に結論が出ないということのほうがむしろ正しいのではないでしょうか。

それよりも、当時の日本が「満洲某重大事件」と言って、日本人の犯行だと思っていたことの方が重大です。関東軍がやったものだと本気で思わされていて、日本人がそのまま信じてきたことが問題なのです。

†張学良の人となり

張作霖の長男の張学良は、父とはまったく違うタイプの人間です。ボンボンで、蔣介石に勝つためにソ連と組むような人物で、孫文と同じように、とても信用に足る人ではありません。

張学良は新しいナショナリストと言われますが、ナショナリストといっても本当の愛国者ではなくて、日本に文句を言って国内の権力闘争に利用するだけで、それはナショナリストとは言わないのではないでしょうか。張学良の邸宅は大御殿ですが、その写真を見せると、今の日本の若い子たちも「なーんだ」となります。「満洲のために、日本人よ出て行け」と言っている張学良が、立派な御殿に住んでいたのです。それでは、今の北朝鮮とかわりません。

一九三六年に張学良は蔣介石を西安で捕まえて国共合作の話をつけますが（西安事件）、その後すぐに軟禁され、台湾で長い間、軟禁生活を送ります。蔣介石の長男である蔣経国《しょうけいこく》が死に、李登輝《りとうき》の時代になり、一九八〇年代後半にようやく軟禁状態が解かれました。その後、一九九一年に九十歳でハワイへ移住して、二〇〇一年に百歳で死にました。

台湾時代の終わり頃、NHKのキャスターの磯村尚徳《いそむらなおのり》さんが張学良にインタビューして番組をつくりました。そのなかで私が印象に残ったのは、「敗戦で中国から日本人が全員いなくなるとは思いませんでした」と張学良が話したことです。中国人であれば、自分の土地から絶対に逃げません。たとえ国が変わっても自分は自分であり、自分の土地は守ると言ったのです。

ここに私は、戦後の自虐史観につながる日本人の弱みを見た思いがします。

日本が日本になってから千四百年（二千六百年もありません）、日本人はずっとこの列島のなかで暮していて、やはり日本がいいという気持ちが強いのです。それは愛国心というよりも愛郷心、愛風土と言っていいでしょう。

しかし外地育ちの人にとって、いくら日本の風土を愛していても、生まれ育ったのが満洲や朝鮮、台湾であるので、日本本土は外地となるのです。戦後、そのような日本人がたくさん生まれてしまい、引揚者たちはよその国に来たかのように思ったようです。

日下公人さんがよく言っていますが、日本という国家はイデオロギーではできていません。最初からみんなが仲良く暮らしていて、憲法などなくても平気なのです。私は憲法廃止論者です。憲法などない方が、よほど縛《しば》りがなくて自由ないい国ができると思っています。よその国から来たイデオロギーは日本人に合わないと思います。

†張学良が行なった易幟の実態

張作霖の死後、張学良は蒋介石の下に入りますが、そのことを示すために満洲の五色旗を中華民国の青天白日旗《せいてんはくじつ》に変える易幟《えきし》を行ないました。日本の資料によると、一夜にしてあたかも全満洲じゅうの旗が変えられたように書かれています。それを外務省も日本陸軍も事前に察知できなかったので、大いに慌ててしまいました。

日本人はこれを聞くと、満洲の役所を始め、あらゆる土地で旗が変えられたというイメージを持つでしょうが、まったくそんなことはありません。そもそも満洲じゅうを張学良が抑えていたわけではありませんし、それ以前に、満洲全土にもともと旗など立っていません。おそらく張学良の軍隊と、駅や目抜き通りの目立った場所の旗を変えただけだったでしょう。日本人が住んでいたのは満鉄の駅周辺の付属地などに限られていましたし、張学良の軍隊も奉天の町や軍の宿営地など、拠点、拠点にいただけで、その旗が変えられたのだと思います。町中では軍の御用商人の店の前には旗が立っていたのでしょう。つまり、日本人に見せるために、日本人に見える限りのところの旗を変えたということです。農村など外の土地は無関係です。それでも町中の旗が一斉に変われば、日本人にとってはショックだったでしょう。

この、寝返るときに相手側の旗に変えるというやり方は、満洲族の伝統ではありません。むしろ、秦が滅びた後の項羽《こうう》と劉邦《りゅうほう》の戦いにおける「四面楚歌《しめんそか》」を連想させるものですね。

†満洲事変前の排日運動と日中懸案

中華民国に参加した張学良は、このあと「国権回復運動」といって、激しい排日運動を展開します。満鉄に対しては二本の並行線を敷設、武装警官が日系の工場を襲って閉鎖を命じ、設備を破壊したり、鉱山採掘を禁止して坑道を壊したりしました。満鉄の付属地には柵をめぐらし、通行口には監視所を設けて、大連から入ってきた商品には輸入税を支払っているにもかかわらず、付属地から持ち出す物品には税金を取りました。
また「懲弁国賊条例《ちょうばんこくぞくじょうれい》」を制定し、日本人や朝鮮人に土地を貸したり売ったりした者を、国土盗売者として処罰しました。その他、六十におよぶ法令を発して、土地・家屋の商租禁止と、以前に貸借した土地・家屋の回収をはかったのです。このため、満洲に入植した多数の朝鮮人農民が土地を奪われ、抵抗した者は監獄に入れられました。満洲事変直後、奉天監獄には五百三十人の朝鮮人が入れられていたといいます。

満洲事変前には、このような日中懸案が三百七十件あったとか、五百件あったとか言われています。ところが、幣原外相は弱腰外交だったので、満洲の日本人に対して、被害に遭うのが嫌ならば引き揚げてきなさい、という態度でした。

満洲での日本人のもめ事といっても、だいたいが日本人となった朝鮮人が起こしたものです。日本人は日本人だけで暮らしていて、現地の人とほとんど接触はありません。もめるのは基本的に日本人になった朝鮮人で、「俺は日本人だ」と言って、現地で威張ったようです。満洲人の地主は自分が満洲人だということを隠していますし、小作人の朝鮮人が無茶なことを言って満洲人をいじめたという話を聞きました。

前述したように、日韓併合後の朝鮮半島で残酷なことをした日本人というのは、じつは全部、日本人の名前になった朝鮮人でした。日本人は裁判官など偉い役職の者だけが朝鮮に赴任していて、下で働いていたのは朝鮮人です。実際に刑務所に勤めていた下っ端の役人である胥吏《しょり》などは、現地採用です。おそらく下層出身の人たちでしょうから、日本人の部下になって権力を手にしたあとでは、それまで差別されていたことを裏返して、同国人にでも残虐なことをしたのでしょう。ましてや、朝鮮人は長い間、中国人に差別されてきましたから、日本人になった途端に威張っただろうことは、想像に難くありません。当時の満洲には日本人は二十万人しかいないわけですし、中国人の間に入り込むことはできません。

†満洲事変の原因

一九三一年、関東軍は満洲事変を引き起こします。満洲事変が起きた原因は、中国人から「ここは中国だから出ていけ。日本の侵略だ。補償なんかしない。とにかく裸で出ていけ」と言われ、日本人としては「それはないでしょう。条約違反じゃないか」という感情になったことにあります。

九月十八日、関東軍は奉天郊外の柳条湖で満鉄線路を爆破し、総攻撃を始めました。一万数百人の関東軍は、奉天、営口、安東、遼陽、長春など南満洲の主要都市をたちまち占領し、さらに独断越境した約四千人の朝鮮軍の増援を得て、陸軍中央や日本政府の事変不拡大指示にもかかわらず、管轄外の北満洲にまで進出しました。十一月には馬占山《ばせんざん》軍との激しい戦闘の結果、黒龍江省の首都チチハルを占領し、翌三二年二月のハルビン占領によって、東三省を制圧するにいたります。

このとき、十万以上とも二十五万とも四十万とも言われた張学良の東北軍は、主力の十一万は張学良とともに長城線以南におり、残留部隊も各地に散在していました。北京にいた張学良は、蔣介石の方針により、自分の軍隊に不抵抗および撤退を命じました。当時、蔣介石ひきいる国民党は、全力を共産党包囲掃討作戦に集中しており、国内統一を最優先課題としていたからです。

ソ連は第一次五カ年計画達成に余念がなく、関東軍がチチハル、ハルビンを占領したにもかかわらず、中立不干渉を声明しました。さらに、アメリカとイギリスは経済恐慌からまだ回復していなかったため、関東軍の軍事行動が、思いのほかスムーズに進んだのです。

ただし、その後の支那事変はまずかったですね。やはり国際連盟脱退と同じで、なぜ万里の長城の北側だけで我慢して踏ん張れなかったのかという思いはあります。そうすれば違う歴史があったかもしれません。

そうかといって、中国が共産党になって幸せかといえば、幸せになどなっていません。中国人のためにも満洲国があった方がよかったと私は思います。アメリカが馬鹿でなく、日米戦争がなければ、満洲国はまだあったはずです。

支那事変を起こした軍人はやはり頭が悪いです。これは国家が官僚しかつくらなかったということ、教育の問題です。国家は一番上が責任を取らなければ、成立しません。今でも、誰も責任を取らないではないですか。

『武士の家計簿』を書いた磯田道史さんが『文藝春秋』に連載した「無私の日本人」で書いていましたが、江戸時代は武士階級だけでなく町人でも責任を取ったといいます。それほど江戸時代は教育がしっかりしていたのです。

†リットン調査団

満洲事変が起こり満洲国が建国されると、国際連盟はイギリス人のリットン伯爵を代表としてリットン調査団を結成します。国際連盟で主導権を握っているイギリスが主導して、リットン卿とそのお付きの人たちが、日本では軍人や天皇に会い、中国では蒋介石、張学良にも会い、関係者から聞き取り調査をしました。

リットン卿は日中の間に入って、両者ともに立てるような報告書をまとめようとしました。これはイギリスが何を言っても、アジアの紛争には力が及ばなかったことを証明したようなものですが、日中両国とも、できあがった報告書の中身には不満でした。報告書によると、「日本の武力行使は自衛のためではない。不戦条約に違反し中国の主権を犯している。満洲国は住民の自発的な運動によって建国されたものではない」といった事が書かれていて、非常に偏《かたよ》ったものでした。

そもそも、中華民国は自分たちでは何もする気がなく、国際社会に訴えて日本が悪いということを認めさせようとしていました。何度も言いますが、満洲は日露戦争のときは、まだ中国ではありませんでした。それを辛亥革命後に中国だと言い出したのです。そう言い換えたことが、日本と中華民国との紛争の原因なのですが、これをヨーロッパでは認めないのです。中国の方が長い歴史があり立派な文化がある、それに比べて日本は野蛮な小さな国だ、といった偏見が調査団にありました。

日本人は昔から、起こったことを因果関係を解きほぐしてしっかりと検証していきますが、中国人はすべて現在からの類推で、過去に実際に何があろうとも問答無用です。「中国五千年の歴史」などと言っていますが、歴史意識など皆無です。国際条約を守らないことも誰が見ても明らかです。日本と中国とは完全に歴史観、世界観が違うのです。

南京虐殺の三十万人という数字も、いったん決まったら、中国は絶対に引くことができません。日本人は本当のことを明らかにし、真実を積み重ねていけば納得してもらえると思い、日中歴史認識会議などをやっていますが、無駄なことです。中国は引いたら負けという感覚があり、相手の言い分に納得すれば歴史の罪人にされてしまいます。勝つことだけが正しいのであって、日清戦争後の下関条約を結んだ李鴻章などは、台湾を渡した罪人扱いされています。

高山正之さんが好いことを言っています。アメリカは日本に対して、原爆を落とすなど、ものすごく悪いことをしましたが、だからといって必ずしもアメリカを憎む必要はない。

私も同じ意見です。中国人と喧嘩をしろということではないのです。見方や感覚がまったく違うので、合わせようと思うことを止めればいいのです。

日中の間には、世界観の違いが抜きがたく溝となって横たわっています。戦後われわれ日本人は、アメリカに対して感情と理性をわけてつき合ってきましたが、中国に対しても、感情を抜きにつき合う必要があることを、日本人は知らなければならないと思うのです。

こういった世界観の違いを理解しなかったリットン調査団は、国際連盟のアリバイをつくっただけとも言えます。結局、調査団は何の役にも立たず、国際連盟の権威を失墜《しっつい》させただけでした。日本とすれば、中華民国に対して、国際連盟にもう少ししっかりとした行動をとって欲しかったのですが、何もしてくれなかったので、「もうやめた」と脱退したのです。

†リットン報告書はどれくらい正確か？

リットン報告書では、満洲に独立運動などなく満洲民族主義もなかったとしています。それに対して、溥儀の家庭教師のジョンストンは反論しています。満洲は満洲人のものだという民族主義に対して、そこはすでに中国であるという民族主義は、あと追いの説明のための理屈です。一方、満洲は清朝の故郷なので満洲国を建てた、あるいは満洲は清朝の後継国家、後清国である、というのも、説明のための論理であって、本当のことを反映しているとは思いません。

満洲は、中華民国の争乱に巻き込まれる以前から、一九〇〇年のロシアの占領以来、さらに遡れば日清戦争以来、万里の長城の南とはまったく違う方向へと動き始めていたのです。それが南の中華民国に合併されてしまえば収奪されるだけなので、満洲だけで国を建てようとしたのです。

それに対して、リットン報告書は結論を出していません。報告書では、満洲独立運動は嘘だとはいっていますが、南の中華民国と同じというわけではないと、あいまいに逃げて責任を回避しています。

満洲国の大部分は満洲人だけの土地ではなく、それ以前の歴史があり、いろんな種族がいました。五族だけではなくて、もっとたくさんの民族がいたのですが、このあと「漢族の人口が圧倒的に多いので、これは漢人の土地だ」という理論が通用してしまいます。中国は、人数が多いものに権利があるという主張で押し通そうとしますが、満洲に入ってきた漢人側に果たして正統な統治権があったのでしょうか。今でも世界中の学者が、問題を満漢だけに矮小化していることが問題です。

また、リットン報告書で満洲人の民族主義などを持ちだしてくるのも、ヨーロッパの論理をアジアに押しつけようとしているのにすぎません。つまり、集団が自主的に自分たちの自立と独立を目指して運動しているかどうかで、その主権を認めるという、まったく馬鹿な論理になっていくのです。そもそも、ナショナリズムを持ちだしたことが、すでに現実から遊離しています。満洲人のアイデンティティは、辛亥革命後は、ほとんど消滅してしまっています。だからといって、満洲は漢族の土地かといえば、それは全然、別の問題です。

†日本の国際連盟脱退

国際連盟はリットン調査団の報告をもとに満洲国を否定し、日本は国際連盟を脱退しました。そもそも国際連盟には米ソが入っていませんし、「国際連盟」とは名ばかりで、アジアと新興地域の紛争には何の力もなく、実態はただの仲良し連盟になっていました。結果論になるので、私は「あの時、こうした方がよかったのに」といったことは書かないようにしているのですが、日本が国際連盟に残っていても、何も解決しなかったでしょう。

当時の日本人は、国際連盟脱退に拍手喝采しました。それは国際連盟が中国を押さえてくれず、まったく役に立たなかったからです。国際連盟には軍もなければ、仲裁もできません。実際にヨーロッパのもめ事をまとめていたのは日本で、常任理事国のイギリス、フランス、イタリアと敗戦国のドイツの間の紛争をまとめられるのは、当事者でない日本だけだったのです。

アメリカなどは、自分で国際連盟を提唱しておきながら参加していません。その割には、日本の満洲事変などに対しては文句をつけてくるのです。満洲国の問題でも、日中両方の言い分を聞いて、国際連盟に動いてもらおうとしている中国のプロパガンダを受け入れるだけで、日本には役に立ちませんでした。

日本が国際連盟を脱退した最大の理由は、人権条項を無視されたことでしょう。かつて日本は国際連盟に、人種差別撤廃を提案しましたが、受け入れられませんでした。日本とすれば、そんな組織と仲よくしていても国のためになりません。私は日本の国際連盟脱退は、筋からすれば仕方がなかったのではないかと思います。もともと日本は孤立していましたし、脱退がそれほど悪いことだとは思いません。

しかしながら、満洲国が承認されなかったからといって、日本が国際連盟を脱退する必要はなかったとも言えます。ヨーロッパのもめ事を解決していた日本が脱退したことは、双方にとって不幸なことでした。

会議の会場から出ていった松岡洋右《まつおかようすけ》は、本音では脱退反対でした。連盟脱退を強硬に主張したのは斎藤実《さいとうまこと》内閣の内田康哉《うちだやすや》外相です。その斎藤内閣は議会で多数を占めていなかったので、世論の暴走を止めるすべを持たなかったのですが、リットン報告書を見ても、日本の新聞が真実をしっかりと伝えていないので、激怒しています。

本当にこの頃のマスコミの責任は、ものすごく大きいと思います。庶民に対して、そして後世の日本人に対してもです。結局、今の今までマスコミは責任を取っていません。また、国際的にも世論の重要性が言われますが、多数決の民主主義はだいたいが間違った方向へ行くと私は思います。その理由は優秀な人は少数だからです。卑《いや》しい感情を煽るのが共産主義なので、立派な人をみんなで潰《つぶ》そうとしました。多数決というのは、悪い感情を暴走させるシステムだと、最近、私は思っています。マスコミの責任も大きいですが、同時に普通の人、大衆は、知らないことには口を出すべきではないと私は思います。

日本人は日露戦争から後、もっとうまく狡猾《こうかつ》に立ち回るべきでした。教科書では、国際連盟脱退が大事件で、戦争への曲がり角、日本の敗戦の端緒のように教えていますが、これは結果から遡って原因を探しているのです。教え方としてはわかりやすいですが、国際連盟自体が役に立っていませんし、国際連盟脱退が日本滅亡の始まりだというのは、間違いだと思います。

結局、ここで脱退しなくてもどこかで脱退していたか、あるいは国際連盟に留まったままで戦争へ突入したということもあり得ます。日本ではなくアメリカが戦争をしたかったので、いつかは戦争になっていたでしょう。日本は国際的に問題を提唱したりネゴシエーションすることが下手だったので、アメリカが戦争をしたがれば、日本はそれを回避できなかったのです。これは今のアメリカを見ていればわかるでしょう。どういう形の歴史、戦争の流れになっていたかは別の問題ですが、やりたいことは絶対にするのがアメリカであり、結局、アメリカとは戦争になっていたはずです。

本当は、アメリカがなぜそれほど日本を敵視して、戦争をしたがったのかこそ、問題にすべきでしょう。それは、やはり日本をライバルに思ったからでしょう。日本とうまくやっていった方が、地球のためにもよほどよかったのです。日本人はそれほど搾取もせず、悪さもしません。言われたことは守り、条約も遵守しました。それでもアメリカは覇権を求めたのです。

その戦争でアメリカは、日本を叩きすぎたせいで、その後、朝鮮半島やベトナムで戦わなくてはならなくなりました。もし日本に力があれば、朝鮮半島の平和をもう少し維持できたでしょう。アメリカが日本を叩きすぎたおかげで、朝鮮半島でアメリカ軍が闘うはめになったのです。中国が共産化し、ソ連があれほど強大になったのも同様です。日本ともう少し仲よくしておけば、おそらく戦後の冷戦体制にはならなかったでしょう。

といっても、二極化こそがアメリカの既定の路線だったとすれば、日本がどんなに政治的に頑張ったとしても、所詮は軍事力で負けてしまいます。この世の中、国際連盟から国際連合を含めて、いかにも政治家が平和のためにネゴシエーションしているように見えますが、実際には軍事力が物事を決定します。中国史などを見ていると、もうそれしかないですね。

†なぜ当時の世界の三分の一の国が満洲国を承認したのか？

満洲国の承認は、国際連盟での四十二対一での否決ばかりが言われますが、実は当時の世界の約六十カ国のうち二十カ国が承認しているのです。一九三四年四月、ローマ法王庁が満洲帝国を承認し、のちイタリア、スペイン、ドイツなどがつづいて承認しました。最終的には、承認した国二十、事実上承認した国三で、ソ連とは建国以来国境紛争を繰り返しましたが、事実上承認の関係にありました。今、普通に考えて、それで罪を問うのはおかしく、当時の世界の状況から言っても、それほど外れたことはしていないということです。

当時のモンゴル人民共和国はソ連の傀儡で、ソ連一国しか承認していなかったのですから、満洲国のほうがましです。現地を大事にして、その地を守るには、保護国にする以外に方法がなかったのです。当時、満洲に住んでいた漢人が、果たして蔣介石と一緒になることを喜んだのかと言えば、絶対にそうではありません。

同じように、モンゴル人民共和国が北京の支配下に入りたかったかといえば、そんなことはまったくありません。清朝の領土を漢族にいいように引っ掻き回されることを嫌った現地の人がいて、まずモンゴルをロシアが中華民国から切り離して、保護国としました。次に日本がそれまで長い間、投資をしてきた土地を守るために、満洲国をつくって、満洲を切り取ったのです。世界的な流れからいえば、「なるほど、まあしょうがないな」という感じだったのでしょう。

ところが、外務省がこういった経緯を欧米に説明できなかったのです。ヨーロッパに出向いて説明するという説明責任を果たさなかったことが大きな問題です。今と同じで、外交をわかっていないのです。

しかも、日本人は現地をきちんとマネージメントして、治安を維持して、農産物もつくれるようにしました。だんだんと生産高が上がり、現地に対してまったくマイナスになることをしていないのです。方や、共産党は町を壊して人を殺して歩いていたので、蔣介石は本当は日本を敵にまわしたくなかったのです。当時の蔣介石にとって共産党退治が最重要で、満洲など重要視していませんでした。

蒋介石は面子が立てばいいのです。日本に対して文句は言いますが、満洲国との間にすぐに通関協定を結び、郵便も届くようになりました。表立ってでなくても、実質、満洲国を認めたわけです。あわよくば、日本人が上手に開拓してくれた満洲の果実を後でもらおうぐらいのものです。蒋介石にはそれは一番いい手で、だから日本に対してそれほどもめなかったのです。日本人はそういった事情がわからなさすぎます。

日本が強いのは軍事力だけで、満洲事変のときにも、ソ連もアメリカも日本軍が怖くてかかってこれなかったのです。それでも日本が負けるのは、本当にインテリジェンスが弱いとしか言いようがありません。

満洲にいた満洲人が最後に言ったのが、「日本も残念ですね。こんなに軍事力が強くて、こんなに立派だったのに」という言葉で、現地の人から見てもそう見えたのでした。

第3章

満洲国建国、崩壊、そしてその後

満洲大陸の秋の収穫

新京の関東軍司令部

大連の満鉄本社

†満洲国建国宣言

第3章は満洲国の建国から、終戦後のシベリア抑留や国共内戦など、ソ連を含めた国際関係までを扱います。

満洲事変から五カ月後の一九三二年二月、張景恵《ちょうけいけい》、臧式毅《ぞうしきき》、熙洽《きこう》、馬占山《ばせんざん》の四巨頭が奉天に集まり、東北行政委員会が組織されました。そして翌三月一日、彼らの他に、熱河省の湯玉麟《とうぎょくりん》、内モンゴルのジェリム盟長のチメトセムピル、ホロンブイル副都統の凌陞《リンシエン》が参加して、満洲国建国宣言を行ないました。

彼らがどういう人たちなのかを、ここでざっと紹介しましょう。

張景恵は張作霖の古くからの盟友で、始まりは同じように馬賊でした。張作霖同様、日露戦争後の一九〇五年に清朝に帰順し、辛亥革命後は中華民国陸軍の師団長に横すべりし、袁世凱の死後は、張作霖とずっと行動をともにしましたので、満洲の軍閥の一人と言っていいでしょう。張作霖爆殺のときにも同じ列車に乗っていましたが、重傷を負いながら、九死に一生を得ました。しかし、満洲事変勃発とともに南京の国民政府とたもとを分かち、関東軍の高級参謀、板垣征四郎の説得に応じて、黒龍江省の安定のため、ハルビンで東省特別区治安維持委員会を樹立します。三二年一月には黒龍江省長に就任しました。

臧式毅は、清朝時代の一九〇九年に日本に官費留学し、東京の振武学校を経て陸軍士官学校で学んだ軍人です。中華民国時代に軍官学校の教官を務めたこともあります。清朝の離宮があった熱河省の承徳出身で、張学良の覚えもめでたかったのですが、満洲事変後の一九三一年十二月、日本から奉天省長に任命されて、遼寧省の統治をまかされました。

熙洽は愛新覚羅氏で満洲人です。東京の振武学校から陸軍士官学校に留学した経験がありま す。中華民国成立後、東北陸軍講武堂の教育長もしました。満洲事変が勃発したとき、日本軍の吉林省侵攻を助けて、吉林省長となりました。

馬占山は吉林出身の馬賊で、満洲事変勃発後、関東軍と戦闘をくりかえしましたが、板垣征四郎が満洲国の黒龍江省長の地位を約束したので帰順し、独立政権樹立に参加しました。

湯玉麟は張作霖の子分で、彼のいた熱河省は、もともと清朝時代には満洲人とモンゴル人の土地でした。張作霖がモンゴル人との関係でうまく立ち回ったので、彼の地盤の一つになりました。湯玉麟は一度は満洲国建国宣言に参加したにもかかわらず、その後、日本と張学良との間であやふやな態度を取ったため、この地を張学良に奪還されることを恐れた関東軍によって熱河作戦で追い出され、熱河省は満洲国の領土になったのです。

しかし日本の敗戦後わかったことですが、熱河省の大半は結局共産軍の支配下にあり、反満抗日軍のアジトになっていたそうです。

馬占山や熙洽は、戦前の講談物や読み物を見ると、日本人でもけっこうみんな知っている有名人でした。馬占山は北満で一旗揚げるというか、人を糾合して、半分は治安維持にあたり、半分は自分たちの利権を得る、古典的な馬賊といった感じで、あちこちと組んでいます。馬占山は漢字が読めなくて馬鹿にされていましたが、馬占山の馬はマホメットのマで、つまりイスラム教徒だから、漢字には熱心ではなかったのでしょう。熙洽は満洲人で、「熙」は康熙帝と同じ字ですが、二人とも日本では漢族として扱われています。日本人は彼らを現地人としてしか見ずに、何族かあまり気にしていなかったのでしょう。

次のジェリム盟長のチメトセムピルですが、盟というのは清朝時代にモンゴルにあった組織です。清朝はモンゴル草原をたくさんの旗に分けて、チンギス・ハーンの子孫の領主たちをそれぞれ旗長に任命して統治させました。いくつかの旗の上に盟が置かれ、盟長は旗長のなかから互選で選ばれ、任期は三年で、盟の集会の議長を務めます。内モンゴルには六盟ありました。

最後のホロンブイルは、ソ連と国境を接した地帯で、今は内モンゴル自治区に入っていますが、清朝時代には満洲八旗の直属の土地で、モンゴルとは別の統治をしていました。

そういったモンゴル草原のジェリム盟長やホロンブイル副都統らも集まって、中華民国からの独立を宣言したのです。

満洲にはしっかりとした政治組織がなかったので、奉天派の軍閥を支持したのは、ギルド（職業別組合）のトップであったり、地主だったり、地域の顔役だったりしました。モンゴルの旗長は、古い時代なら日本のお殿様、明治以後なら知事のようなものです。満洲では治安維持を軍隊にまかせていたので、軍人がもっとも威張っていたのです。

中国には「夷を以て夷を制す」という言葉があります。イギリスでも、パキスタンとインドを分断させたように、違う民族同士を喧嘩させて統治する方法があります。毛沢東は内モンゴルに中共軍が行ったとき、モンゴル人をやっつけたら、モンゴル人の土地をやると言って、回族をあおりました。そのため、隣り合わせのモンゴル人と回族とは、いまだに仲が悪いです。新疆にも回族を行かせて、同じイスラム教徒でも、ウイグル人と回族とは言葉が違うので、お互いににらみ合いになりました。

このようなことはどこの国でもやっていることですが、日本人は「日本人とその他」という意識しかないからか、他の民族の対立を利用するということをしませんでした。

それでも、モンゴル人と漢人の違いはわかっていたのです。日本人がなぜモンゴルにあれほど親切だったのかというと、漢人に対抗させるためでした。日本人はモンゴル人を本当に気に入っていましたし、モンゴル人も日本人を後ろにつけて漢人と闘いたかったので、喜んで味方しました。

†熱河作戦をやらなければならなかった理由

満洲国ができた後、関東軍は熱河省へと領土を広げる熱河作戦を行ないました。熱河はもともと清朝皇帝一族の領地であり、その後は張作霖の地盤だったので、残しておくと張学良一派の巻き返しの拠点となることを恐れたためです。

熱河には清朝皇帝の離宮があり、北京に次ぐ大事な場所でした。しかも、熱河の実質的な支配者であった軍閥の湯玉麟《とうぎょくりん》が、満洲国建国のとき、一度は参加を表明しておきながら、逃げてしまいました。熱河作戦は、父祖の地を取り戻したいという溥儀の意見もありましたが、そこまで進出しておかなければならない理由があったのです。大陸というのは、いったん国境を決めたらそれで大丈夫とはならないのが、日本の誤算でした。

といっても、これは現地の意見であり、東京では今の三省でさえ反対であるのに、熱河省進出などとんでもない、という人が多かったのです。国策の分裂です。

日本が熱河作戦を行なうにしても、せめて万里の長城までで止めておくべきでした。そのまま華北工作に走ったのが最悪です。しかし現地としては、華北まで取っておかないと不安だという気持ちがあったのでしょう。

そもそも、満洲事変になった原因は朝鮮です。言ってみれば、日韓併合したせいで、満洲事変が起こったのです。時間を遡って、何がいけなかったのかと考える場合、それらを全部否定して、「まずかった、何もしなければよかった」「日清戦争もやらなければよかったのに」というような書き方、考え方をみんなします。

私はそういった価値判断は入れたくないので、原因と結果の因果関係だけを追究していこうと思っています。わけもわからず馬鹿な道を選んだわけではなくて、それぞれには、それぞれの背景と理由があったはずです。この時の熱河作戦というのは、そもそも熱河が満洲の一部だったから行なわれた作戦でした。

†日満議定書

満洲国の建国宣言を行なった合議制の東北行政委員会が、清朝最後の皇帝溥儀を、執政という名の元首とすることに決めました。

溥儀はすでに前年一九三一年十一月に、土肥原賢二《どいはらけんじ》・奉天特務機関長によって、天津の日本租界から連れ出されて、旅順のヤマトホテルに滞在していました。

満洲国の国体は民本主義、国旗は赤・黄・黒・白・黄色の新五色旗、年号は大同《だいどう》、首都は新京、王道楽土の建設・五族協和を綱領としました。この五族は、満洲人・漢人・モンゴル人・日本人・朝鮮人です。憲法は間に合いませんでしたが、暫定的な政府組織法を公布し、国としての体裁を整えたのです。

十三年半しか存在しなかった満洲国では、結局憲法は制定されず、国籍法もないままでした。日本人がもっとも忸怩《じくじ》としているのはこのことです。しかし、憲法制定の試みはずっと続けられておりましたので、もう少し長く国家が存続したら、憲法もできていたかもしれません。日本人はわが国に引き比べて反省ばかりしますが、同時代の中華民国に、では憲法があったか、というと、こちらもなかったのです。各地の政権が憲法草案はつくりましたが、すべて自己の正当化をはかるもので、当時の中華民国は立憲国家でもなく、全国が統一されていた国民国家でもなかったことを、私たちは考慮しなくてはなりません。

日本の法律は二重国籍を禁じています。もし満洲国が国籍法を作ると、満洲在住の日本人は満洲国籍にならなくてはなりません。日本人をやめてもいいと考えた人は、皆無ではありませんが、ほとんどいませんでした。だいたい、それでは関東軍が日本人を徴兵することは不可能になります。日本人にとって、満洲はなにもかも初めての経験だったのです。

中国人や韓国人はすべて悪いことは日本のせいにして、自分たちのことはまったく反省しませんが、日本人は、何事においても「ああすればよかった、こうすればよかった」と反省し、失敗した理由を考えます。満洲に関しても、「五族協和、王道楽土が実現できなかった」「日本人ばかり給料が高かった」「差別をしたから恨みを買った」などと過剰に反省した本ばかりが出ています。しかし、現在の中華人民共和国や北朝鮮と、当時の満洲や併合後の韓国と、どちらがまともな生活をしているか比べてみてください。そういった観点から日本人は誰も論じません。

溥儀はのちに証人として東京裁判の法廷に立たされたとき、ずっと関東軍に脅されていたと証言しましたが、そんなことはありません。たしかに関東軍は満洲国建国の背後で動きましたが、満洲事変のとき、関東軍は一万数百人で、しかも満洲全土で戦争をしていたのです。その最中に、地方の有力者のところへ行って拳銃を突きつけて脅すようなことができたでしょうか。軍隊も引き連れずにそんなことはできません。それでも、戦後の歴史では、関東軍が四巨頭を脅して、背後で操ったという話になってしまっています。

日本が満洲国を承認する日満議定書に調印したのは、満洲事変勃発からほぼ一年後の一九三二年九月十五日です。署名をしたのは、関東軍司令官兼駐満全権大使の武藤信義《むとうのぶよし》と、満洲国国務総理の鄭孝胥《ていこうしょ》です。日本は当初、国際連盟の反発を恐れて、犬養毅《いぬかいつよし》首相が満洲国承認をしぶっていました。その犬養首相が五・一五事件で殺害され、その後、衆議院が満場一致で満洲国承認を議決しました。そしてリットン委員会の報告提出に先立って、日満議定書に調印したのです。

この間、朝日新聞を始めとする日本のマスコミと民衆は、「政府は早く満洲国を承認しろ」の大合唱でした。政府が国際世論を見て弱腰なので、「これほどまでに現地がお膳立てしているのに、何をぐずぐずしているんだ」と追い立てたのです。

†新京の建設

満洲国の首都が新京（長春）に置かれたのは、それまで満洲の中心だった奉天があまりにも古い都だったためです。奉天の市街は清朝建国よりもずっと古くからある街で、かつては瀋陽と呼ばれていました。清朝時代、瀋陽に奉天将軍という役職が置かれたため、満洲国という新しい国ができるにあたって、瀋陽という古い名前から奉天に変えたのです。

旧市街は満鉄の付帯地からはやや離れたところに位置していたのですが、そもそも奉天は漢人の商人が住む商業都市で、新しく王宮をつくるのには敷地的にも不向きでした。

また、張作霖の地盤が近かったということも遷都の理由の一つです。奉天の人たちは、みんな古くから住んでいて、誰が張学良と関係しているかわかりません。だからといって、すべての人を追い出すのも大変です。かつて、満洲人が北京に入ったときは、もともと住んでいた北京の市民をすべて城の外に追い出して、かつての内城を更地にして公務員の住宅をつくりました。それがフートン（胡同）です。もとから住んでいた人たちは南へと追いだされ、新しい商人街をつくりました。今、北京駅があるところで、それを外城と言いました。

満洲国建国時は、日本人がそこまで手をかけることを嫌がって、長春に新しい首都・新京をつくったのです。その新京では、それまで何もなかったところに駅や宮殿をつくっていきました。満洲国は日本の終戦とともに十三年半の歴史を閉じましたが、そのとき溥儀の宮殿はまだ建設途中でした。

†五族協和という理念

「五族協和」の「五族」が、特に何族と何族と決まっているわけではありません。中華民国が「五族共和」を謳《うた》っていたので、こちらも清朝の継承国家であることを表現するために「五族協和」としたのです。

清朝では、満・漢・モンゴル・チベット・イスラム教徒で五族としていました。満洲にはチベット人とイスラム教徒はほとんどいないので、満・漢・モンゴルに日本と朝鮮が入りました。しかしながら満洲にはロシア人もいましたし、ユダヤ人やツングース人もいました。実際は、大陸では数字は枕詞《まくらことば》のようなものにすぎないので、数字とぴたりと合う必要などないと誰もが思っています。たまたまその数字の語呂《ごろ》がいいためにつけたというのが大陸での普通の感覚です。日本人が真面目すぎるのです。満洲国の五族協和というのは「多民族国家」の言い換えに過ぎません。

中華民国が「五族共和」と言ったのも、もちろん清朝を継承した国だからで、やはり多民族国家であり、何族が入ろうと「五」でいいのです。孫文や蒋介石も五族という言い方をしていて、「五族＝多民族」なのです。中華人民共和国になると最初が八族で、のちに十一、十三、さらには五十五まであえて増やしました。それも正確な数ではないので、多民族という意味でとった方がいいでしょう。

五というのは大陸ではとても語呂のいい数字なのです。チンギス・ハーンのモンゴル帝国も「四つの異族、五つの民」といいます。これも枕詞で、世界中を征服したということを、四種類の違う文化と五つの民と表しているのです。儒教でも五色がありますし、朝鮮も五色をよく使います。

また、清朝の組織である八旗は、満洲八旗、モンゴル八旗、漢軍八旗の三つに分かれていましたが、八旗にはロシア人と朝鮮人もいました。八旗に所属する人間は、全員が行政上は満洲人として扱われます。こういった大陸的な考え方を知らないと、当時の日本人にしても戦後の研究者にしても、満洲を理解できないと思います。

戦後、満洲から帰ってきた人はボーッとしていて大陸的だと悪口を言われました。大雑把でいい加減だと言われるのは当たり前で、大陸では何でもきっちりと一〇〇パーセント白黒つけるようなことはなく、グレーのままでいいのです。矛盾は矛盾のままで、特に問題にすることなく放っておくのです。解決など考えずに、そのままにしておこうというのが大陸的なのです。

梅棹忠夫さんは若い頃、張家口の西北研究所というところで遊牧民の調査をしていましたが、だからこそ民族学博物館のような発想が出たんだと思います。戦後の日本の新しい発想というのは、大陸帰りの人からのものが多いですね。

†満洲国の公用語

「五族協和」を掲げる満洲国では、各言語を使うということになっていましたが、やはり日本語がメインとなりました。中央の役所には日本語ができないと入れませんし、教科書も日本語です。日本人は日本語教育で近代化しようとしたので、結局、みんな日本語を勉強しました。

そのため多種多民族ではありましたが、日本語が共通語のようになりました。

前述のように、満洲人は清朝崩壊後、満洲人だと知られると危険なので身分を隠していたため、日本人には満洲人と漢人の区別がつきませんでした。満洲人も漢字ができるようになって、もう日本人には誰が満洲人であるかわかりません。今では、満洲人の子孫ですら満洲の文化を知りません。

したがって、当時日本人は、満洲国に住んでいる漢人もすべて満洲人と呼びました。漢人と呼ぶと、中華民国の国民と紛らわしいので、満洲国に住んでいて中国語をしゃべる人間はすべて満洲人と呼んだのです。そのため、今の日本人にもこの混同が残っています。

†満洲帝国が正式な国号

一九三二年に建国された満洲国は、二年後、溥儀が執政から皇帝になったのを機に、一九三四年に満洲帝国となりました。

皇帝を仰ぐということは国家の誇りです。戦前は日本も大日本帝国でした。「わが国は」とは言わず「帝国は」と言っていました。東京大学は東京帝国大学です。日本が大日本帝国憲法をつくったとき、「大」と「帝」をつけるか揉めたことがありました。逆に「大日本帝国」から「大」と「帝」を取ると、戦後の「日本国」となります。

大日本帝国は大英帝国のように植民地を持つことをステータスだと考えていました。ところが植民地経営について、あまりに無知だったため、みんなで乗り込んで投資するというボランティアのようなやり方を日本は行ないました。

戦後の民主主義社会では「帝国主義＝悪」となり、帝国という言葉を使いたがらなくなりました。満洲にいた人も、帝国主義のイメージがあるため、満洲帝国とは呼びたがりません。また、帝国軍というとスピルバーグの映画「スター・ウォーズ」のイメージもあり、これも帝国の悪のイメージを定着させるのに大いに一役買っていると思います。

†植民地とは？

戦後の日本で刊行された本は、朝鮮や台湾、あるいは満洲での日本の政策を「植民地政策」と書いています。しかし、日本は朝鮮と台湾を日本領にしたので植民地ではありません。まして満洲は、実質的には傀儡国家ですが形式的には独立国です。

もともとの植民地という言葉は、ラテン語で「コロニア colonia」と言って、ローマ人が征服地に移住してつくった町のことでした。本当に植民地に出ていって、その地を耕して開拓する。つまり入植です。

ところが、十六世紀から後になると、ヨーロッパ諸国はヨーロッパ以外の地域を征服して、その地域をコロニア、植民地と呼ぶようになりました。経済的収奪や政治的支配の対象として、もともとあった産業を破壊してプランテーションで一つの作物だけを大量に生産させる奴隷労働を行なわせ、収益を得るようなやり方で、当初の意味の植民地からすっかり変わってしまいました。異民族支配の地域、宗主国に従属する地域を植民地と呼び、こういったやり方を植民地主義、帝国主義と言うようになったのです。

実はこの植民地主義、帝国主義は国民国家とセットになっています。国民国家の近代化が成功するためには、富が必要になるからです。近代化というのは、マルクス主義でもそう言いますが、封建制から資本主義に移るときに資本の蓄積が必要となります。資本がなければ資本主義に移行できません。ヨーロッパのなかには資本の蓄積がないので、植民地の人たちを働かせて、その富を収奪する必要があったのです。

このように近代の植民地は、完全に帝国主義とセットになっていました。時代が後になりますが、第二次世界大戦後に、植民地を失ったヨーロッパは生活水準を下げるべきだったと、日下公人さんのスクールで増田悦佐《ますだえつすけ》さんが話していました。自分たちの富の源泉がなくなったのですから、当然です。にもかかわらず、気位が高いヨーロッパ人は生活水準を落とすことをしませんでした。それでどうやって乗り切ったのかというと、金融でお金を回したのです。原資がなくても「安く借りて、高く貸す」という方法で、資金をつくった。そのやり方が行き詰まったのが、現在のＥＵの状況だという話でした。

アメリカの植民地について言うと、高山正之さんが「アメリカの悪意」というエッセイでその酷《ひど》さを訴えています。アメリカ人はインディアン（ネイティブ・アメリカン）の土地を取り上げ、奪い尽くして、殺戮しています。スペインから取ったフィリピンでも初めはいい顔をしていましたが、やがてしっかりと収奪しています。

同様に、オランダはインドネシアに対して何をしたのか、イギリスはインドに対して何をしたか。本当に現地を壊滅させて、収奪していったのです。そういったことを覆い隠すために、欧米は、戦後、日本人がやってもいない収奪や虐殺をしていたと書き立てているのです。『ロサンゼルス・タイムズ』や『ニューヨーク・タイムズ』などでは、たとえば北朝鮮の飢餓《きが》の話があると「ノース・コリア，ワンス・ジャパンズ・コロニー」（北朝鮮、かつて日本の植民地だった）などという但し書きが必ず入っています。そうやって日本の非道さを訴えているのです。高山さんは、これを日本が逆輸入してしまっているのではないかと言っています。

そもそもヨーロッパ列強の植民地は、本国政府の憲法や諸法令が原則として施行されず、宗主国に従属するかたちで、住民は政治的に抑圧支配されていました。

これに比べて、日本は、東南アジアでも現地の有力者などが後に独立できるように教育しています。それが、大東亜共栄圏の理想であり、聖戦だったのですから。

また、朝鮮や台湾は日本領だったので、現地の人も日本人として扱っていました。小学校や病院をつくり、衛生状態もよく、日本と同じような生活ができるように多くの投資がなされました。満洲国は日本が大きな発言権を持っていましたが、独自の政府や法律を持っていました。

これらを植民地と言えますすか。意味が違っているでしょう。植民地という言葉を使うとき、多くの場合、帝国主義とセットにして、悪口として使っています。それは左翼的な物言いで、例えばアメリカに住んでいる人は、自分たちでは帝国主義という言葉を使いません。天皇制という言葉も、同じようにコミンテルンがつくったマルクス主義の言葉です。そもそも日本の天皇は制度ではありません。

そういった人たちは、植民地を異民族支配と定義するかもしれません。そうであるならば、現在の中華人民共和国のチベットとモンゴル、ウイグルに対する状態を植民地支配と言わなければいけません。しかし彼らはそうは言わないでしょう。

こういった複眼思考を持たないまま、言葉を定義しないでいると、アメリカやヨーロッパで言っていることを鵜呑《うの》みにして、日本だけが悪かったことになるのです。

†反資本主義、反帝国主義を掲げた満洲国国務院

溥儀は「満洲国時代の統治は関東軍司令官の独裁だった」と、ごく単純に言っています。しかし、満洲国には一応きちんとした行政組織がありました。執政の溥儀のもとに、立法（立法院）、行政（国務院）、司法（法院）、監察（監察院）の四権分立制をとり、中央政府が構成されることになっていましたが、立法院については、関東軍が名目的なものにとどめ、開設しない方針をとりました。

国務院は現在の中国にある国務院と名前こそ同じですが、中身は違います。国務院というのは、もともと中華民国のときの内閣の名前です。行政府である国務院は日本の内閣にあたりますが、国務院総理大臣（当初は国務総理）が唯一の国務大臣で、初代が鄭孝胥《ていこうしょ》、二代目が張景恵《ちょうけい》です。その下に総務庁があり、総務長官には日本人が任命されて実際の行政を担当しました。

そして、国務院という正式な内閣のなかに、協和会という団体が発足しました。中華民国には行政組織があるだけで政党がなかったので、そういった状態を嫌った日本人が政党をつくろうとして発足させたのが協和会です。日本の政党のように、自由な政治を行なうために、政党が内閣をつくるかたちにしようとしたのが満洲国協和会創設の目的です。

協和会は一応政党なので、直接国家に所属するものではなく、自由に政策を立案するというのが建前です。しかし、国庫補助金から経費が出て、溥儀が名誉総裁、関東軍司令官の本庄《ほんじょう》繁《しげる》が顧問を務め、国務総理が会長になるという、結局は政府の補助機関のようなものになってしまいました。

満洲国の内閣である国務院は、反資本主義（反中華民国）、反共産（反ソ連）、反帝国主義（反アメリカ）です。当時の日本人は資本主義を嫌っていました。植民地を持って搾取する帝国主義につながるからです。満洲国はそれらに反対する運動でもありました。満洲に理想的な国をつくるために、日本の反資本主義者たちがこぞって満洲へ行きました。満鉄調査部など、満洲にはそれを受け入れる素地がいろいろとあったのです。

日本から中央の方針に反対した人たちが、それぞれの理想や目標を掲げて満洲へと向かいました。それを日本国家全体の謀略などと捉えると、まったく満洲史がわからなくなってしまいます。

結果から言えば、満洲国は理想からはほど遠いものだったかもしれません。しかし実際に満洲へ行った人たちからすれば、自分たちの手で理想的な国家を創ろうとしていたのに、日本の戦争に巻き込まれて失敗に終わったという思いがあります。本当に満洲人になって骨を埋めるつもりの人がたくさんいたのです。『歴史通』二〇一〇年三月号が言った通り、「満洲国はワンダーランド！」という言い方もできるのです。

†関東軍の政治関与の実態

関東軍は搾取、謀略の軍隊だと言われていますが、そんなことはありません。そもそもが関東軍は満鉄とその付帯地を守る鉄道守備隊で、満洲国ができたときに、満洲国に軍隊がないため、満洲国の防衛軍となったのです。ソ連や中国に対して防衛しないと、満洲への投資が駄目になってしまうからです。

満洲国で行なわれた「内面指導」は、すべて関東軍が行なっていたと言われていますが、関東軍は国家の防衛、特にソ連に対する防衛を任されていただけで、政治にはそれほど口を出していません。「内面指導」など行なっている時間も人数もありませんでした。

説明の仕方によって、関東軍は略奪した、搾取したと言われてしまいます。しかし、満洲に略奪、搾取できるものがどれだけあったのでしょうか。日本がまじめに投資して開発したからこそ発展したのであって、むしろそれを取り上げたのはソ連と中華人民共和国なのです。

小室直樹さんは、溥儀を執政にした関東軍は無神経だと言っていました。

もっとも、現地の人たちが日本の軍人を嫌いになるのは、やはり日露戦争のあとに入ってきた軍人たちが本当に威張っていたからのようで、あちらこちらから証言が出ています。日本でも軍人になって出世するのは下層の農村出身の人で、下士官にでもなるともう天下でも取ったかのような気になるのです。しかし、日本では威張れないので、満洲に来て原住民の前で言いたい放題といった軍人も確かにいたでしょう。満洲やモンゴルでは、原住民は南洋諸島の「わたしのラバさん、酋長の娘」と同じ扱いだったと聞いたこともあります。

どこの国でもそういった人はいますが、日本人のいいところは、そういう人ばかりではないことです。

†満洲国の経済建設

満洲国を建国した日本の軍人たちは、ソ連に対抗するような社会主義国家を目指しました。当時、共産主義は世界を席巻していて、敵も味方も社会主義思想を持っていました。二・二六事件を起こした軍人たちも社会主義です。右であれ左であれ、影響を受けなかった人はいません。社会主義を考えなければ、世界史は理解できません。

関東軍もそうですが、軍人はほとんどが貧乏な家で育ちました。そのため、資本家がいなくて人間は平等であるという社会主義の国をめざしたのです。満洲国のモデルであるソ連には金融危機も経済恐慌もなく、一丸となって国づくりをしているように見え、当時はみんな理想的だと思っていました。あとになって、国内がいかに酷《ひど》いことになっていたかがバレましたが、その頃は外国からは理想的に見えていたのです。

しかし、ソ連と同じような社会主義国家にしようとしても、満洲国には満鉄以外何もありません。教育機関もないため、現地の人々に任せることもできず、日本の官吏が満洲国の役所に入って政治を行ないました。

ソ連に負けないような国家経営で産業を興そうにも、その資本がありません。困り果てた関東軍に対して、もと日本の商工省の役人で、満洲国国務院実業部総務司長に就任した岸信介《きしのぶすけ》が「財閥や資本家でないと、初期の国づくりはできない」と説得して、日本から財閥を呼び込んだのです。それが鮎川義介《あゆかわよしすけ》の日産財閥です。日産は傘下に日立製作所、日産自動車、日本鉱業、日本化学工業など、百三十社・十五万人を擁する一大コンツェルンでした。

満洲に進出するにあたって、日産は社名を満洲重工業開発株式会社（満業）と変更しました。資本金二億二千五百万円で、同額を満洲国が現物出資しました。満洲国と折半出資で、半官半民というスタイルは満鉄と同じです。満洲国の現物出資とは、満鉄から取り上げた工場や鉱山です。満鉄は鉄道部門と撫順の炭鉱、そして調査部門だけに縮小されました。

国策会社として始まった満鉄は、創業時こそ総裁以下、意気が上がっていましたが、次第に官僚組織化していきました。満洲国建国後は、学校や病院、大学などの経営を国が行なうことになり、満洲国政府の中枢に日本の役人が入っていったのです。

大財閥だった三井や三菱はもともと満鉄に投資していました。満鉄は財閥からの投資のおかげでどんどんと規模を大きくして、大コンツェルンになりました。しかし、満洲国ができてからは、満業に取って代わられるかたちで、満鉄の役割は限定されました。当時の満鉄総裁は松岡洋右《まつおかようすけ》で、彼は岸の叔父の義兄であり、満業の鮎川義介とも親戚関係にあります。満鉄が改組され縮小することを受け入れたのには、岸の人脈があったからだと言われています。満鉄経営の重工業をその手中に収めた満業は、満洲国政府によって年六分の利子を保障され、一躍、満洲産業界の中心となりました。

満洲における五人の実力者として「二キ三スケ」と呼ばれるのは、この岸信介、鮎川義介、松岡洋右に加えて、大蔵省から派遣されて国務院総務長官を務めた星野直樹《ほしのなおき》と、東條英機《とうじょうひでき》です。

一九三七年、二十六億円もの日本の税金を投入して、満洲国の重工業を重点的に育成する産業開発五カ年計画をスタートしました。これはすごい規模の投資です。満洲にお金がまったくないため、日本が産業開発計画として投資したのです。重要産業統制法を交付して社会主義的計画を始め、三十八の特殊会社、二十一の準特殊会社・自由企業に大別し、重要産業の一業一社制、つまり一つの業種に一つの会社とする経済統制を行ないました。

†産業開発五カ年計画

日本は昭和に入って、昭和恐慌で東北の農村が疲弊して格差が大きくなりました。こういった社会情勢を背景に、社会主義が広まりました。前述のように、軍人はだいたいが貧乏な農家の出身なので、農家への同情心が大きいのです。立身出世型の、頭はいいが家に金がない人たちが軍人になったのです。

満洲国ができたばかりの頃、関東軍は財閥を嫌い、自分たちで仕切ろうとしますが、岸信介が関東軍を説得して、日本から日産コンツェルンを連れてきました。満洲国は社会主義的な統制経済のもと、産業を発展させました。満洲国政府には、飾りとは言われていますが、一応首相や大臣がいて、満洲系の公務員もいて、彼らと折衝しながら進めるのですが、政府の次官級はみんな日本人で、会議を取りまとめているのは次官なのですから、重工業も軽工業も、合弁相手が満洲国政府なので話が簡単です。こうして日本の企業は十分に投資してもらって、政府の土地に工場を建て、鉄道を経営して、電気もダムもすべて近代化をはかりました。

満洲国の発展は、三期に分けることができます。一九三三年から一九三六年までが第一期です。このときはまだ満洲国ができたばかりで、しっかりと統治できていなかったので、治安維持、国家機構の整備と並行して、基礎産業および輸送通信手段の整備などを、現地をよく知っている満鉄の社員を使って行ないました。この期間に日本の資本は満鉄を通して入ったので、満鉄は満洲国の経済建設の主役になりました。満鉄は、北満洲に戦略上重要な鉄道を建設しただけでなく、鉄鋼、炭鉱、液体燃料、軽金属、化学工業、電気などの企業も経営しました。この五年間の対満投資は、十一億六千万円にのぼりますが、そのうち八〇パーセントは満鉄への投資です。

一九三七年から一九四一年までの第二期は、第一次産業開発五カ年計画が行なわれました。一九三七年には支那事変が始まりますが、日産財閥が満洲に進出して、満洲重工業開発株式会社（満業）となり、重工業を育成しました。日本が、欠乏した軍需原料を満洲に求めたので、計画は日本の必要に応じて修正拡張を繰り返しましたが、修正の重点は鉄・石炭・液体燃料・電力部門の拡大で、資金計画も当初の二倍以上になりました。日本からの投資は五十億円に達し、鉄工業部門では、鋼材二六四パーセント、石炭一七八パーセント、電力二四一パーセントと、たいへんな成績を収めました。しかし、農業部門は、大豆の八五パーセントが示すように、目標を達成はできませんでした。

一九四一年十二月に大東亜戦争が始まったあと、第二次産業開発五カ年計画が強行されます。支那事変のおかげで、すでに華北も実質的に日本になり、日・満・華が一体となって、鉄鋼、石炭、農産物に重点が置かれました。一九四三年には対日供給が厳しくなります。つまり、日本から満洲国への農産物や石炭の要求が強くなり、その分、満洲の生活は苦しくなりました。日本本土の総動員体制と同じです。それにもかかわらず、一九四三年の農工業総生産額が、満洲国としては空前の水準に達し、ほぼ予定の対日供給を遂行し得たということは、満洲国の行政が、国のすみずみにまで及んだ結果であると言えます。

日本は、最初は満洲国とは対等にやっていきましょうというスタンスでした。満洲は資源が豊富だったので、一九三七年の支那事変からあとは、日本の戦争を食糧や鉄鋼などの分野で後支えしました。それというのも、第二次世界大戦ではアメリカやヨーロッパがブロック経済になり、日本も自分の権益のあるところでブロックを形成するしかなかったからです。

†満鉄と満拓

次頁の地図にある鉄道網は、満洲国建国時ではなく、最終段階のものです。満洲国ができるまでは、日本の鉄道は長春から南と、朝鮮へとつながる路線だけでした。その他、張作霖などが敷いた線がいくつかあり、ハルビンから東西に走る鉄道は、ロシアが最初に敷いたものでしたが、ロシア革命の後はソ連の鉄道として運営されていました。このかつての東清鉄道は、一

満鉄路線図

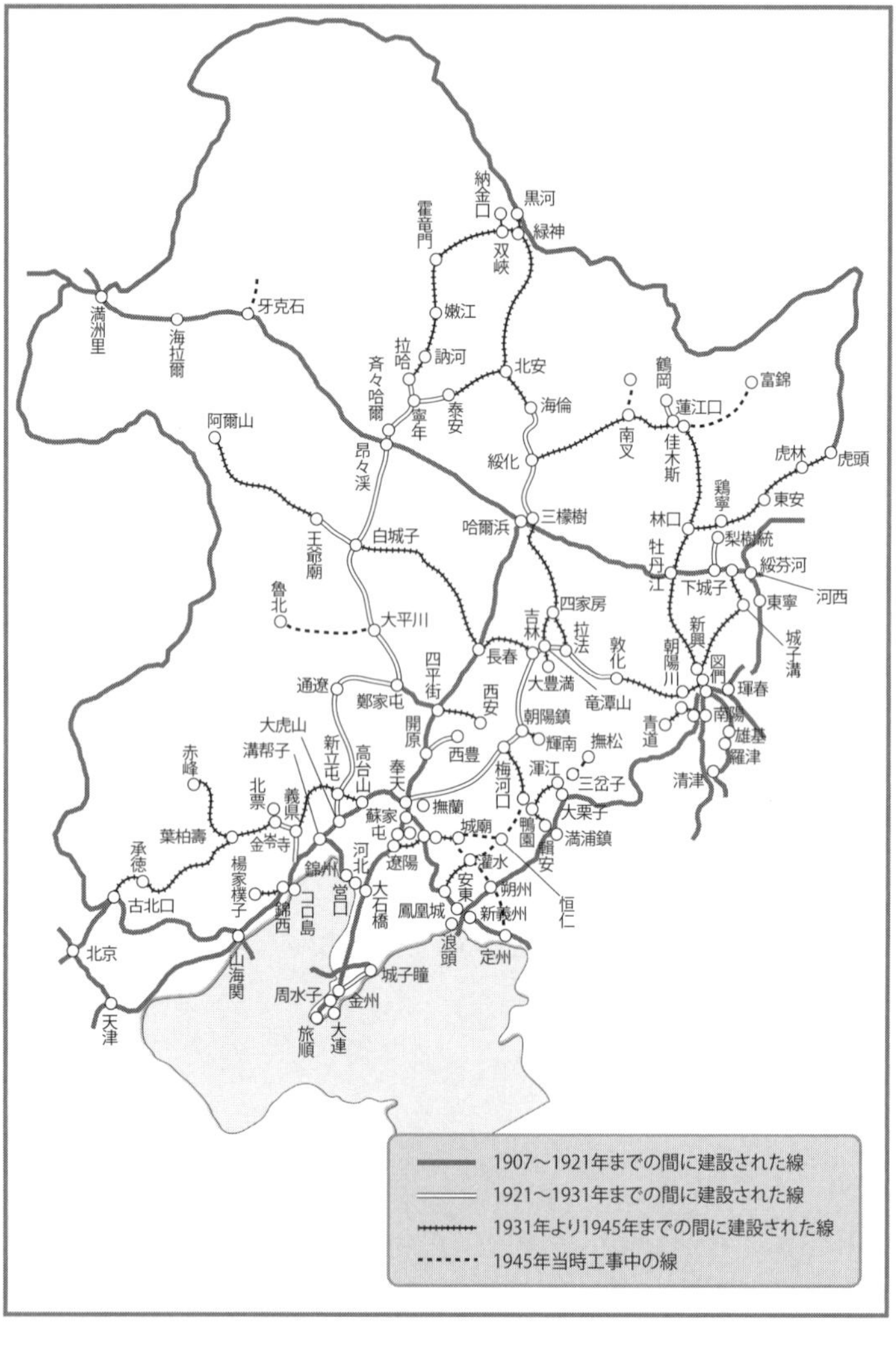

納金口
黒河
緑神
霍竜門
双峡
満洲里
海拉爾
牙克石
嫩江
拉哈
訥河
斉々哈爾
寧年
泰安
北安
海倫
鶴岡
富錦
蓮江口
南叉
佳木斯
阿爾山
昂々渓
綏化
虎林
虎頭
鶏寧
東安
林口
哈爾浜
三棵樹
梨樹統
王爺廟
白城子
牡丹江
綏芬河
下城子
河西
東寧
魯北
四家房
大平川
吉林
拉法
新興
城子溝
敦化
朝陽川
図們
長春
四平街
大豊満
竜潭山
琿春
通遼
鄭家屯
西安
南陽
青道
朝陽鎮
開原
雄基
大虎山
溝帮子
新立屯
輝南
撫松
羅津
赤峰
高台山
西豊
梅河口
渾江
清津
北票
義県
奉天
撫蘭
三岔子
大栗子
葉柏壽
金嶺寺
蘇家屯
城廟
鴨園
満浦鎮
承徳
楊家棟子
錦州
河北
遼陽
灌水
輯安
古北口
錦西
コロ島
宮口
大石橋
安東
朔州
恒仁
鳳凰城
新義州
北京
山海関
浪頭
定州
城子疃
周水子
金州
天津
旅順
大連
1907～1921年までの間に建設された線
1921～1931年までの間に建設された線
1931年より1945年までの間に建設された線
1945年当時工事中の線

九三五年に満洲国がソ連から買収しました。このあと満鉄がどんどん鉄道を敷いて、鉄道が敷かれたところに日本人が入植していきました。

満洲国が建国されてから、百万人を越す日本人が満洲へ行きましたが、日本で食べていかれれば、満洲へは行きたくなかったでしょう。満鉄初代総裁の後藤新平は、すでに一九〇六年に日本人の移住を計画しています。満洲を開拓するのに日本人の数が少ないと、日本の影響が減るからです。しかし実際には、自発的に行きたい人はいませんでした。

そこで、日本政府は満洲国建国後、「満洲移民百万戸計画」を立案しました。それを満拓（満洲拓殖株式会社、のち満洲拓殖公社）が取り仕切りました。満拓は日本の不動産デベロッパーです。土地開発会社というわけではなく、開拓を請け負い、土地を買い上げ、人を集めて入植させるという会社です。

満拓が、中国人が耕していた土地を有無を言わせず無理矢理買収し、日本人開拓民が何も知らずに入った、とよく言われますが、満拓が一九四一年春に所有していた二〇〇〇万町歩の土地のうち、中国人がすでに耕していた土地は三五〇万町歩でした。日本政府としては、日本移民のための土地買収は未墾地にかぎり、すでに開墾している土地は一切購入しないという方針を決めていましたが、現地でその通りにいかなかったことは想像に難くありません。でも、その割合はご覧の通りです。

移民を送り出す側の日本政府は、国家政策として、中央の官庁が県知事から地方の市長や町長、村長に号令をかけました。各村の村長は移民希望者を集めるために、次男三男のいる家を一戸ずつまわって、「満洲へ行かないか？　行けば拓殖会社が用意した土地がお前のものになる」などと説得しました。

そうやって村でまとまって入植したのですが、大部分の入植先は未墾地だったわけですから、だいたいがソ連との国境地帯ばかりで、戦後になって送り出した村長が後悔したという記録がたくさん残っています。満洲に着いてみるとすごく寒く、それでも故郷の村からみんな一緒に来たのだから、力を合わせて将来を切り開いて行こうと思っていたら、日本の敗戦で悲惨な目に遭いました。終戦時は、関東軍だけが悪いのではなく、引き揚げの列車が着いても、自分たちで耕した広大な土地に未練が残り、出発が遅くなった人たちも多くいました。その数日の遅れが、生死の差になったのです。

終戦時に満洲にいた日本人は百五十五万人もいましたから、経験も千差万別で、行ってよかったという人も少なからずいます。また、都市に住んでいた人や満鉄関係者と、辺境に入植させられた農民では、まったく違う体験を持っているのです

†〝日本人〟の入植

山室信一著『キメラ　満洲国の肖像』（中公新書）という本には、満洲に入植する日本人と現地人との、土地をめぐる争いが、あたかも満洲全体で頻発したかのように書かれていますが、本当に争いが頻繁したのは朝鮮人がたくさん入植した間島省です。今の延辺朝鮮族自治州で、あの一帯はコミンテルンのテロリストがたくさん入っていました。朝鮮人の入植は非常に多く、日韓併合後、約八十万人が、農業に適していない今の北朝鮮から満洲に移住したといいます。

日本政府としては、まとまった補償金も出し、なるべく人のいないところに入植させるようにしましたが、最初に日本人が武装移民団として入植した弥栄村《いやさかむら》などは、ソ連との国境近くで匪賊が非常に多いところでした。こういったところでは、匪賊を抑えるために、小競り合いどころではなく〝大競り合い〟がありました。

満洲に関しては、日本人はこんな悪いことをした、あんな悪いことをした、というような証言がたくさんありますが、その証言が本当かどうかも怪しいです。この『キメラ』でも、日本の反省点ばかりが書いてあって、統制経済が極限に達して農民がひどい生活となり、零下三〇度、四〇度の極寒の地で子どもが丸裸で生活していると、『朝日新聞』の記事を引用しています。

「この付近には、もう着物も布団もない家がある。なかには丸裸で生活している子供もいる」「北満でも屈指の穀倉地帯の一角、真冬に着る物もない生活をしているはずがないと訝《いぶか》った土屋であったが、実際に丸裸の子供二人を見て愕然《がくぜん》とする」「そんなことは、ここでは少しも珍しいことではない。この近くの村では、生まれたばかりの赤子が草を敷いた『えずこ』の中に、丸裸で入れて育てられている」「零下三〇度も四〇度にもなる極寒の地で、丸裸同然の生活を送ることが、いかなる意味で、安居楽業《あんきょらくぎょう》の境地にあることになるのであろうか」(『キメラ』増補版、二八八〜二八九頁)。

農民の生活がひどいことを言おうとしているのですが、満洲の冬は家の中はオンドルで非常に暖かいです。小さい子どもはお尻を出した服か丸裸で過ごします。それをあたかも零下三〇度の外にほっぽり出されているかのような書き方をしています。書きようによっては、どのようにでも書けるのです。日本人が搾取や強奪をしたという先入観があると、暖かいオンドルの部屋でも「丸裸で過酷な生活」となってしまいます。一事が万事で、これ以外のことでも、水掛け論になってしまい、真相などは今となってはわかりません。

今では本当に、中国で起きた悲惨な出来事はなんでもかんでも日本のせいにされています。「殺し尽くす、焼き尽くす、奪い尽くす」の三光《さんこう》作戦も日本軍がやったことになっていますが、そもそも「三光」は日本語ではないのです。「光」は「すっかりなくなる」という意味の中国語です。回回《ホエホエ》（イスラム教徒）を殺し尽くすことを「洗回」というように、中国はひどいことをするのに、「光」や「洗」など綺麗な字をあてるのです。国共内戦で一つの町を包囲して、すべての人を餓死させた話も日本がしたことになっていますが、すでに日本軍は撤退した後です。問題は何を信用すべきかです。たくさん本を読めばいいということではないので、何を選べばいいのか難しい問題です。自分で読んでみて、判断するしかありません。

†漢人の入植

満洲には、日本人だけでなく、漢人もたくさん入植しています。漢人はモンゴル人の土地にも入植していて、モンゴル人と数多くの諍《いさか》いを起こしました。モンゴル人の土地には日本人は入植していないので、日本人とモンゴル人の争いはありません。

モンゴル人の土地は、清朝末期以来、少しずつ漢人農民に侵食されて、日本人が入っていったときには、匪賊や馬賊が頻出していました。漢人農民が入って、あたり構わず草原を耕すので、揉《も》め事ばかり起きていたのです。

そこで日本人は、満洲国ができてから現地調査をして、モンゴルの草原はできるだけそのまま残すよう、漢人が村を作りかけたばかりなら、それを止めさせて草原に戻しました。もとはモンゴルの草原であっても、漢人があまりにも多くなってすっかり農地になっているところは、区画をわけてモンゴルから離し、満洲の省に入れました。草原と農地を交換もして、できるだけ飛び地を整理したのです。こうして草原と農地の境界線を定めたのが、今の内モンゴル自治区の境界線になりました。

満洲国が置いた、興安東省、興安西省、興安南省、興安北省という四つの興安省は、モンゴルの草原を区切った特別行政地域です。一般の省のような農地ではありませんので、穀物税は取りません。草原には日本が出張の病院や学校もつくり、匪賊が出ないように治安をよくして、衛生面の整備も行ないました。日本が作った奉天省、龍江省、黒河省、北安省などは、もともとはモンゴルだったのですが、すでに漢人が入りすぎていたので、農地から内地並みの税を取る省としました。

こういった区分ができていたため、満洲国が滅亡した後、モンゴル人の官吏が立ち上がって、興安省は内モンゴル自治区となります。清朝時代のモンゴルよりは土地が大幅に減ってはいましたが、興安省には漢人が入っていなかったため、農地にされていませんでした。中華人民共和国になってから、今では大部分が農地になってしまっているので、日本が六十年ほど農地になるのを引き伸ばしたことになります。

他方、満洲国の東の満洲人が持つ土地は、地主の満洲人たちは都市に住んでいる不在地主で、漢人農民を小作人として使っていました。日本人が行ったときには、漢人と満洲人の区別もわからないですし、誰の土地かが不明瞭でした。

†満洲国での溥儀

溥儀は満洲国で清の再建をめざしました。溥儀の側近には満洲人も漢人もいましたが、満洲国を再建する頃には本当にたいした人はいなくなっていました。学友ら残っていた人たちも、天津租界の時代に離れていって、溥儀は孤立していたのです。

溥儀は映画「ラスト・エンペラー」のイメージが定着しているため、独裁者である関東軍司令官にひどくいじめられたと思われています。他の満洲人たちも一方的に被害者のように描かれていて、映画はたいへん恣《し》意的です。

溥儀は東京裁判で証人として証言台に立ちました。東京裁判での受け答えに、日本人は本当にがっかりしました。溥儀が寝返って自身の保身に走ったからです。

溥儀は満洲国崩壊後、ソ連のハバロフスクへ連れて行かれ、ハバロフスクから東京裁判に出廷しました。じつは、今度はソ連が溥儀を傀儡とする満洲国を作るつもりで、日本の敗戦後すぐに溥儀を自国に連れて行ったのですが、結局「溥儀は君主にふさわしくない」という判断をして、中国共産党に引き渡し、撫順監獄に入れられたのです。溥儀というのはやはり、尊敬に値する人物ではなかったようです。

ダライ・ラマ十四世のように、亡国の憂き目にあっても君主が立派に復活した歴史は、世界中にたくさんあります。溥儀はそうではなく、もともと関東軍のなかにも彼を担ぐのを嫌った人たちはいました。関東軍はソ連をモデルにした共和制の新しい国を創ろうとしていて、古い皇帝の復活を望まなかった軍人たちは多かったのです。

満洲国建国から二年後に溥儀が満洲帝国の皇帝となっても、思ったほど人民が自分を持ち上げず、尊敬もされなければ、権力も持てませんでした。彼は三歳で清朝の皇帝になり、六歳で退位、十八歳で紫禁城を追い出されます。帝王教育は受けていません。周りの者も、誰も彼を皇帝として扱っていません。皇帝として扱ったのは、家庭教師だったジョンストンくらいではないでしょうか。だから彼には変な理想ばかりがあって、満洲国に来て失望したのです。「俺は皇帝なのに、周りの態度はなんだ」と溥儀は思いました。

しかし、日本に行ってみると、日本の天皇は国民から非常に尊敬されていて、大いに驚いたのです。それで日満一体と言って、建国神廟《けんこくしんびょう》を創りたいと言い出したのです。天照大御神《あまてらすおおみかみ》を満洲へ連れて行くと溥儀が言うのに、天皇陛下も含めてみんな反対しました。溥儀は清朝皇帝の子孫なのだから清朝の祖先を祀るべきだと日本人は思いましたが、溥儀が建国神廟を満洲に創ったのです。

今は満洲で日本の神道を強制したのは関東軍だと言われていて、とにかく悪いことはすべて日本の軍部に押し付けていますが、まったくあり得ない話です。溥儀は回顧録で、いやいや日本の神様を拝みに行かされたなどと書いていますが、嘘ばかりです。とにかく共産党になってから書かれたものは、日本に対するありとあらゆる罵詈雑言《ばりぞうごん》ばかりで、信用が置けません。

日本人の満洲時代の回顧録を読むと、満洲国はそれぞれの民族と言葉を決して弾圧していません。娘娘廟《ニャンニャンびょう》が非常に盛んで、皆で遥廟《ようびょう》していました。道教や仏教の信仰は厚く、関帝廟《かんていびょう》もありました。モンゴル人はチベット仏教を信仰するなど、宗教的にまったく自由でした。そういったことは、『満洲国史』にはきちんと書かれています。

川島芳子のアイデンティティとは？

清朝が倒れ中華民国になった後、多くの満洲人は自分たちの出自を隠しました。「満洲人」という言葉を誇るべきものだと思えなかったのですが、愛新覚羅《あいしんかくら》という姓を持つ清朝皇族の粛親《しゆく》王の第十四王女として生まれた川島芳子は、満洲人というアイデンティティを強く持っていました。

彼女を養女にした川島浪速は、義和団事件のとき陸軍通訳官として従軍し、日本軍撤退後も清にとどまり、中国初の警察官養成学校、北京警務学堂の総監督に就任しました。その縁で、粛親王と親交を結び、娘を養女としたのです。

一九一五年八歳で来日した芳子は、はじめは東京赤羽の川島家から豊島師範附属小学校に通い、卒業後は跡見《あとみ》女学校に進学しました。そのあと、川島の出身地である長野県松本市に移住し、松本高等女学校に通学しました。毎日自宅から馬に乗って通学したといわれています。

川島浪速は大陸浪人といわれますが、辛亥革命後、満蒙独立運動や清朝復辟《ふくへき》にも関わっています。それで、川島芳子は、義父から満洲人であることの意義を教えられたのだと思います。

日本人の方が、明治時代から自分たちの民族をはっきりと意識していて、中国人に対しても相手の民族の文化や歴史の重要性を教えてあげているのです。日本人は歴史や背景などを大事にする文化を持っているので、相手のバックグラウンドについてもよく考えて、聞いてあげます。川島芳子の満洲民族主義も、芳子が日本で育ったことが大きかったと思います。

芳子はその後、川島浪速が支援した満蒙独立運動の闘士バブージャブ（巴布扎布、日本ではパプチャップと書かれます）将軍の次男で、日本の陸軍士官学校卒のガンジュルジャブと一九二七年に結婚しました。三年ほどで離婚しています。

満洲事変の際には、芳子は関東軍から依頼されて、溥儀の皇后である婉容《えんよう》を天津から旅順に連れ出す任務に携わりました。ガンジュルジャブは、蒙古独立軍を組織して、関東軍と呼応しました。

†満洲国における「日系」「満系」の差別

日本人は民族意識が高いですが、満洲国では行政上、現地の満洲旗人と、清末から移住してきた漢人を「満人」と言って一緒くたにしてしまいました。日系・満系という乱暴な区分けが始まりました。

満洲国ができた頃に、現地に入った日本のマスコミも程度が低いです。明治時代にはマスコミは、身なりはよいのにゴロツキのような行為をする「羽織ゴロ」と呼ばれていたように、日本では威張れなくても大陸に行って威張り散らすような、下層から這い上がった成り上がり者がたくさんいました。行政官のトップは、満人と一括されている人々の背景や温度差などもわかっているのですが、普通の日本人は理解していません。

つまり、日本人の側にも個人差があり、今の私たちのように背景を細かく考えることが好きな人と、満洲を他の植民地と同様に考えて、威張るために乗り込んでいった日本人がおり、満洲国建国後は、原住民を満人とひとくくりにする後者が増えていきました。

今の教科書では「満洲が日本に植民地にされたので、日本人に差別された中国人が、独立運動を起こして取り返した」といったナショナリズムのイメージで語られますが、これは明らかに後付けで、毛沢東時代に言い出したことです。当時の満洲には、自分たちが南方の国民党や共産党と同じ中国人であるという意識はまだなく、日本の敗戦後、満洲国官吏だった人たちが、撫順刑務所で反省文を書いたとき、「日本に押し付けられた」「われわれは心の中では反発していた」などと書いたものが証拠として残って、後に歴史を書き換えたのです。

当時の満洲国でそのようなナショナリズムに燃えた人は、確信犯の反日の工作員です。撫順刑務所で反省文を書いた人のなかにも多数いたと思います。そういった工作員が反日を煽ったことはあったと思いますが、そんなに多くはなかったでしょう。

†大連・旅順だけ特別扱いなのはなぜ？

遼東半島南端、旅順と大連がある関東州は、よく間違えられますが、満洲国ではありません。関東州は日露戦争後に正式に条約を結んで得た日本領です。満洲事変までは、日本人はほとんど関東州と満鉄の付属地にしか住んでいませんでした。日本人にしてみれば、関東州というのは巨大な租借地で、イギリスが香港を持っているような感覚です。

日露戦争の直後に日本領となった関東州の管轄について、日本ではお決まりの縦割り行政で、大いに揉めました。外務省に拓務省、それに満鉄も絡んで、大蔵省次官を引き連れて金の奪い合いにもなりました。関東州は形式上、独立していて、だからこそ終戦時に関東州まで引き揚げてきて助かった人も多くいました。

†傀儡国家か？　独立国か？

満洲国は関東軍がつくった傀儡《かいらい》国家だと言われることがあります。私も満洲国は傀儡国家だと思います。傀儡国家で何が悪いのでしょうか。

実際のところ、世界中に傀儡ではない国はどれだけあるでしょう。北朝鮮やモンゴル人民共和国はソ連の傀儡国家でしたし、アフリカや南米にしても、どれも列強がつくった国ばかりです。王様がいて独立しているように見える国でも、とても自前では食べていかれない国ばかりで、それは傀儡とは違うのでしょうか。

形式的には独立国家であっても、実は傀儡政権という国はたくさんあります。満洲国だけをとって傀儡であると論じようとするのは、最初から何らかの意図を感じます。傀儡国家でないのは、昔から存在している国、あるいは今で言えば国連が援助している国しかありません。

中国共産党は完全にソ連によってつくられましたが、毛沢東がモスクワの金で動きながらも、持ち前の政治力を発揮して、モスクワ帰りを粛清して、自分が権力をつかみとったのです。だから、中華人民共和国はソ連の傀儡国家にはなりませんでした。

†満映と甘粕正彦

満洲映画協会（満映）の理事長を務めた甘粕正彦《あまかすまさひこ》ですが、前述のように、私は甘粕は関東大震災後に大杉栄《おおすぎさかえ》を虐殺したとは思っていません。いくら日本の軍隊であっても、大杉虐殺の実行犯を大陸でそんなに高い地位を与えて、一花咲かせるようなことはさせないでしょう。甘粕はトップとしての責任を取って泥をかぶったのだと思います。

満映での甘粕はかなり人気がありました。満映ほど文化的な仕事をしたのは、中国大陸で初めてではないでしょうか。今の中国の映画人は、みんな満映の出身者かその弟子筋の人たちです。

その他のジャンルでも、甘粕をはじめ日本人は、教育や大衆文化の隆盛に力を入れました。満洲につくられた建国大学などの教育機関のおかげで、現代中国の知識階級が育っています。

満洲ではオーケストラが盛んですが、そういった新しい音楽や新しい小説は、すべて日本人が持ち込んだものです。図書館や民族博物館の建設といった文化政策も日本人が必死になって行ないました。もし日本人が一切満洲に関わらなかったら、満洲の文化、というよりも、満洲の歴史自体が何もなくなっていたでしょう。

日本人は真面目なので、明治時代の不平等条約改正に向けた情熱がずっと続きました。アジア人が国際的に一流であることを、われわれは証明しなくてはいけない、という熱意に燃えていて、満洲でも一所懸命に白人に引けをとらない文化を築こうとしたのです。

ロシアが初めに手を付けた大連の街づくりも、ロシアがいなくなった後も、すべてロシア式の建物にして、日本人がヨーロッパ風の街につくりあげました。ヨーロッパと同等に都市を整備して運営していくことができると、欧米に示す必要があったのです。

当時は、世界的にアジア人は劣っていると見られていて、植民地主義が主流だったので、アジア人は奴隷で十分だという認識がありました。したがって、インドネシアやインドなど、アジア各地でアジア人がひどい目にあいました。日本人だけが日露戦争で白人を破って、アジアの人々から喝采を浴びました。

日本人は軍事力だけでなく、文化的にも欧米人と対等にできるところを示して、アジアを解放し、アジアの盟主になるつもりだったのです。これを本気で考えていた日本人はかなりいました。

しかしながら、個々の日本人は頑張っているのですが、国の意思として政策にはなりませんでした。というのは、前に話しましたが、江戸時代は指導者を育てる教育をしていたのが、明治になって官僚を育てる大学しかつくらず、政策を考える帝王教育、君主教育が日本にはなくなったからです。人の言うことをまじめに聞く優秀な官僚は輩出しましたが、上に立ってマネージメントするようなエリート教育がなされていないので、立派な指導者が育っていないのです。日本は個々人はしっかりしていても、全体としては方向性がないというのは本当に残念です。

大東亜戦争が始まる一九四一年の段階で、アジアの解放が戦争目的になりきれていなかったのですが、多くの国民は本気でアジアの解放を信じていました。大陸へ渡った人たちは、貧しい生活をおくる大陸の人々を救ってあげたい、自分たちのようにしっかりとした生活ができるようにしてあげたいといった思いがあったのです。

戦時中、個々の日本人と接触があった大陸の人たちは、実は日本人が好きなのです。よくしてもらったと言います。中国人は政治的なので、そういった発言は損になるために言わず、平気で悪口を言いますが、内モンゴル人が次のように言っています。

「文革のとき、中国人はモンゴル人を殺して土地を奪ったが、日本人はモンゴル人だというだけでは、殺さなかった」

日本人は大陸でも人を殺さなかったのです。

†ノモンハン事件は両者の敗北

満洲事変の頃、ソ連は五カ年計画の最中でした。一九三〇年にようやく独裁権を握ったばかりのスターリンにとって、そもそも満洲国の建国は、日本軍がシベリア鉄道を分断できる土地に進出したことを意味しました。だいたいロシアは日露戦争で日本に敗れたのですから、スターリンにとって日本は脅威でした。しかも日本のシベリア出兵でロシア革命を邪魔されたと思っています。長く延びた鉄道を破壊するテロはじつはたやすいことです。日本人は紳士的ですから、そこまでは考えなかったでしょうけれども。

満洲国ができた直後の一九三二年、モンゴル人民共和国で、親ソ政策を取る革命党政府に対する大暴動が起きました。当時八十万人のモンゴルの人口のうち四五パーセントが共産主義に反対で、「われわれの宗教を守ろう」と立ち上がったのです。革命党政府は仏教僧侶の虐殺などを行なって嫌われていました。もともとモンゴル人は社会主義国になるつもりはなく、中華民国から離れるためにソ連についたのでした。

ソ連は、中国が共産化したら、モンゴルを中国に返してやってもいいと思っていました。日本が満洲国をつくって「東部内蒙古」の遊牧生活を保護し、後述するような、徳王による内モンゴル独立運動を支援しているのを見たモンゴル人民共和国の国民は、暴動を起こしてモスクワではなく日本に支援してもらおうとしたのです。

スターリンはあわててモンゴル人民共和国に特使を派遣して実情を調査し、対モンゴル政策を一八〇度変換して、軍事同盟を結び経済援助を始めます。一九三二年に、モンゴルで国を挙げての暴動があったことも、一九九一年のソ連の崩壊まで隠されていた話です。

ソ連は張鼓峰《ちょうこほう》とノモンハンで日本に喧嘩を売ってみたところ、日本の軍隊がめっぽう強くて劣勢だったのですが、それでも情報統制でカモフラージュして負けていないことにして、外交で挽回《いっかい》しました。

満洲国とモンゴル人民共和国の国境紛争だった、一九三九年のノモンハン事件は、ソ連軍機械化部隊に、満洲国軍と関東軍がまったく歯が立たずに敗退したと信じられていました。タス通信などの情報統制も行き届いていて、日満軍は一万八千人も戦死し、二万何千人かが負傷したのに、ソ連軍の戦死は三百～四百人だと発表されました。しかし、一九九一年にソ連が崩壊すると、ソ連・モンゴル軍の死傷者数も、戦病死を除いて一万九千余人だったことが判明しました。ノモンハン事件で、日本の北進政策とソ連の南進政策の両方が取り止めになりました。

ノモンハン事件は、日本とソ連、両者の敗北とするのが正しいと思います。

†ソ連の民族支配構造

大陸国家であるソ連は、多くの人種が入り交じっている多民族国家で、人間のネットワークで成り立っています。人と人をつないで支配を確立するのです。その方法は、モスクワに忠誠を誓う人間を、各共和国の代表として選んで統治させるというのが基本で、モスクワ当局は、それを背後から支えるのです。しかし、忠誠を誓った人間でも、モスクワに都合が悪くなると、有無をいわさず捕まえて処刑しました。

南シベリアのバイカル湖周辺には、古くからモンゴル系のブリヤート人が住んでいました。彼らは一九一七年にロシア革命が起こったとき、これを嫌って南のモンゴル（のちのモンゴル人民共和国）や北満洲に逃げました。

スターリンは、一九三七年に始まる粛清で、ソ連の衛星国となったモンゴル人民共和国に逃げたブリヤート人の男を捕まえて、ほとんど殺しました。敵国と通じるかもしれないという理由からです。なぜなら、一九三二年にできた満洲国に同族がたくさんいたからです。もちろん、ソ連のブリヤート人も監視しました。それまで、ブリヤート・モンゴル人と名乗っていたのを、モンゴルを名乗るのを禁じ、単なるアジア系人種ということにしました。

今でもブリヤートでは、モンゴルという名前を使わせません。モンゴル人民共和国で百科事典を刊行したとき、ブリヤート・モンゴルからモンゴルという字を消すために、すべての頁に上から別の紙を張りつけたと、私の友人から聞きました。それほど、ソ連はブリヤートをモンゴルではないことにしたかったのです。

このように、ソ連は厳しくするところは非常に厳しくしましたが、例えばモンゴル人民共和国については、あまり内情に突っ込まないなど、地域によって対応に違いがありました。

中央アジアのいわゆるＣＩＳ諸国、旧ソ連のイスラム教国に関しては、それぞれに共産党を作りました。ロシア人による共産党ではなく、各民族が共産党を創設し、モスクワに都合のよい人物をトップに据えてコントロールしました。それが現在の独裁制にまで繋がっています。

†コミンテルンという組織

コミンテルンとは、一九一九年に結成された共産主義の政党の国際組織（国際共産党、第三インターナショナル）で、一九三五年までに七回の大会を開いています。第七回大会には、五十七カ国、六十五の党と国際組織の代表が出席しています。そのコミンテルンは日本を恐れて、さまざまな謀略を仕掛けてきました。

スターリンも最初から順風満帆で強かったわけではありません。私は、コミンテルンというのは、実はレーニンの直属近衛兵のようなもので、ソ連の国家とは関係がないと思っています。コミンテルンには、実にさまざまな国の出身者がいて、完全に確信犯的な国際共産主義者の組織で、心情的なつながりで動いています。

だからこそ、スターリンはそれを煙たがり粛清も行なって、一九四三年には解散させてしまいました。その後、コミンフォルムができますが、あまり続きませんでした。

そのコミンテルンが満洲で行なった陰謀の実態については、いまだに判然としないというのが実情ですが、日本を敵視し、日本の弱体化をもくろむ思想は、現在も生き続けています。

†モンゴルから見たノモンハンの地理的な意味

ノモンハンは本当に何もない草原です。どうしてここで境界をめぐる争いが起こったのか疑問に思う人もいるでしょう。どうせ遊牧民には土地の所有権などなかったのだから、ネイティブ・アメリカンの土地を奪って西部に広がったアメリカ合衆国の州境のように、まっすぐ線でも引いておけばいいだろうと思うかもしれません。

しかし、アジアというのはアメリカと違って何千年もの歴史があり、土地や人間関係の積み重ねがあります。そこがアメリカと違うところです。

ノモンハン事件のことをモンゴルではハルハ河戦争と言います。日本人はハルハ河を国境だと思っていましたが、モンゴルではハルハ河の周囲がひとつの遊牧地であって、ハルハ河はその真中を流れているにすぎません。モンゴル人は水がある河を真ん中にすえて、その周りをひとつの遊牧地帯としてとらえているのです。モンゴル人にとって、ハルハ河の満洲側にいる人間も家来筋であって、ハルハ河周辺はモンゴル国の領土であるのは確かなことでした。

しかし、ロシアも最初は間違っていたのです。日本は満洲国ができるまでずっと現地調査をさせてもらえず（中村大尉殺害事件も起きました）、しようがないので、シベリア出兵のときに旧ロシア軍から奪った地図を拡大して使っていました。ロシアの地図が誤っていたのは、清朝と結んだキャフタ条約のときの、山または河を国境線とするというとりきめを、遊牧地にも勝手に当てはめたためでした。

ところがモンゴル人民共和国ができた後、モンゴル人がロシアに文句をつけて、ハルハ河を越えて国境となるように地図を書き換えました。そのため、モンゴルと日本の主張する国境が食い違い、お互いに国境を侵犯したと言い合い、衝突が起こったのです。

ノモンハンの戦いでは、日本軍より満洲国軍の方が多く参戦しました。現地ホロンブイルの満洲国軍がノモンハンでソ連軍と戦ったのです。満洲国軍は結構しっかりと日本の訓練を受けていて、かなり戦力になりました。

満洲人とモンゴル人にすれば、日本とソ連の代理戦争を戦ったことになります。ハルハ河の両側がモンゴル地帯なので、満洲国軍にもモンゴル人が入っていて、お互いに戦争をしたくありませんでした。しかし、満洲国は日本の傀儡で、モンゴルはソ連の傀儡ですから、東京とモスクワの意向に逆らうことができませんでした。

日本人が現地のモンゴル人の言うことをもっと大事にしていればよかったと私は思います。そうすれば、本当のことがわかったはずです。モンゴル人ともっと上手につきあえば、貴重な情報も手に入ったでしょう。全員ではないでしょうが、一部には、現地の人たちを原住民扱いして威張り散らしていた軍人もいたようです。

今でも、たとえばＪＩＣＡ（国際協力機構）でも、いい人もいればそうでない人もいます。特にお金を配分する立場の人などは、現地人を見下す人も見受けられます。

†関特演はスターリンへの牽制

ノモンハン事件の後に関東軍司令官となった梅津美治郎《うめづよしじろう》は、暴走する関東軍参謀らを処分し、人事の立て直しをはかりました。彼のもとで一九四一年に、ソ連国境付近で関東軍特種演習（関特演）が行なわれました。

ヨーロッパで独ソ戦が始まって、日本はどうするか、北（ソ連）へ行くか南（東南アジア）へ行くかというときに、関東軍司令官だった梅津美治郎が、七十万人を集めて満洲のソ連国境近くで大演習を行ない、ソ連を牽制したのです。いつでもソ連へ突入できると見せたので、スターリンが怯えて、結局一九四五年まで攻めて来ませんでした。

梅津が支那駐屯軍司令官時代には、宋哲元《そうてつげん》の部下が熱河省に侵犯したのに対して、梅津・何《か》応欽《おうきん》協定（一九三五年）を結んでいます。

梅津は、昭和のありとあらゆる重要事件に関わっていたと言ってもいいでしょう。二・二六事件後に陸軍の粛清を行ない、一九四五年の降伏文書調印式にも嫌々ながら軍の代表として出席し、ミズーリ号で降伏文書に署名しています。そのときに息子に対して、二・二六事件とノモンハン事件のことを指して「今度もまた後始末だよ」とぼやいたと言われています。

話をもどして、関特演のあと、大東亜戦争における太平洋での戦況が日本に不利になるに従い、在満日本軍は南方に転用されて、関東軍は弱体化しました。さらに一九四四年の在華米軍の爆撃やソ連軍の優勢、さらに一九四五年のソ連軍の東方への輸送開始によって、関東軍は作戦計画を攻勢から防御・持久戦に転換し、一九四五年夏には、在満日本人二十五万人の根こそぎ動員計画を実施するはめにおちいりました。

これによって、関東軍は七月末には外面上は二十四個師団、兵員七十万人になりましたが、その大部分は新設部隊で、満足な装備もなく、火砲は関特演のときの二分の一から三分の一にすぎず、実質戦力は八個師団程度でした。

しかし、日本軍に怯えていたソ連は、百七十四万人もの自国軍を満洲国境に展開していました。万里の長城の南には岡村寧次《おかむらやすじ》率いる在華日本軍もいたので、スターリンは勝てないと踏んで一切満洲へ入って来ませんでした。

ソ満国境に展開していたソ連軍に攻撃開始の命令が下りたのは、アメリカが長崎に原爆を投下した八月九日です。ソ連は、自国が参戦する前に日本が降伏し、発言力が低下することを恐れて、予定を繰り上げて、八月八日に日本に宣戦布告をしたのです。満洲国の存在意義はソ連を押しとどめるためにあったと言えます。

†ソ連もアメリカも日本が怖かった

スターリンが日本に怯えたように、アメリカも日本を非常に恐れていました。満洲事変後のリットン調査団の報告がなされた国際連盟でも、オブザーバーのアメリカは当初、参加することを嫌がっていました。アメリカは一言も発言しないことを条件として、参加することを受け入れたのです。それほど、日本が強かったのです。

アメリカは日本人のことを恐れていたので、大東亜戦争で本気で叩《たた》き潰《つぶ》したかったのでしょう。国際法を無視して、無差別空襲や通商破壊、さらには原爆投下まで行ないました。アメリカは日本の一般人を虐殺しまくっています。

日本人は国際法のルールを破っていませんが、戦後はなぜかそれが逆転して、日本が悪かったことにされています。アメリカと中国の利害が一致したので、南京大虐殺などと言い出したのです。こういったことが、なぜ普通の日本人にはわからないのでしょうか。正直に言って、わからない日本人はもう駄目だと私は思います。

歴史は解釈の学問なので、恣意的に事柄を選んでいけば、日本だけが悪かったと説明することは可能です。今の基準から見て日本が悪いことをしたのは本当でも、その前にもっと悪いことをしている相手がいるのに、それについては何も言わないからです。

また、今の日本人は、当時の日本が弱かったと思い込まされています。これは完全なマインドコントロールです。「日本は弱い」と日本人が思ってくれることが利益となる人たちが口裏を合わせて、日本以外のすべての外国が今に至るまでそう言い続けているのです。

実際にはアメリカもソ連も、当時は日本が怖くてしようがなかったのです。戦後は諸外国が寄ってたかって日本を叩いて、国際連合でも敵国条項を続けています。ソ連が崩壊し、アメリカも国力が弱ってきて、中国が力をつけてきた現在でも、「日本が悪い、日本が悪い」と言い続けないと、自分たちの立場が維持できないのです。放っておくと、自国の民衆が日本の方がいいと言い出してしまうからです。

当時の日本人は強かったのだと実感する日本人が、今ではすっかりいなくなってしまいました。「日本は国際連盟を脱退しなければよかった」「アメリカと戦争するなんて馬鹿なことをした」などといったことばかりを子供たちに教えています。確かに、これまで日本が重ねてきた長い歴史のなかで、この時代ほど、たくさんの日本人がひどい目にあい、亡くなったことはありません。しかしながら、やはり歴史というものはしっかりと残って、経験にもなるのです。

嘘をついても、嘘というのは永久にはつききれません。どこかでバレて、ぼろが出ます。日本人がしてきたことは、やはり無駄にはなっていないですし、日本の底力というか、「怒ったら怖いんだぞ」という印象は世界中に残っています。「もう少しなんとかすればよかった」というのはありますが、日本の歴史はきちんと残っていて、明治以降の積み重ねが、今の日本の土台になっているということを、日本人はしっかりと認識すべきです。

それを理解した途端に、日本人は元気になると思います。日本の歴史の本当の姿がわかれば、それだけで将来は開けると私は思うのです。従って、今、日本のなかで自国民が誇りを持つことに対して滅茶苦茶に足を引っ張っている嘘を、取り払っていくだけで、それ以上は何も言わなくても、日本人は勢いよく前へと進めると思います。

加藤陽子のように、それを恐れる人たちが、なぜそうまでして外国にへつらって、日本を貶《おとし》めているのか私にはわかりません。国よりも自分の利権が大事なのでしょうか。

†満洲開発

日本が開発した満洲はいい土地でした。

もし日本が日露戦争で負けていたら、満洲はロシアに、朝鮮はコリヤスタンになっていたはずです。ロシアになっていたらどうなっていたかは、沿海州を見れば想像がつきます。沿海州は山がちですが、海に面していて条件はよいはずです。しかし、いまだに虎がいるところです。

満洲は日本人によって、今のように金を生み出す土地となりました。やはり日本人の投資によって現代の中国があるのです。例えば、アメリカ合衆国では西部の開発にしても、ユタ州やミネソタ州などでは開発が進んでいません。日本はそれに近い奥地を開発して、生産性のある土地に変えました。日本人が満洲へ行く前は、狩猟民と農民だけがいて、何も生み出さない土地でした。コーリャン畑しかなく、モンゴル人と漢人が喧嘩ばかりしていました。

二十世紀の歴史は、日本がまず日露戦争でそれまでの白人絶対の歴史を変えて、満洲事変でも世界の仕組みを大きく変えました。第一次世界大戦以外は、すべて日本のせいで世界史が動いたのです。そこのところを日本人は自覚しなさすぎです。今でも、「私たちはこんなに弱くて、いい子にしていたのに、どうしてこんなにいじめられるのだろう」と思っているのが間違いです。実は日本はアジアの超大国だったのです。

日本は謀略ではなく正論を持って戦争を行なったので、他の白人諸国はおおやけに文句を言うことができません。「植民地主義がひどすぎる。なぜ人種が違うだけで奴隷扱いするのか。白人はけしからんのでアジアの人たちを救ってやりたい」というのが日本の主張で、本当に正道の理由でした。

そして白人の圧力を跳ね返して日本人が強くなったので、白人は正面切って文句を言えなくなりました。そのため、「日本をなんとかおさえなくてはいけない」と背後に回って組んだというのが、世界の歴史なのです。

「日本人は本当はすごい。本当は他国も日本のようにやりたいけれども、みんなできないのだ」と言う日下公人さんの意見に、私は非常に賛同します。今はそういったことを言うのは、日下さんくらいです。

現代のアメリカ国内の悲惨な状況を見ても、どこがいい民主主義の国でしょうか。アメリカに生まれたら、お金がなければ大学へも行けず、軍隊に入って死ななければなりません。中国に生まれたら、一握りの高級幹部以外は、どんなにひどい目に遭うでしょうか。私たちは日本に生まれたおかげで、しっかりとよい生活を送ることができているのです。それなのに、なぜ、みんな日本の悪口ばかり言うのでしょうか。

†戦時中の満洲

大東亜戦争中の満洲はほとんど空襲もなく、資源も比較的豊富で平穏でした。満洲においても治安維持は最重要の課題であり、満洲人が日本人に協力するのは当然のことでした。張学良の施策はひどいものでしたし、ソ連の恐怖もあります。満洲には満洲人、朝鮮人、モンゴル人などいろいろな人たちがいましたが、自分たちが生き延びるために、日本人に協力するのが一番の道だと考えていました。

しかし山海関の南の中華民国の人たちが、抗日のナショナリズムを煽《あお》り立てました。「日本の帝国主義」対「中国民衆」という単純化された言説ではやし立てて、中国人の反発を引き出したのです。彼らは遠いところにいて、現地のことなど何も知らないのですが、遠くにいるからこそ煽るのが便利だったのです。

何も知らない反日運動と言えば、最近の反日暴動もそうです。日本の尖閣諸島国有化に反対するデモに参加している人は、それまで尖閣諸島などどこにあるかも知らなかった人たちばかりです。知らない方がスローガンを信じこみやすく、煽動《せんどう》する人にとってても便利なのです。

日本人が満洲国を建国したとたんに、「中国人」というものができました。中国人らしさ、中国ナショナリズムというものがつくられたのです。満洲国ではない場所で騒ぎが始まりましたが、満洲国内で、抗日、反日と言っていたのは、共産党の息のかかった本当に一握りの知識人でしょう。庶民たちにはまったく関係ありません。中国民衆の抵抗などというのは、戦後の言説です。

満洲国のなかの騒動は、前からいた匪賊や馬賊の生き残りとか、朝鮮人共産主義者とか、ソ連のコミンテルンの煽動とかで、もちろん、日本国内の安定した生活から見れば、治安が悪い土地ですが、それは日本人が主導権を握ったからではなく、ソ連やモンゴルや朝鮮や中国に取り囲まれた、満洲という土地の持つ宿命のようなものです。

関東軍はそれほど人数がいませんし、基本的に国民党政府時代の組織をそのまま利用して、現地の治安維持を図っていました。当然、現地の勢力も日本と組みましたが、それを侵略だ、暴動だと言ったのは南の国民党で、国民党は外国に向けて、ガンガン日本侵略を訴えていました。いつだって中国のプロパガンダに日本はやられているのです。

実際には、満洲事変も満洲国建国も、日本の一方的な占領工作などではありません。協力者なしに、そういうことができるでしょうか。しかし戦後、中華人民共和国が政権を取ったあと、すべての歴史を塗り替えて、今に至ります。

†日本の戦争に巻き込まれた満洲

日本は満洲国で真面目に国造りをしました。道を直して、電気を通すなどインフラを整備し、貿易も盛んにして豊かな国にしようと頑張り、実際にそうなっていきました。百年先まで税金を取ったという張学良より、日本人が運営する満洲国の方がずっとよかったと思います。

しかし、日本の戦争により状況は変わりました。日本の物資が足りなくなったために、満洲からいろいろと拠出されていったのです。そのため、満洲でも物不足となりました。満洲国の領土に住んでいたあるモンゴル人は、こう言いました。「満洲国ができたときは、それはもう素晴らしく、みんな理想に燃えていた。支那事変が始まった頃はまだよかったが、大東亜戦争のせいで物が足りなくなり、日満一体ということで、大豆を幾ら出してくれなど、毎年言われるようになり、生活が厳しくなった」。それでも、中華人民共和国になってからよりはマシだとも言っていました。

日本国内では一九四五年初めには生活はかなり厳しくなりましたが、その頃は満洲ではまだ配給もたくさんあり豊かでした。日本が物資がなくなって生活が大変になったから、満洲に行こう、という人すらいました。満洲がひどい目にあったのは、一九四五年八月の終戦間際にソ連が侵入してきて、ありとあらゆるものを根こそぎ持って行き、その後、国共内戦が始まってからです。それまでの十三年半は満洲では戦争もありませんし、いい生活が送れていたはずです。

国際善隣協会が出している『満洲建国の夢と現実』という本には、満洲の古老が語った話が出ています。

「日清戦争当時の日本軍は、農家に宿営しても、自分たちは庭にテントを張って休み、庭を箒《ほうき》で掃いていくような立派な軍隊だった。日露戦争に来ている軍隊もよく、長く居座っている大鼻子（ターピーズ＝ロシア人）には反感もあったし、労力も食糧も車もすすんで出した。ところが奉天の会戦後、たくさんの日本人が奉天に来たが、この人たちが急に威張り出した。満洲事変のときに間島（カンド）省にやってきた関東軍は、たちの悪い朝鮮人小作人の訴えを真に受けて、地主の漢人をいじめたりした。そのうちに満洲国建国となった。日本人もだんだんによくなりつつあると思って楽しみにしていたが、敗戦で残念ですねえ」

これは満洲人の本当の気持ちだと思います。

†ソ連に対する日本軍の抵抗

終戦時、ソ連軍が満洲になだれ込んだとき、現地の人が一緒になって日本人狩りをしたという話も、どこまで本当かわかりません。ソ連軍に現地の中国人と日本人の違いがわかったとはとても思えません。

一七四万人もの極東ソ連軍が一斉に満洲に攻め込んだとき、現地人を一緒くたにして、虐殺していったでしょう。必死になって逃げる日本人の隙を突いて、中国人が女子供から金品を巻き上げるといったことはあったでしょうが、それは大陸の戦乱ではいつものことです。中国人も日本人もみんなソ連軍にやられました。

ソ連軍とともにモンゴル人民共和国からモンゴル軍が来て、内モンゴルの人たちは今度こそモンゴルは一つになれると思い、モンゴル人民共和国の人たちと何度も会議を重ねました。しかし彼らはあまりにも貧乏で教養が低く、最初は歓迎していた内モンゴルの人たちも「こんな人たちとは一緒にやっていけない」と思ったと言います。これは私たちの友人である内モンゴル人が証言したことです。

ソ連側もドイツとの戦いで二千万人が死んでいますし、消耗しきっていてお金も武器もあり

満洲国

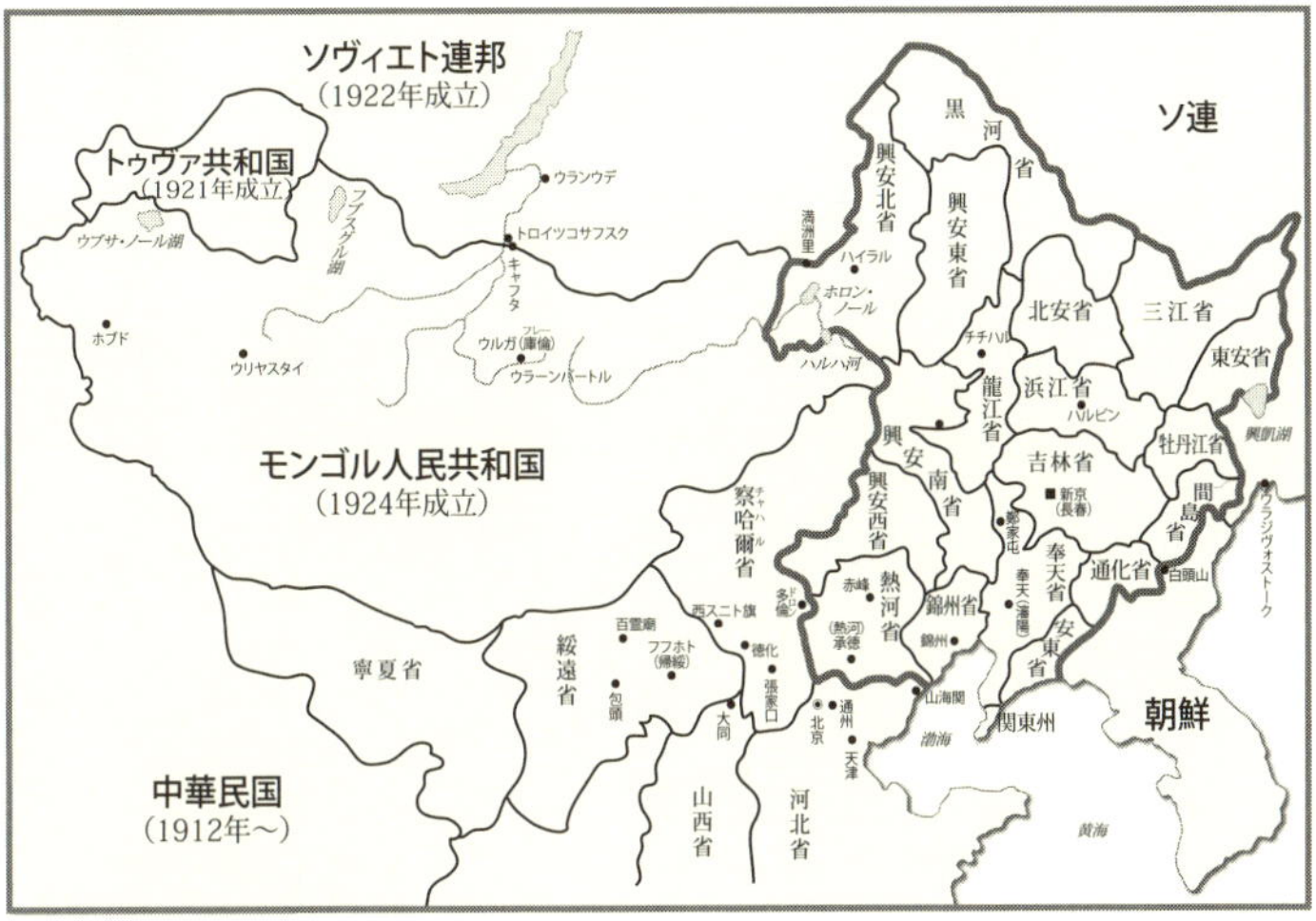

満洲へのソ連侵攻

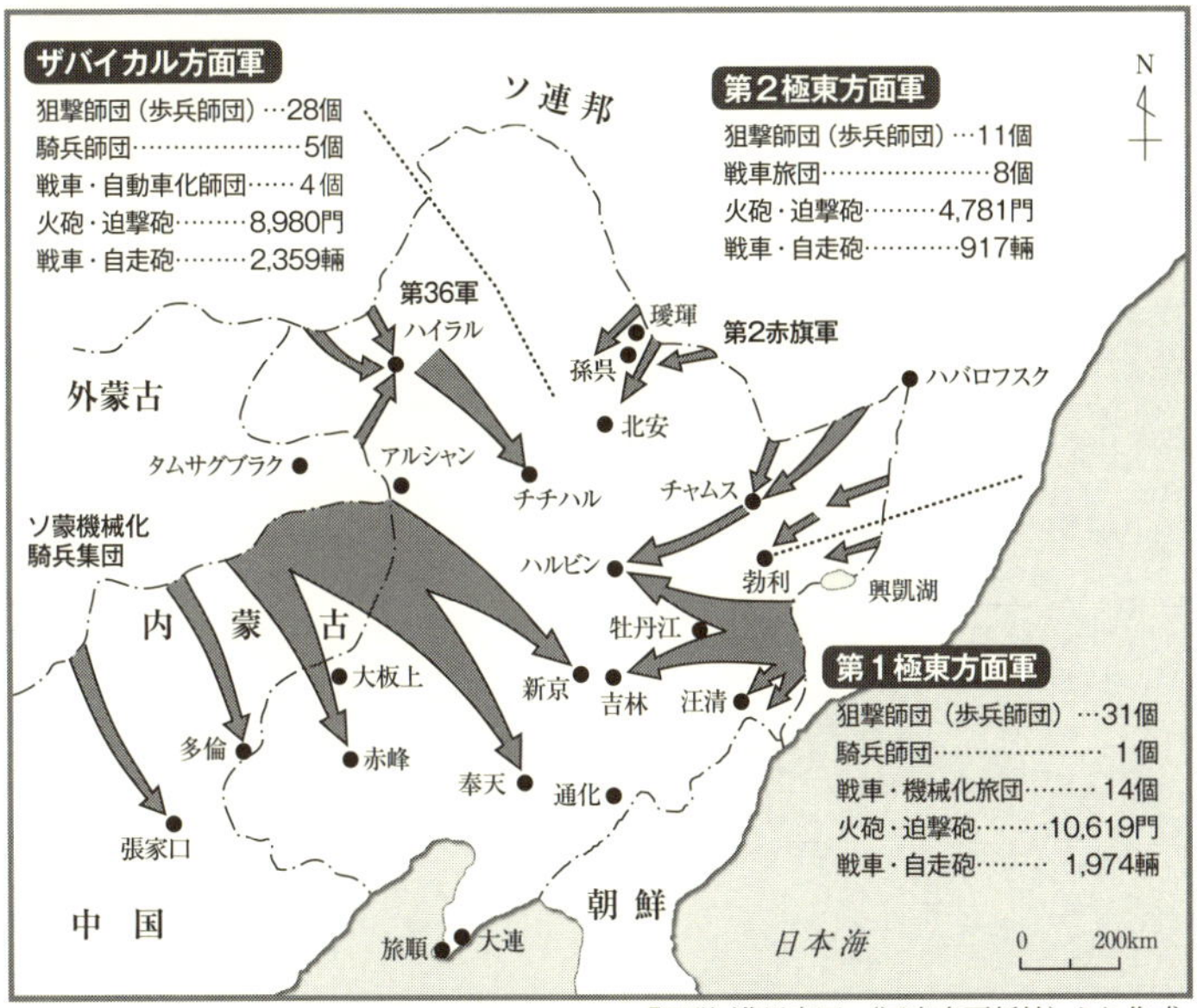

『図説 満州帝国』（河出書房新社）より作成

ませんでした。それでも日本を恐れているため、ソ連の東側には精鋭を揃えていて、その精鋭部隊が満洲に乗り込んできたので、やりたい放題でした。盗みも殺しもやり放題だったと思います。そんななかで、現地の中国人をソ連の人間が信用したわけがないでしょう。

もちろん、ソ連軍の満洲侵攻で、もっとも矢面に立ったのは日本人の開拓村でした。国境地帯から入ってきたソ連軍に対して、国境付近を守っていた日本軍は武装解除命令を無視してまで、玉砕覚悟で戦いました。「日本人を守りたい」という一心で地雷を抱えたアンパン突撃を行なって、多くの日本兵が玉砕していきました。

従来、こういった玉砕攻撃について、ソ連はアメリカと日本との戦いを研究して準備していたので、あまり意味がなかったというのが日本史の通説でした。しかし、徐焔《じょえん》という中国人は、二日間時間を稼いだので意義があったと評価しています。

私は二〇〇〇年に、ハルビンから旧東清鉄道の路線を寝台列車に乗って満洲里（マンチューリ）に行き、そこからノモンハン古戦場に入ったあと、ハイラルの戦跡を見てきました。今は観光地になっていますが、日本軍はしっかりとコンクリートの地下要塞をつくっていて、「非常出口」「消火栓」などといった日本語がそのまま残されていました。あちこちで、なんとかしてソ連軍を食い止めようとしていたことが感じられましたが、いかんせん一七四万の大軍では無理でした。

ソ連軍はあっという間に突破し、人々に凌辱を加え虐殺しながら町まで到達しました。町へ入ると金品を盗んでから、そこで敗戦国民の日本人と中国人とを区分けしたのでしょう。

†日本はソ連を仲介とした和平を本気で信じていたのか？

日本はソ連が満洲へ侵攻するまで、当のソ連を相手に和平交渉を行なっていました。今から考えるとあまりにも希望的観測が入りすぎていると思いますが、当時は本気でソ連との和平交渉に希望を持っていました。

日ソ中立条約の破棄が一九四五年の四月にソ連から通告されていましたが、条約満了は翌一九四六年であり、日本は中立条約は有効だとの立場に立って、和平交渉を続けていたのです。あの状況でスターリンと取引きできると思っていたということは、外交の常識からみれば大きく外れています。

こういったことを考えると、本当に満洲事変と満洲国の教訓というのは、今こそ日本の政治に生かさないといけないと思います。とにかく、日本が弱腰だったために相手側が悪さをしたわけですし、外交的に何とかしようとジリジリとやっているうちに、どんどん深みにはまって行ったのです。満洲国ができたときも、負けたときも同じです。すべて日本の中央の政治が悪いのです。利権がらみで派閥が分かれていることが問題です。

現在がこの当時よりよくなっているとは思えません。本当に、満洲事変と同じようなことが、さらにひどいかたちで起こる可能性があります。

†シベリア抑留ではなく共産圏抑留

ソ連は、自国が参戦する前に日本が降伏し、発言力が低下することを恐れたので、アメリカの原爆開発を知って予定を繰り上げて、八月八日、日ソ中立条約に違反して日本に宣戦布告しました。九日にはソ満国境に展開する一七四万人の極東ソ連軍に攻撃開始を命令し、南樺太と千島にも侵攻しました。

日本が降伏した八月十五日のあとも戦闘は続き、八月十九日にようやく、東部ソ満国境ハンカ湖近くで日ソ間の停戦交渉が行なわれました。しかし、武装解除された日本軍に対して、ソ連首相スターリンは、日本軍捕虜五十万人のソ連移送と強制労働利用の命令を下したのです。

ソ連は、すでに離隊していた男までも強引に連行しました。日本人捕虜はまず、満洲の産業施設の工作機械を撤去しソ連へ搬出するために使役され、八月下旬ごろからソ連領内に移送され始めます。現在の日本政府の推計では、総数五十七万五千人とされていますが、実際は七十万人近くが移送されたとも言われます。

大戦で荒廃したソ連の復興のための労働力とされた日本人抑留者たちは、シベリア各地、中央アジア、コーカサス地方にまで送られ、鉱山、鉄道、道路建設、工場、石油コンビナート、森林伐採などの重労働を強いられました。およそ六十万人の抑留者のうち、約一割にあたる六万人が、極端に悪い食糧事情のなかでの重労働によって亡くなりました。これが、「シベリア抑留」といわれるものです。

最近聞いた話ですが、「シベリア・ヨクリュウ」と聞いて「翼竜」という恐竜だと思った大学生もいるそうです。戦後の日本は、本当に自国の歴史を大切にしないし、真実の歴史を教えていないですね。

ところで、私は「シベリア抑留」と言うのは間違いだと思います。その理由は、シベリアだけでなく、モンゴル人民共和国、北朝鮮、ウズベキスタン、ヴォルガ河、コーカサスにも連れていかれたからです。「ソ連抑留」あるいは「共産圏抑留」と言うべきです。

こうして戦後の日本は本当のことを誤魔化し、言葉を矮小化してきました。つまりは、左翼の人たちにとって、ソ連が行なった都合の悪いことは、なるべく小さく言おうという精神なのです。しかもソ連で思想改造を受けて帰ってきた人が多いので、抑留された人たちのなかにも、すっかり共産主義に染まってしまった人が多くいます。南京大虐殺はもちろんあった、日本が悪かったという話を嬉々として話して、大満足したりしています。

ストックホルム症候群という症状があります。ハイジャックされた飛行機に乗っていた乗客が、危機から逃れるために、本能的に犯人を好きになってしまうというものです。日本人が「日本に原爆が落ちたのも、日本人がそれほど悪かったからバチを受けたのだ。こんな過ちは二度と繰り返しません」と誓うのも、ストックホルム症候群の一つでしょう。

「ソ連抑留」は、八月十九日に日ソ間の停戦交渉が行なわれた後、二十三日にスターリンが日本人捕虜のソ連移送と強制労働利用の命令を下して抑留を始めたもので、完全な国際法違反です。日ソ中立条約、ポツダム宣言、停戦協定、この三つに違反しています。しかし、メドベージェフ大統領は、九月二日が終戦だとして、抑留も北方領土侵略も終戦前ということにして正当化しようとしました。なぜ、日本は抗議しないのでしょうか。

†ソ連はなぜ日本人抑留者を返したのか？

ソ連へ抑留された日本人の数は六十万人とも七十万人とも言われ、はっきりとはわかりませんが、そのうち一万二千人がモンゴル人民共和国へ連れて行かれて、千六百人が亡くなりました。

モンゴルは、ソ連に引き続き八月十日に日本に宣戦布告したので、一九三六年に締結されたモンゴル＝ソ連相互援助条約にもとづき、捕虜の配分を受ける権利を得ました。

戦争が終結したにもかかわらず、国際法を無視して捕虜に強制労働をさせたのは、モンゴル側は、これを一九三九年のハルハ河戦争（ノモンハン事件）など、日本の一連の侵略行為に対する賠償とみなしていたからです。はじめは二万人の捕虜がモンゴルに入る予定でしたが、住宅も衣服も食料も不足していたので、結局、約一万二千人で打ち止めになりました。捕虜全員が引き揚げたのは四七年十月です。

モンゴルが日本人捕虜の強制労働を必要としたのは、国際的に独立を承認されたばかりの国家の首都を整備するという大建設プロジェクトのためでした。日本人捕虜が建設にかかわったウラーンバートル中心部の主な建物は、スフバートル広場をとりまく政府庁舎、国立オペラ劇場、中央図書館、外務省、首相官邸、国立大学などです。日本人が土を掘ってレンガを焼き、建物の土台から造りましたが、二年で引き揚げたので、内装などは、コメコン仲間の東ヨーロッパ人と中国人労働者が仕上げました。

二年間で一割を越す千六百人の日本人が亡くなったのは、遊牧を主としたこの頃のモンゴルに、このような大人数の集団の衣料品や食糧などを即座に用意し、配給するシステムや経験がなかったからです。何カ所かに分かれた日本人墓地は、一九七二年の国交樹立前後から有志による墓参がはじまり、九〇年の民主化以後に大整備が行なわれました。

その後、最大の援助国となった日本に対して、お礼に何をすればいいかと尋ねたモンゴルに、日本人は、墓地に埋葬されていた遺体をすべて持ち帰りたい、と返答しました。掘ってみると凍土のせいで白骨化していなかったので、現地で荼毘《だび》に付して持ち帰っています。

話を戻して、一九四五年十一月になって、日本政府は、関東軍の軍人がシベリアに連行され強制労働をさせられているという情報を得ます。翌年五月になって、日本政府はアメリカを通じてソ連との交渉を開始し、同年十二月、ようやく日本人抑留者の帰国に関する米ソ協定が成立しました。

十二月八日、ナホトカ出港の引き揚げの第一陣、計五千人が舞鶴に入港し、これから、漸次引き揚げが行なわれましたが、受刑者をふくむシベリア抑留者の最後の引揚船が舞鶴に入港したのは、一九五六年十二月でした。これが、日清戦争に始まる、日本と満洲との関係の締めくくりだと私は考えますので、本書の副題を、一八九四年から一九五六年としたのです。

抑留者が帰還できたのは、鳩山一郎と河野一郎がクレムリンに乗り込んで交渉したためだと言われていますが、そんなことはありません。鳩山一郎などはむしろ邪魔をしていたという説もあるくらいで、実際は、米ソ交渉の結果、抑留者の帰還が認められたのです。

日本人がアメリカ人を好きな理由の一つは、この日本人の帰還作業にあります。ソ連への抑留者もそうですし、満洲国が滅びたときに、アメリカは、徹底的に残留日本人を日本へ返すことを行なっています。現地の国民党と組んで、日本人の名簿を洗いざらい調べて、どんな奥地にいても探し出して、物資の支援をしながらアメリカの船で送り返してくれたのです。もちろんアメリカには戦略があり、日本人を一人も大陸に残したくない、という考えでしたことですが、こういったことがあったので、原爆を落とされたにもかかわらず、大多数の日本人はアメリカが好きなのだと私は思っています。

†アメリカが満洲と北朝鮮をソ連に渡した経緯

終戦前、一九四五年二月のヤルタ会談で、ソ連は対日参戦の見返りとして、日露戦争で失った南樺太の回収、満洲における権益復活、日本のシベリア出兵の代償としての千島列島併合を認められました。つまり、日露戦争前の領土まで回復することをアメリカのルーズベルト大統領がソ連のスターリンに認めたのです。

満洲における権益復活というのは、港湾と鉄道にすぎません。これを、ソ連が勝手に満洲も自分の領土だと思ったのかどうか、アメリカは約束していませんが、ソ連が満洲を占領しようとしました。

大戦中の日米鉄道競争

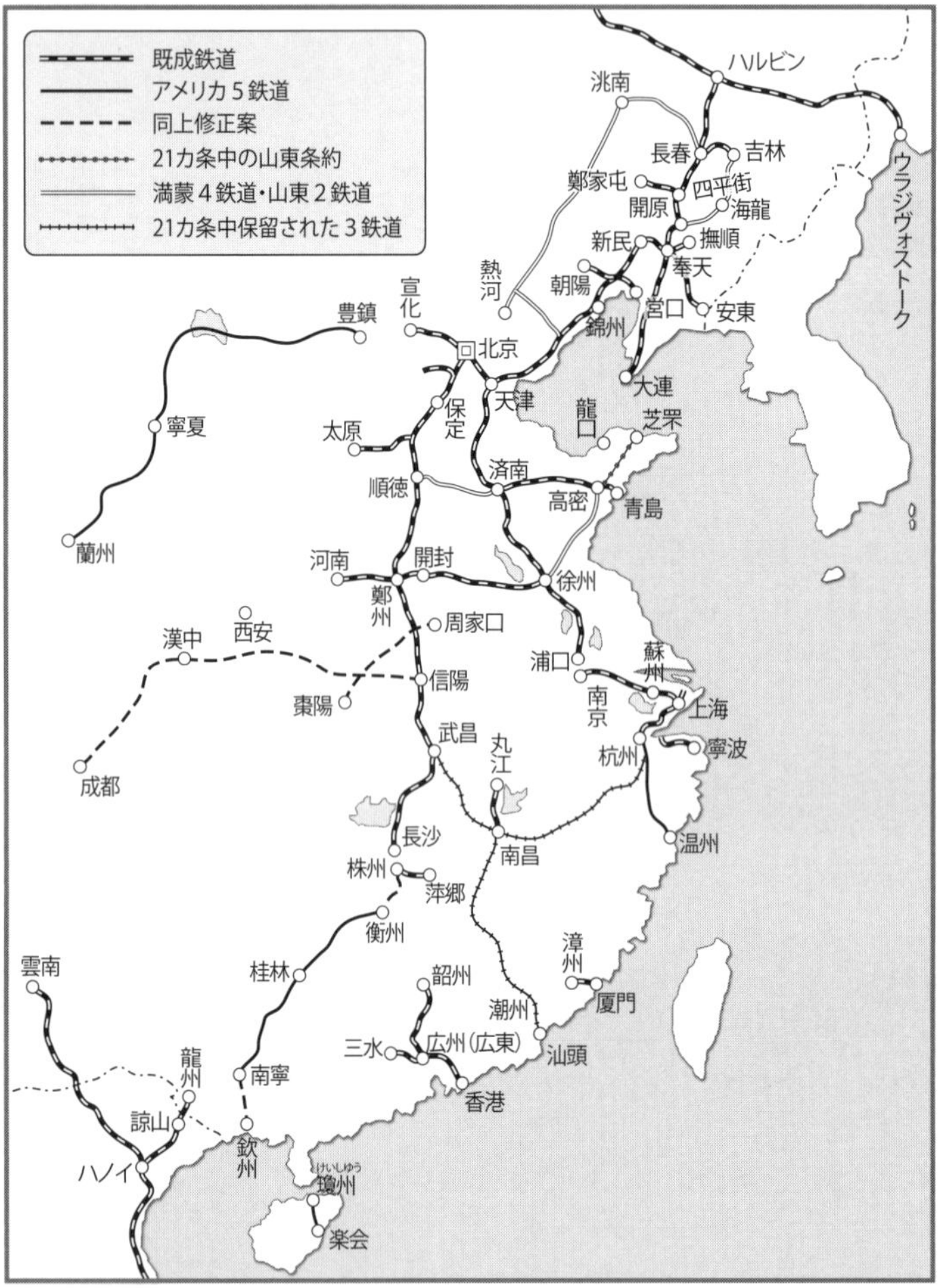

既成鉄道
アメリカ５鉄道
同上修正案
21カ条中の山東条約
満蒙４鉄道・山東２鉄道
21カ条中保留された３鉄道
ハルビン
洮南
長春
吉林
鄭家屯
四平街
開原
海龍
新民
撫順
奉天
熱河
朝陽
宮口
安東
錦州
ウラジヴォストーク
宣化
豊鎮
北京
大連
天津
保定
龍口
芝罘
寧夏
太原
済南
順徳
高密
青島
蘭州
河南
開封
鄭州
徐州
西安
漢中
周家口
浦口
蘇州
信陽
棗陽
南京
上海
武昌
丸江
杭州
寧波
成都
長沙
南昌
温州
株州
萍郷
衡州
雲南
桂林
韶州
漳州
厦門
潮州
三水
広州（広東）
汕頭
龍州
南寧
香港
諒山
欽州
ハノイ
瓊州《けいしゅう》
楽会

ソ連は満洲に続き、樺太、北方領土、北朝鮮と侵攻しました。満洲への侵略が可能だった理由の一つに、国民党がしっかりしていなかったからということがあります。今の中国と同じですが、国民党は賄賂《わいろ》がひどく、自分のことしか考えていません。国際的には中華民国としてしっかりとした国家だと、アメリカは思っていたのですが、まったく腐敗していてどうにもなりませんでした。

そのアメリカのなかにもたくさんの共産主義者が入り込んでいて、また日本との戦いで疲弊していたこともあり、国民党支援に今ひとつ力が入りませんでした。

✝国共内戦の始まり

日本が戦争に負けたとき、支那には百二十八万人の日本軍がいました。汪兆銘《おうちょうめい》政府軍も七十八万人いて、あわせて二百万の軍隊が接収の対象となりました。

延安の共産党司令部は、敵軍の降伏を受け入れ、武装解除に当たるように指示を出し、ソ連の赤軍に呼応するために旧東北軍を中心とする部隊がチャハルから熱河に入りました。

一方の蔣介石軍は四川省の重慶にいたために、大きく遅れを取ります。四川の山奥で動きのとれない蔣介石は「中央の決定がなされるまで軍は動くな」と指令を出しますが、共産党軍が聞くわけがありません。そこで、蒋介石は日本軍の在華最高司令官の岡村寧次に降伏勧告命令を伝達した後、「日本軍はしばらく武器と装備を保有し、現在の体制を保持すべし。駐在地の秩序および交通を維持し、中国陸軍総司令何応欽《かおうきん》の命令を待て」と要求しました。つまり、日本軍に共産党軍の侵攻を阻止させる任務を与えたのです。

満洲に先んじて侵入したソ連軍は、日本から接収した武器は、使えるものはすべて満鉄を使ってソ連へと運び出し、残り物を共産党に与えました。それでもスターリンは毛沢東に恩を売ったかたちで、毛沢東も力関係から逆らうことができません。このときスターリンが高崗《こうこう》（ガオカン）をソ連とのパイプ役として指名し、東北の指導者の役割を担わせます。

アメリカもただ見ていただけでなく、一九四五年八月、予想されるソ連の侵入に備えて北京と天津を押さえるために、華北に五万三千人のアメリカ海兵部隊を送っています。またアメリカ空軍は、広東、福州、厦門、長沙の飛行場から、上海、天津、北京、長春、奉天、ハルビンに向けて、八万人の国民党軍を空輸しました。

国民党は一九四五年十二月に山海関に入りましたが、大連はソ連が港を封鎖して、国民党が上陸するのを阻止しました。共産党軍はすでに満洲の百五十四の県、七十前後の都市を占領していて、ソ連は約束の期限が来ても一向に撤退しませんでした。

蔣介石の国民政府は、八月十四日にモスクワで中ソ友好条約を調印し、二十四日には批准書を交換していました。ところが、この時期すでに、満洲はソ連軍に制圧されており、スターリンは国民党軍が満洲に進駐することに反対しました。それは、ソ連軍が日本軍から押収した武器弾薬を、国民党軍ではなく共産党軍に供与するつもりだったからです。

いわゆる国共内戦では、最終的には共産党が満洲を含めて中国全土を制圧しますが、終戦直後はかなり一進一退の攻防を繰り広げました。

満洲では一九四八年までは国共の両勢力が拮抗していました。なかでも重要だったのが鞍山《あんざん》鋼鉄公司、もとの昭和製鋼所です。鉄を押さえれば勝てるとばかりに、激しい争奪戦を展開しました。まず、一九四五年八月二十一日にソ連が接収します。翌一九四六年二月から三月に共産党軍に渡りましたが、四月には国民党軍が奪い、五月二十五日にふたたび共産党軍が奪い返しました。さらに六月一日に国民党軍が奪還するという具合で、その後も、一九四八年二月十九日共産党軍、同年十月六日国民党軍、同年十月三十一日共産党軍と、激しい争奪戦が展開されました。

†ソ連の満洲侵攻と毛沢東

終戦時、ソ連が満洲へと侵入すると、蒋介石は大いに驚きました。中国の代表は蒋介石であり、中国についての話はすべて自分のもとに来るかと思っていたら、ソ連が勝手なことを始めたからです。蒋介石は慌ててアメリカに国民党軍の輸送を依頼しましたが、ソ連に港を封鎖されて満洲へ入れなかったのは前述の通りです。

ソ連は満洲には侵入しましたが、万里の長城の南へは入って行かれませんでした。なんと言っても、世界最強の岡村兵団、百二十八万人がいたからです。ソ連も極東に百七十四万を用意しましたが、それでもスターリンは日本軍が怖くて万里の長城を越えませんでした。

ソ連の強みは毛沢東を味方に引き入れたことです。とにかく毛沢東は人海戦術で中国人が何人犠牲になろうが平気なのです。朝鮮戦争では、米軍に従軍したあるアメリカ人が、共産主義シンパでありながら、戦場で自分たちの国民を粗末にする共産主義を目の当たりにして、共産主義が嫌いになったと言います。

毛沢東が朝鮮戦争へ送り込んだ兵隊は、もと国民党軍で必要のない奴らや、内モンゴル軍、あるいは満洲国の兵隊などです。不要になった兵隊を前に突っ込ませるのは、チンギス・ハーンの頃から変わりません。

†別人説がつきまとう金日成

一九三七年、満洲から国境を越えて朝鮮領内を襲撃した事件によって、抗日パルチザンとしての金日成の名が有名になりました。それは確かですが、一九四五年の終戦後に、朝鮮民衆の前に姿を現した金日成はあまりにも若く、朝鮮語もたどたどしく、演説もへたくそだったため、抗日パルチザンだった金日成とは別人ではないか、と声があがりました。

抗日パルチザンだった金日成とは、在南満洲の朝鮮革命軍の抗日武装団に参加し、一九三二年に中国共産党に入党後、中国共産党が指導する抗日パルチザン組織の東北人民革命軍に参加して、一九三六年から再編された東北抗日聯《れん》軍の隊員となって、朝鮮咸鏡《かんきょう》南道の普天堡（ポチョンボ）という町に夜襲をかけた人物です。

日本軍はこのあと大規模な討伐作戦を開始しますが、そのなかでなお、二百余名の金日成部隊は、満洲の警察部隊「前田」隊を、事実上全滅させたということです。もっとも、前田隊の隊員はほとんど朝鮮人だったらしいです。

日本側の巧みな帰順工作や討伐作戦により、東北抗日聯軍は壊滅状態に陥り、一九四〇年に金日成は党上部の許可を得ないまま、十数名でソビエト連邦沿海州に逃れ、その後、ソ連極東戦線傘下の特別旅団に編入され、その第一大隊長になり、ハバロフスクの野営地で訓練・教育を受けたと言われています。

北朝鮮の金日成主席は一九一二年に平壌西方で生まれ、一九一九年の三・一独立運動の翌年に南満洲に移住したということになっています。上記の記述と一応、年齢は合うわけですが、抗日闘士として名声の高かった金日成の名を騙ったという説は、早くからありました。そもそも日本統治下の朝鮮半島にあった金日成将軍伝説は、日本の陸軍士官学校を出て、義和団から一九二〇年代まで活躍したというものです。

元抗日パルチザンの多くも、現在の金日成は別人だと証言しました。しかし、金日成が偽物ではないかと疑いの声を上げた人たちは、次々に殺されていきました。

†内モンゴル独立運動をした徳王の運命

毛沢東は日本軍と戦って消耗することを避けるために、一九四五年までは延安で兵力を温存していました。国民党との戦いこそが本命だったので、日本軍と真面目に戦った部下を叱り飛ばしたほどです。

そして終戦とともに、延安から満洲へと入りますが、延安はモンゴル人の住地に近く、毛沢東は最初はモンゴル人を恐れていたので、お上手を言っていました。そうして、ウラーンフー（「赤い子」の意味）など何人か、共産党子飼いのモンゴル人を育てました。ウラーンフーは後に内モンゴル自治区政府の主席になります。

内モンゴル中部には、もとから自治運動をしていて、満洲国ができたときには溥儀にも会いに行った徳王《とくおう》がいました。徳王は、満洲国建国後に日本と提携し、日本の軍事顧問を受け入れました。日本軍から、徳王機と名付けられた飛行機も寄付されました。日本の後ろ盾で国民党から自治を獲得し、教育を整備し、牧地を守り、モンゴルの近代化を熱心に行ないました。

日本の敗戦時、徳王は蒙疆《もうきょう》政府の元首として張家口にいましたが、その地に大勢いた日本人を先に列車に乗せて逃し、その後、蒋介石に会いに行っています。日本人は、日本に二度来日して天皇陛下にもお目にかかっている徳王を、日本贔屓《びいき》で傀儡だとしか思っていません。しかし徳王は満洲国ができた時点で、蒋介石から自分で生き延びろと指令を受けていて、つまり日本と国民党の二股をかけていたのです。それでも蒋介石自身も日本が嫌いではないのですし、徳王の日本贔屓もまんざら嘘というわけではありません。

その徳王が終戦時、ふたたび蒋介石のところへ行って、国民党の治下で内モンゴルを立て直すという運動を始めました。一九四九年まで自治会議などを行なっていましたが、共産党が勢力を増すと、部下をアメリカや台湾に送って、自分はウラーンバートルへ逃げました。しかしウラーンバートルで捕らえられ、長男は日本のスパイという名目で殺され、自分は中国に送還されて、監獄に入れられ、反省文を書かされました。最後は重い肝臓がんにかかって特赦され、フフホトで晩年の二、三年を家族と過ごしました。

今でも内モンゴルの人たちは、徳王を本当にモンゴルのために働いた英雄だと言っていますが、公式には発表できません。アメリカに移住した徳王の部下の一人が岡田の友人だったので、東京外国語大学に一年間呼び、『我所知道的徳王和當時的内蒙古（私が知っている徳王と当時の内モンゴル）』という回顧録を漢文で書いてもらいました。上巻は古い字体の漢字を写植に出したので、すごくお金がかかりました。それで、下巻はコンピュータ入力の横書きになり、上巻とすっかり形式が変わってしまったのですが、上下セットで東京外国語大学アジア・アフリカ言語文化研究所から刊行しました。

内モンゴルから留学生が来ると、みんなその本を必ず欲しがったので、その度にあげていたら、印刷した数百部がすっかりなくなって、私たちの手元にも、もう二、三冊しかありません。彼らは中国へ持ち帰るときは税関に見つからないように、カバンの底に一冊ずつ忍び込ませたそうです。内モンゴルでは必読文献だったのです。

最近になって、中国内モンゴル自治区でとうとう海賊版まで出ました。それも私たちに無断で刊行されたので、留学生に頼んで買ってきてもらったら、私たちが日本で刊行したものよりも写真が多く掲載されていました。現地にあった写真なのでしょう。

この海賊版を出版した書店の社長はフフホトで捕まり監獄に入れられましたが、一週間で出てきました。というのも、実は内モンゴル政府はこの本を出してくれて嬉しかったのです。でも北京への手前、一応捕まえたかたちにして、社長をすぐに釈放したのでした。モンゴル人は毛沢東と中国共産党政府が嫌いだという一つのエピソードです。

†国共内戦の実際

国共内戦では、一方のトップである蒋介石が実はたいした権力者ではなかったことがポイントです。もともとワンオブゼムのトップ、つまり何人かいたリーダーの一人でしかなかったのですが、蒋介石は欧米の援助を受けて金をばらまくことでトップに見えていたのです。蒋介石は全然、実力者ではなく、いつ後ろから刺されてもおかしくないような立場でした。

対する毛沢東の方にはソ連がついていて、ソ連の毛沢東支援の方がアメリカの蒋介石支援よりも強力で、まず満洲で共産党が国民党を制圧しました。スターリンはロシア革命のときから、中国を共産圏にして、中国から日本を叩きだすことに決めて、ブレずに邁進《まいしん》しています。アメリカの方は戦後の世界制覇のために極東にもしゃしゃり出てきた感じで、蒋介石支援もそれほど真面目ではなかったのです。

満洲を制圧した共産党は、続いてソ連の後ろ盾と満洲の財産を武器に南下し、国内の粛清をはかります。そして南の軍閥たちが政治的に次々と粛清されていくので、国共内戦とは、私たちが考える日本の戦国時代のようなものとはだいぶ違うのです。

共産党が中国を制覇していく過程はまったくわかりません。毛沢東がそういう内情を外部に知らせるはずがないのです。中国は勝ち残った人たちが言いたい放題で歴史をつくる習慣なので、途中経過はほとんどないものとされました。毛沢東は、例えばスターリンと会うときも部下を連れて行かず、最後は通訳さえ外させるほどで、自分の弱みを一切見せないように徹底していました。

負けた蒋介石側には、逃げてきた人の回顧録などがポツポツとありますので、実際の国共内戦を知るとすれば、そういったものを丁寧に集めていくしかないと思います。

†高崗とは何者か？

中華人民共和国の草創期に、毛沢東、朱徳《しゆとく》、周恩来と並んで、高崗《こうこう》という人物がいました。スターリンがトップダウン式に中国共産党幹部に据えた大物と言われていますが、謎の人物です。

高崗は一九〇五年、陝西省生まれです。中国共産党に入党し、一九三〇年代の第一次国共内戦では西北根拠地を建設するなど活躍し、第二次国共内戦では満洲で活動したというのが、一応のプロフィールです。一九四五年の第七期党中央委員会第一回全体会議で中央政治局員に選出され、東北人民政府首席となります。一九四八年には、「ソ連・東北人民政府貿易協定」を結びますが、要するにソ連が、満洲における朝鮮の金日成のような存在に仕立てあげようとしたのが高崗なのでしょう。

前述のように、ソ連は日本の敗戦後すぐに、溥儀や弟の溥傑、張景恵など満洲の要人をハバロフスクへ連れて行きました。満洲に、今度は溥儀を元首にしたソ連の傀儡国家を建てようとしたのです。しかし、溥儀が指導者にふさわしい人物でなかったために、続いて白羽の矢が立てられたのが高崗だったのではないかと思います。しかしほとんど資料がないため、これは私の推測にすぎません。

そしてスターリンが亡くなった翌年の一九五四年に、高崗は毛沢東に吊るしあげられて、自殺に追い込まれます。スターリンの息がかかった人物だったため、毛沢東は抹殺したかったのでしょう。

†スターリンと毛沢東

この頃の中国や満洲の歴史は、本当にスターリンと毛沢東の権力闘争そのものの歴史です。

一九五〇年に毛沢東はソ連からの援助を受けるために満洲と新疆をソ連に売り渡しています。つまり、このころまだ満洲は中華人民共和国ではなかったということです。

一九五〇年二月に中国とソ連が新条約を締結しました。秘密の付属文書のなかで、中国が要請した三億米ドルの借款が認められています。しかし借款は五年に分割され、中国が一年目に実際に手にしたのは、過去の購入分を差し引かれた二千万米ドルだけでした。その借款で毛沢東はソ連から武器を購入し、代わりに満洲と新疆地区をソ連の勢力範囲として、ソ連の独占的権利を認めることに同意しています。

毛沢東は中国の輸出可能な資産の大半をソ連に譲り渡してしまったのです。一九六〇年代半ばまで、市場向け天然資源の輸出の九〇パーセントは実質的にソ連の手にあったのです。毛沢東はこのことをバラされないように必死に隠し続けました。毛沢東自身、満洲と新疆のことを内輪では植民地と呼んでいました。

スターリンと毛沢東はほぼ同じ時期に権力を握り、お互いに丁々発止とやりながら、煮ても焼いても食えないキツネとタヌキの化かしあいを重ねてきました。

共産党の長征開始が一九三四年で、一九三六年に延安に入っています。延安に着いた頃には、毛沢東はすでに彼に歯向かうライバルをすべて蹴散らして、絶対権力者になっています。スターリンも一九三一年の満洲事変の頃はまだ自信がなく、粛清を行なって権力を勝ち取ったのは、一九三七年頃のことです。

スターリンと毛沢東は兄弟分のようでありながら、常に相手を出しぬいてやろうという緊張関係のある仲でした。スターリンが頭に来た数少ない人物の一人が毛沢東であるということだけでも、毛沢東はすごい人物だと言えます。

ユン・チアンの『マオ』には、その当時のことも含めて、毛沢東の嘘でもなさそうな面白い話がたくさん書かれています。ただし、四川省出身のユン・チアンは、あまりにも満洲のことを知らなさすぎます。そのために、どうしても『マオ』の政治的情勢の話は弱くなっています。

朝鮮戦争にしても、毛沢東の目的がスターリンから援助を引き出すためとしか書かれていなくて、満洲のことが抜け落ちているのです。朝鮮戦争に中国が兵を出したのは、満洲を確保するためという目的もあったのです。旅順と大連港、中東鉄道（もとの東清鉄道）などは、それまではずっとソ連のものだったのですから。

朝鮮戦争をめぐる、金日成と毛沢東、スターリンの関係は非常に複雑です。

金日成はまずスターリンに大韓民国攻略の援助を依頼しますが断られます。そこで金日成は毛沢東に乗り換えて、毛沢東からの援助を了承させました。

開戦すると、ソ連はアメリカを朝鮮戦争に引きずり込むために、国連の安全保障理事会をあえて欠席して、国連軍の参戦が可決しやすいようにしています。アメリカの参戦はスターリンとともに毛沢東も望んだことです。スターリンと毛沢東の話し合いにより、参戦は中国軍に全面的に任せることにしました。毛沢東はスターリンに恩を売って援助を引き出すために自国の兵隊たちで人海戦術を展開するのです。毛沢東は国内に殺してもいい、と言うよりも、むしろ殺したい兵隊をたくさん抱えていたので、スターリンにどれだけ恩を売れるかが問題でした。

そして、朝鮮戦争の結果、毛沢東は満洲を手に入れるというもう一つの目的も達しました。スターリンは朝鮮戦争の最中に亡くなり、フルシチョフをはじめとする後継者は、もはや毛沢東の敵ではありませんでした。スターリン批判をしたフルシチョフの平和共存政策に対して、毛沢東は「東風は西風を圧す」と批判し、中ソ対立が始まります。フルシチョフを修正主義者と呼び、ソ連を「社会帝国主義」と批判したのも、スターリン亡き共産世界の主導権は、毛沢東にある、という表明だったのです。

†歴史に学ぶべき日本の未来

それにしても、満洲から帰ってきた日本人たちの左翼ぶりは目にあまります。文筆家、小説家から、監督や女優まで、左翼ばかりですよね。

もともと反政府の立場から、知識階級は、マルクス主義的な平等を唱えるのが格好いいというのがあったのでしょう。原爆を落としたアメリカが嫌いで、アメリカと迎合している日本政府も嫌いである。そうすると中国とソ連、北朝鮮がいいとなったのが、戦後日本の図式でしょう。

東洋史を専門にしている大学教授でも、学校で習った通りに、本気で日本の悪いことばかりを言う人が多いです。自分たちが若いときに理想に燃えた社会主義の夢は、今でもやはり理想であって、社会主義が失敗したのは運営の仕方が悪かっただけだと考えているのです。

「その理想自体がおかしいから浅間山荘事件のようなことが起こるのでしょう」と言っても、「あれは、やってる人間の能力が低いからああなったのであって、うまくやりさえしたら、やっぱり違う」と言い返します。もう、死なないと直らないですね。

彼らが考えるのは、全員平等のユートピアなのです。おそらく「日本は軍隊を持たないのが理想だ。攻められたらみんなで死にましょう、殺すより殺されるほうがいい」と言うでしょう。

日本の六十歳を越えた世代がこのように全然あてにならないので、三十代、四十代が本気で頑張らないと、日本は本当に駄目になると私は思っています。二十代の若者たちは「戦争なんて知らない、関係ない」と思っているでしょう。それは教育の問題です。

私は、過去は風化するのが当たり前で、むしろ風化した方がいいと思います。個人的経験などというのは、実は何の役にも立ちません。個人が経験したことなど、ほんの一握りの小さなことなのに、それを普遍化して押しつけられても困ります。本当は、そんな個人の体験ではなく、しっかりとした歴史が必要なのです。

日本の満洲経験が恐いのは、みんなバラバラの経験をしていて、それを持ち帰っているので、かえって歪んでいくことです。だからこそ、私は個人の経験は風化した方がいいと思うのです。百年経たないと本当の歴史にならないとよく言いますが、それは関係者がみんな亡くなると、少しは公平なことが書けるようになるからです。

そういった、それぞれの経験と歴史が絡まり合っているのが満洲史なのです。

日本の親中派で、「中国に悪かったので、何かしてあげたい」と思う人は、だいたい個人的な経験を持っている人です。戦後、「日中正常化、国交回復」と言ったのは、かつて満洲に行っていた人たちが多いです。彼らは、仕方がないことですが日中を公平に見ていないですし、本当の歴史を教えてもらっていません。

日本が戦前は台湾と朝鮮半島を経営していて、満洲にも行っていたということを、教えないのが悪いのです。日本の近現代史の教科書でも、最初に大東亜共栄圏の地図を出して、かつてここすべてが日本だった、という話をしないといけないと思います。

かつての事実をないことにしたいというのがおかしな話です。中国や韓国にお金を払って、「何も言わずにご破算にしてください」というのは、絶対駄目でしょう。説明もしないで、それをしてきたのが日本だと思います。中国は自由もなくて、まったく国民国家でもないのに、こちらから歴史を曲げてあげて、あちらの特権階級のポケットにお金が入り、それで少数民族をいじめる結果を招いているのですから、本当におかしな話です。

†満洲国が続いていたら

もし、満洲国があのまま続いていたら、もう一つの新しい日本が生まれたのではないかと私は思います。満洲国はみんなで積極的につくった国なので、戦争で人を殺して奪った土地とは違います。

私は、満洲国が存続していたら、日本人も変わることができたのにと思うのです。日本の中央官庁の職員になったら、研修で否応なしに最初の三年位、満洲に行かされます。そうすれば、世界のことがわかり視野が広がって、いい訓練になったのになと思います。

日本人は北海道開拓と同じように、一所懸命に満洲を開拓しました。満洲は多民族が出入りする土地でしたが、日本とはまったく違う風土だったので、日本人は大いに刺激を受けました。戦後、じかに満洲を経験した人たちが島国の日本へと帰ると、気持ちの強い人は進取の気性を発揮して社会で活躍しました。芸術家などでは、異国帰りということを一つの売りにして、成功を収めた人もいます。

そのため、満洲での生活をよかったと振り返る本がたくさんありますが、中国人に全面的に否定されると、やはりいい感情は浮かびません。満洲国を発展させたことを、それほど悪く言われるのは、満洲に行っていた人には納得がいかないのです。何もないところを開拓して、投資して、近代化させたのは日本人であり、満洲国がなければ今の中華人民共和国は近代国家になっていません。なにしろ戦後すぐの中国の工業製品は、九割が満洲で生み出されていたほどなのです。

中国が改革開放するまでの四半世紀の間、満洲の遺産で中国は近代化したのです。工場はもちろん、大学や病院、宇宙開発に映画産業とみんな満洲がスタートです。その間、南は軍閥闘争で、共産党は農村破壊ばかりしていたのですから。毛沢東が「満洲を制するものは次の天下を制する」と言ったのには、こういった背景があったのです。

満洲帰りの大多数の日本人は、祖国に帰って、村社会の空気に馴染まなくてはならなかったので、満洲での生活を語ることは少なかったようです。田舎の村から満洲へ出ていった人の方が、だいたい生活レベルが高かったので、彼らがボロボロになってリュック一つで帰ってくると、村人たちは「それ見たことか」と、蔑《さげす》んだ目線で見たものです。一九四四年頃、空襲で危なくなった故郷を捨てて、安全な満洲へと出ていった人に対して、あまり温かい目はありませんでした。そういった逆転現象が起こったのです。これは行った人にしかわからないことだと思います。

日露戦争に勝利した日本がまず租借地として関東州を手に入れたときには、本当にトップクラスの日本人が赴任しました。その後、満鉄が満洲を開拓、開発していきましたが、満鉄は給料もよく社宅はすべて水洗トイレと洋風の家でした。日本の中央官庁の役人たちも出向させられましたが、物価の安い外地で、内地の倍くらいの給料が出たので、生活はハイレベルでした。それ以外にも、商売人や技師、学校の先生など教養のある人たちが満洲に行きました。そういった人たちが豊かな都市生活を送っていて、終戦時もほとんどが、まだ鉄道が通っているうちに引き揚げてくることができました。

しかし日本へ帰ってきて、彼らはどれだけショックを受けたでしょうか。便所は汲み取り式で、何十年も前の田舎に帰ってきたような感覚だったと言います。

ただし、満洲へ渡った人たちのなかでも、階級差があります。今話した人たちは上流ですが、悲惨なのは、日本で食い詰めて村ごと移ったような開拓団で、北満のソ連国境近くに住んだ人たちです。国家政策として送り込まれた開拓団は、終戦時にソ連軍に虐殺され、男たちは軍属を離れていたにもかかわらず、ソ連へ抑留されたのでした。

†なぜ「偽満洲国」と言われるのか？

満洲は中国では「偽満洲国」と言われています。それは「偽満洲国」と言わないと、中華人民共和国の方が偽になってしまうからです。「中華民国が台湾にはない」というのと同じ理屈です。中華人民共和国は中華民国を引き継いでいるので、中華民国に「偽」はつけられません。それで、中華民国は消滅したと言っているのです。

実際のところ、満洲国というのは清朝の後継国家です。清朝の皇帝を連れてきて元首に据えて、中国式に見れば明らかに、清朝を継ぐ正当な王朝なのです。十三年半しか存在しませんでしたが、それでも国際的にも十分に認められていました。

正当なものを偽物、あったものを「なかった」と言うのは、自分たちの正当性が侵されるから言っているのであって、中国が「偽満洲国」と言うのを、日本人が肯定してあげる必要などないのです。日本人は歴史を知らなさすぎます。

満洲は後清朝と言ってもよい国だったのですが、当初、満洲帝国ではなくて満洲国だったのは、ロシア革命後で、共和国の方が進歩しているという考えが主流だったからです。世界的に大統領の国が多くなっていて、とくに日本の軍人のなかに、皇帝を戴く王朝を復興させるのはどうなのか、という気持ちが強くありました（天皇を戴いている日本だけは特別でしたが）。軍人も、今では意外に思うかもしれませんが、本当に左寄りでした。二・二六事件を見ればわかりますが、青年将校たちは貧しい人たちが苦しい思いをしなくなるような平等な社会を築きたいと思って、決起したのでした。

したがって、満洲国でも復古的な皇帝に対しては乗り気でなく、当初、溥儀を執政とすることで妥協したのです。結局は二年後に、溥儀の希望通り帝政となります。しかし、執政から皇帝となっても、溥儀は思うような権力を振るうことはできませんでした。日本では権威（天皇）と権力（侍・将軍）を分けていて、満洲国でもそれに倣ったからです。権威と権力の分離は日本の歴史の素晴らしいところで、日本の歴史では、天皇陛下がいたずらに権力を振るうということはそうそうなかったのです。

†コストと帝国主義

明治から昭和にかけては世界的に帝国主義の時代であり、第一次世界大戦を契機に急成長したアメリカと、ロシア革命で共産主義となったソ連は、どちらも拡張主義の国で、ソ連は日本をも狙っていました。日本は領土を守るためには、生命も金銭もなげうって守るしかなかったのです。帝国主義時代の安全保障をコストで考えることはできません。コストを考えていたら戦争などできません。

これは現在でも本当は変わりありません。戦後の日本がこれほどノホホンとしていられたのは、ソ連嫌いのアメリカがソ連と対抗して、米ソの間で日本が漁夫の利を得ていたからです。コストがかからない戦後の日本の対ソ外交政策は、これ以上ないほど有り難いものでした。日本があまりにもいい目を見てきたので、私はいつかしっぺ返しが来るのではないかと思います。

反米の多数の日本人は、アメリカの言うなりに日本は金を出させられてきたと言いますが、安全保障はケタ違いに高額なものです。アメリカ人も今では、日本はTPPに参加せよと迫っていますし、世界中が日本はいい思いをしてきたと感じているでしょう。

憲法九条にしても、一九五〇年に始まる朝鮮戦争のとき、本当はアメリカから軍隊をつくれと言われていたのに、吉田茂が「日本人はもう戦争は嫌だと言っている。軍隊は無理だ」と戦争放棄条項を盾にして、警察予備隊（後の保安隊、自衛隊）にしたのも、当時はあれほどいい手はありませんでした。

日本軍を再建させなかったことは、あの当時としてはうまいやり方だったと私は思います。アメリカ軍はソ連に勝つために日本軍を参戦させようとしましたが、参戦していれば何十万の日本人が犠牲になっていたでしょう。日本が参戦したからといって、アメリカは感謝するような国でもありません。

日本軍がそこで復活したら、アメリカの言うなりにベトナムにも行かされたでしょう。戦後六十数年、今の憲法を盾にして、戦争へ行かないと頑張り続けたからこそ、日本人が一人も死んでいないということは確かです。しかし、今やそれが足かせになって、普通の軍隊を持って自国を防衛することもためらう国になってしまったのも、歴史の皮肉です。

日本のマスコミは、よく日本を「極東の一小国」などと言いますが、もう少しで世界一の経済大国になるほどであったのに、何が「極東の一小国」なのかと思います。日本を小さく見せようとするマスコミも悪いです。そのくせ、日本人が留学しなくなっただとか、青少年が小型化するだとか、マスコミは一方では煽るでしょう。そんな日本でも、モンゴルと比べればどんなに立派な国でしょうか。それが日本人にはわからなくて、損もしています。

†負い目と責任

戦前は、世界戦略を練った日本人がたくさんいました。しかし、今はそのことをすごく悪く書きたてます。指導者たるもの、悪巧みなど当たり前です。アメリカも中国も悪巧みで固められています。世界戦略を練った、例えば石原莞爾《いしわらかんじ》などは、国民のために、そうしなければ日本人が生き延びられないと思って、大陸政策を行なったにもかかわらず、戦後の日本人はそれをすべて悪としています。

それは中国人の目線です。日本人が同じように考えるのはおかしいです。中国人やアメリカ人など外国人の見方に追随《ついずい》ばかりしているので、やはり日本は戦後、属国になってしまったのかなと思います。

満洲国が長期に渡って運営されていれば、戦争さえなければ、他民族が共存するアメリカのような、本当に立派な国になったはずです。建国時に三千万だった人口が、十三年半で四千三百万に増えましたが、増加分はすべて満洲で生まれた人口ではありません。南から来た中国人が多かったのです。当時すでに満洲に行ったほうがいい生活ができると考えられていたのです。

ロシア革命のときは、まだ満洲国はありませんでしたが、多くの白系ロシア人が満洲へ入ってきました。モンゴルや朝鮮半島からも多くの人が満洲へ行きました。いかに満洲に将来性があるとみなされていたかがわかります。

支那事変と、それに続く大東亜戦争さえなければ、満洲国は今の南米の国などとは比べものにならないほど立派な国になっていたはずです。もう少しで、共産党の中国や、北朝鮮のような国ではない立派な近代国家が、アジア大陸に誕生していた可能性が高かったのです。

日本が戦前、日韓併合をしたり満洲国をつくったりしたことを、現地に「負い目」があるという人がいますが、私は、「負い目」ではなく「責任」がある、と考えるべきだと思います。これらは、よく似た言葉に見えますが、一八〇度違います。

今の北朝鮮や、中国に対して、「われわれは、こんな国をつくろうとしたのではない。もっと立派な国をつくろうとしたんだ。国民に幸せに暮してほしいと願って投資したのに、異民族支配は嫌いだと日本人を追い出しておいて、同じ民族にならば、殺されても満足なのか。その後、なぜこんな状態になったのだ」と、日本人は抗議する権利があると思うのです。

日本人が一所懸命したことに対して、中国や韓国がひたすら批難するのは、前政権を否定しなければ、自分たちの正当性が証明できないから、という向こうの理由であって、日本人がそれをそのまま認める必要はまったくありません。

日本の敗戦後六十五年以上たって、私たちが理想を抱いて開拓した土地が、その後どんなふうになっているかを、私たち日本人はずっと見続ける、ウォッチする義務があるのであって、それは負い目ではなく責任なのです。日本人は、現地をいい国にする責任があります。なぜなら、私たちは一度そこを日本にしたからです。責任を取るというのはそういうことだと思います。この本を読んで、そういったものの見方ができるようになってもらえれば嬉しいです。

おわりに

本書は、二〇一一年十一月に刊行された『真実の中国史［一八四〇 - 一九四九］』（李白社発行、ビジネス社発売）の続編です。『真実の中国史』刊行直後から、李白社の稲川智士さんが質問者になって、ふたたび同じように質疑応答を始めたのですが、彼が古巣のフォレスト出版に呼び戻されてしまったせいで、質問者がいなくなり、一時は企画が宙に浮いてしまいました。

前著は二〇一二年末には六刷になりました。一応、成功したと言えると思いますが、それは、こういうことを普通の日本人は知りたがっている、ということを熱心に聞いてくれたから、私がいろいろ説明したのであって、質問されなければ、話さなかったことばかりでした。

満洲史は、中国史よりもさらに厄介です。中国史なら、外側から見た一貫した視点で流れをたどることができますが、満洲史は、私たちの母国である日本の近現代史でもあるからです。近現代史は政治と不可分の関係にあり、立場によってはどのようにでも説明できます。客観的で公平な本を書くということは至難の業です。

戦後の日本は、日本の傀儡国家だった満洲国について、まだ総括していない、消化できていないと私は思います。どのような角度から満洲の歴史を書けばいいか、私自身も態度が決まらず困り果てていたところ、若いけれど博識の友人の倉山満氏が、助っ人を買って出て質問者になってくれたので、ようやく最後までたどり着くことができました。倉山氏の著書は本書でも紹介していますが、近現代の日本や諸外国に関する分析は、舌を巻くほど鮮やかです。

満洲史に関する拙著は『世界史のなかの満洲帝国』（ＰＨＰ新書、二〇〇六年）が最初で、これは『世界史のなかの満洲帝国と日本』（ワック、二〇一〇年）として再版されています。満洲という土地の通史を新書版につめこみましたので、やや硬い文章ですが、教科書的に使うこともできますし、本書と併せてお読みいただければ、基礎資料として役に立つと思います。

主人の岡田英弘は、昨年十一月に急性心不全で入院しましたが、幸い、この二月に退院し、今は自宅療養中です。一月には八十二歳になりました。駒込の岡田宮脇研究室で実施された質疑応答も、私の隣に座って、すべてつきあってくれましたし、退院したあと、校正もしてくれましたので、今回も、監修者としての役目はきちんと果たしました。

自民党の安倍政権になって、日本もようやく、戦後の歴史教育の根本的な見直しが始まろうとしています。しかし、教科書をはじめ、圧倒的な数の自虐史観にもとづく出版物の嘘を、ひとつずつ暴いていくのは、膨大な時間とエネルギーを必要とします。でも、それをしなければ、私たち日本の未来はありません。本書はまだまだ至らないところだらけですが、日本のよき将来のために、少しでも役に立ってくれるように願うものです。

二〇一三年四月

宮脇　淳子

●年表●

西暦	事項
一八〇九	日本の高橋景保が「日本辺界略図」を作成する
一八〇九〜一〇	間宮林蔵がアムールを探検調査し、樺太が島であることを確認する
一八四〇	清とイギリスの間でアヘン戦争はじまる
一八四二	イギリス軍に敗北した清が南京条約を結び香港をイギリスに割譲する
一八五一	清で太平天国の乱が起こる（〜一八六四）
一八五三	アメリカ東インド艦隊司令官ペリーが黒船四隻で日本の浦賀に来航する
一八五四	日米和親条約および日露和親条約を結ぶ。エトロフ島とウルップ島の間を日露の国境と画定、樺太は日露共有の雑居地とする
一八五七	英仏連合軍が広州を占領する第二次アヘン戦争が起こる
一八五八	愛琿条約でロシアは黒龍江左岸を清から獲得。その後、清朝と英仏米露との間に天津条約
一八六〇	英仏連合軍が円明園を焼き、北京条約で沿海州がロシア領となる
一八六一	ロシア艦が対馬に来航し半年間駐兵する。イギリス艦が対馬に行きロシア艦の退去を要求
一八六七	清が、鴨緑江右岸の土地を漢人に開放する
一八六八	日本の明治維新
一八七一	日清修好条規が調印される。台湾に漂着した宮古島の島民が「生蕃」に殺害される
一八七四	明治政府は台湾に出兵、日清両国は互換条款を決め、宮古島島民は「日本国属民」と明記
一八七五	日本とロシアが樺太・千島交換条約に調印、樺太はロシア領、全千島列島が日本領となる
一八七六	日朝修好条規（江華島条約）を朝鮮と結び、清の宗主権を否定する
一八八二	ソウルで抗日暴動が発生、閔氏政権が崩壊し大院君が政権に返り咲く（壬午の軍乱）

一八八四	ヴェトナムの保護権をめぐって清仏戦争。朝鮮で親日政権が樹立されるが、袁世凱率いる清軍によって閔氏政権が再建され、日本公使館は焼き討ちにあい、金玉均らは日本に亡命（甲申政変）
一八八五	日本と清が、両国の朝鮮からの撤兵、将来派兵のさいの通告を決める天津条約を締結。清仏戦争が終結し、清はヴェトナムに対する宗主権を放棄させられる。清が台湾省を設置する
一八九四	朝鮮で東学党の乱が起こる。清と日本が朝鮮に派兵し、日清戦争はじまる
一八九五	下関講和条約で朝鮮の独立の確認、清は遼東半島、台湾、澎湖列島を日本に割譲。しかし露独仏の三国干渉により、日本は遼東半島を清に返還、ロシアは清から東清鉄道敷設権を獲得
一八九八	ロシアが清から旅順・大連を租借、ハルビンからこの地にいたる南部支線の敷設権を得る。清で変法（制度改革）が失敗（戊戌政変）、山東省で義和団が「扶清滅洋」を唱えて蜂起する
一九〇〇	義和団が北京に入り、公使館区を包囲攻撃する。日本をふくむ八カ国連合軍が外交団を解放する。これに乗じてロシアが満洲に進軍、チチハル、長春、吉林、遼陽、瀋陽を占領する
一九〇二	ロシアの進出に脅威を覚えたイギリスと日本が日英同盟を結ぶ。清朝とロシアが満洲還付条約
一九〇三	ロシアは朝鮮の龍岩浦を租借、満洲第二次撤兵を実行せず、旅順に極東総督府を新設する
一九〇四	二月、日露戦争開戦。日韓議定書調印。第一次日韓協約調印
一九〇五	五月、日本海海戦で日本艦隊が勝利し、九月、ポーツマスで日露講和条約。第二次日英同盟、第二次日韓協約
一九〇六	遼東半島の租借地に日本が関東都督府を設置。満鉄（南満洲鉄道株式会社）誕生
一九〇七	清が奉天、吉林、黒龍江にそれぞれ巡撫を設けて東三省とする。韓国皇帝のハーグ密使事件により、七月、高宗を譲位させ第三次日韓協約を調印。満洲の鉄道接続に関する第一次日露協約
一九〇九	六月、伊藤博文が韓国統監を辞任、十月、ハルビン駅頭で安重根に暗殺される
一九一〇	七月、満洲を両国の特別利益地域に分割する第二次日露協約。五月、寺内正毅大将が韓国統監となり、八月、日韓国併合、朝鮮総督府設置

一九一一	十月、辛亥革命（＝武昌起義）
一九一二	一月、中華民国臨時政府樹立、孫文が臨時大総統。二月、清の宣統帝溥儀が退位し、三月、袁世凱が中華民国大総統に就任。七月、第三次日露協約
一九一四	七月、第一次世界大戦勃発。英国が日本に対独参戦を求め、八月、日本はドイツに宣戦布告
一九一五	日本が袁世凱に二十一カ条要求を提出。袁世凱が帝政復活し、みずから皇帝になることを宣言
一九一六	日英仏が帝政復活反対の干渉に乗り出す
一九一七	ロシア革命。ソヴィエト政府は帝政ロシアが結んだすべての秘密条約失効を声明、公表する
一九一八	八月、日本がアメリカ政府の提議に応じシベリア出兵。十一月、第一次世界大戦終わる
一九一九	一月、パリ講和会議。三月、コミンテルン結成。中国で反日学生運動の五・四運動が起こる
一九二二	十月、日本軍シベリアから撤兵。十二月、ソヴィエト社会主義共和国連邦成立
一九二四	ソ連の援助で、国民党と共産党が第一次国共合作
一九二六	蔣介石を総司令官とする一〇万の国民党が北伐を開始する
一九二七	南京で外国人流血事件、上海で英米仏日伊の軍隊が北伐軍と対峙、蔣介石の反共クーデター
一九二八	五月、済南事件。六月、張作霖爆死、蔣介石北京入城。七月、張学良が北伐軍と講和
一九二九	七月、張学良軍が北満鉄道を強行回収、ソ連が満洲各地を占領。十二月、張学良がソ連と講和
一九三〇	五月、中国共産党指導のもと間島で朝鮮独立運動派が武装蜂起、日中双方が徹底的に弾圧
一九三一	二月、鮮人駆逐令。六月、中村大尉暗殺事件。七月、万宝山事件。九月、柳条湖で満洲事変勃発
一九三二	一月、関東軍が錦州占領。三月、満洲国建国宣言、日本で五・一五事件。九月、日満議定書に調印
一九三三	二月、熱河作戦、国際連盟総会が満洲国不承認を決議。三月、日本が国際連盟を正式脱退
一九三四	三月、執政溥儀が皇帝となり満洲帝国成立、康徳と改元。十二月、日本が対満事務局設置
一九三五	二月、日満関税協定。三月、ソ連経営の北満鉄道買収。八月、満洲中央銀行が旧紙幣引き換え完了
一九三六	日本で二・二六事件。六月、満独通商協定調印。十一月、日独防共協定調印、満洲国産業開発五カ年計

	画。十二月、西安事件
一九三七	七月、盧溝橋事件。九月、第二次上海事変から支那事変に発展。九月、中国で抗日統一戦線結成
一九三八	七月、日満伊通商協定調印
一九三九	五月、ノモンハン事件勃発。八月、ソ蒙軍総攻撃。九月、モスクワで停戦協定
一九四〇	九月、日本軍が北部仏印に進駐、日独伊三国同盟に調印
一九四一	四月、日ソ中立条約調印。七月、関東軍特種演習、日本軍南部仏印進駐。十二月、大東亜戦争（太平洋戦争）はじまる
一九四五	二月、ヤルタ会談。五月、ドイツ無条件降伏。七月、対日ポツダム宣言発表。八月六日、広島に原爆投下。八日、ソ連が日本に宣戦布告。九日、長崎に原爆投下、極東ソ連軍攻撃開始。十日、モンゴル人民共和国が日本に宣戦布告。十一日、満洲帝国皇帝溥儀が新京を脱出。十四日、日本はポツダム宣言受諾を回答。十五日、終戦の詔勅。十八日、満洲帝国皇帝退位式。十九日、関東軍と開拓団の武装解除、溥儀と溥傑がソ連軍に拘束されチタに連行される。二十三日、ソ連首相スターリンが日本軍捕虜五〇万人のソ連移送と強制労働利用を命令する
一九四六	四月、中国で国共内戦がはじまる。五月、日本政府がアメリカを通じてソ連との交渉を開始。十二月、日本人抑留者の帰国に関する米ソ協定が成立する
一九四七	内モンゴル人民政府が樹立
一九四八	錦州、長春、瀋陽で共産党軍が勝利し、満洲は共産党軍のもとに入る
一九四九	十月、中華人民共和国成立
一九五〇	朝鮮戦争勃発
一九五一	ソ連が大連港を中華人民共和国に引き渡す
一九五二	十二月、中長鉄路（旧満鉄と旧満洲国鉄）が中国の単独管理になる（引渡業務完了は一九五五年）
一九五六	十二月、ソ連からの最後の引き揚げ船が舞鶴に入港

著者：宮脇淳子（みやわき・じゅんこ）

1952年、和歌山県生まれ。京都大学文学部卒業、大阪大学大学院博士課程修了。博士（学術）。専攻は東洋史。大学院在学中より岡田英弘からモンゴル語・満洲語・中国史を、その後、山口瑞鳳（現東京大学名誉教授）からチベット語・チベット史を学ぶ。東京外語大学アジア・アフリカ言語研究所共同研究員を経て、現在、東京外語大学・国士舘大学非常勤講師。
著書に『モンゴルの歴史』（刀水書房）、『最後の遊牧帝国』（講談社）、『世界史のなかの満洲帝国と日本』（ワック）、『真実の中国史[1840-1949]』などがある。

監修：岡田英弘（おかだ・ひでひろ）

1931年、東京生まれ。専攻は中国史、満洲史、モンゴル史、日本古代史。1953年、東京大学文学部東洋史学科卒業。1957年、『満文老檔』の研究により日本学士院賞を受賞。東京外語大学アジア・アフリカ言語文化研究所教授を経て、現在、東京外語大学名誉教授。
著書に『歴史とはなにか』（文春新書）、『倭国』（中公新書）、『世界史の誕生』『日本史の誕生』『倭国の時代』（以上、ちくま文庫）、『この厄介な国、中国』（ワック）、『モンゴル帝国から大清帝国へ』『康熙帝の手紙』（以上、藤原書店）など多数。

真実の満洲史 [1894-1956]

2013年５月21日　第１刷発行
2013年12月９日　第４刷発行

著　者　宮脇淳子
監修者　岡田英弘
発行者　唐津　隆
発行所　株式会社ビジネス社
〒162－0805　東京都新宿区矢来町114番地
神楽坂高橋ビル5Ｆ
電話　03－5227－1602　FAX 03－5227－1603
URL　http://www.business-sha.co.jp/

〈編集協力〉倉山　満　水島吉隆　〈写真提供〉近現代フォトライブラリー
〈カバーデザイン〉常松靖史（TUNE）　〈本文組版〉沖浦康彦
〈印刷・製本〉モリモト印刷株式会社
〈編集担当〉岩谷健一　〈営業担当〉山口健志

ISBN978-4-8284-1708-0

ビジネス社の本

真実の中国史

宮脇淳子……著
【監修】岡田英弘

歴史とは勝者によってつくられる。
毛沢東によって書き換えられた歴史を鵜呑みにしてきた日本人に、まったく違っていたウソの中国史を暴く。

［1840−1949］

定価1680円（税込）
ISBN978-4-8284-1648-9

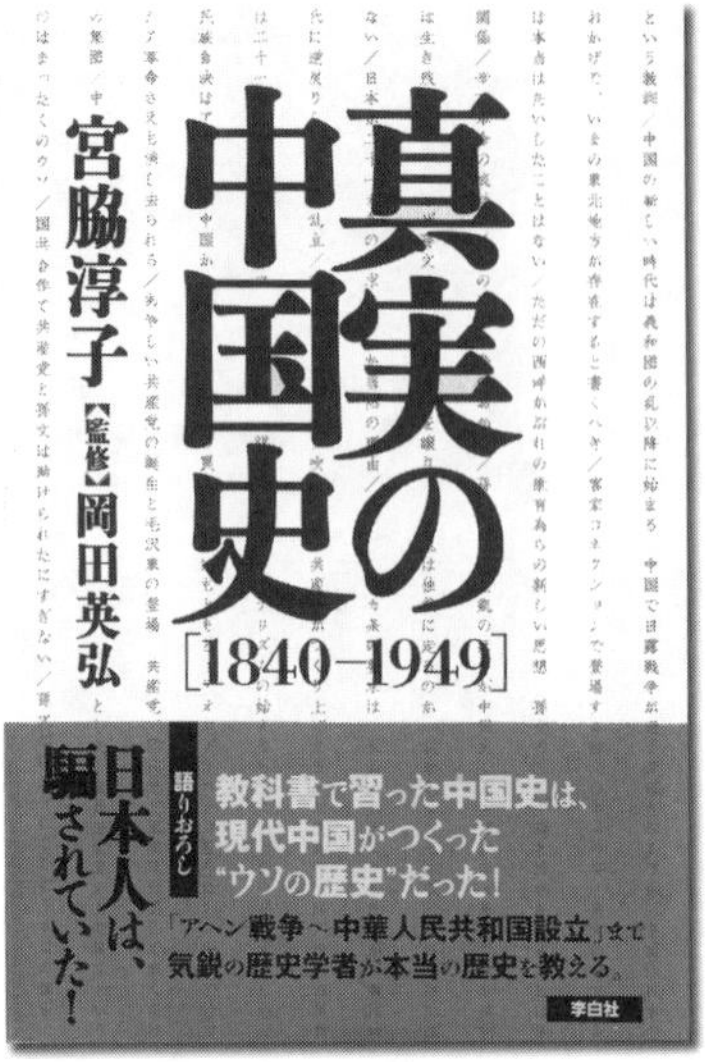

本書の内容